Wolfgang Sachs

Nach uns die Zukunft

Die Ziele des Umweltgipfels in Rio de Janeiro vor zehn Jahren, vor allem die Vision von nachhaltiger Entwicklung, sind zu einem guten Teil durch die wirtschaftliche Globalisierung zunichte gemacht worden. Doch auch und gerade unter dem Eindruck der Anschläge vom 11. September sind Fragen der Gerechtigkeit und Ökologie zwischen Nord und Süd von aktueller Brisanz.

Denn ohne Gerechtigkeit in der Welt, wird es keine Ökologie geben, weil sich der Süden sonst verweigert. Und ohne Ökologie – mit einer in Turbulenzen geratenen Biosphäre – wird es keine gerechte Welt geben.

Der international renommierte Wissenschaftler und Buchautor Wolfgang Sachs legt mit *Nach uns die Zukunft* ein Buch zu den drängenden Herausforderungen des 21. Jahrhunderts vor und zeichnet dabei nichts weniger als die Umrisse einer zukunftsfähigen Weltgesellschaft.

Dr. Wolfgang Sachs, geboren 1946 in München. Studium der Theologie und Soziologie in München, Tübingen und Berkeley, USA. 1980-1984 Mitarbeiter der Forschungsgruppe »Energie und Gesellschaft« an der Technischen Universität Berlin. 1984-87 Schriftleiter der Zeitschrift *Development* bei der Society for International Development, Rom. 1987-90 Gastprofessor an der Pennsylvania State University. 1990-93 Kollegiat am Kulturwissenschaftlichen Institut in Essen. Seit Mai 1993 Wissenschaftler am Wuppertal Institut für Klima, Umwelt und Energie. Seit 1994 außerdem Aufsichtsratsvorsitzender von Greenpeace Deutschland. Zahlreiche Buchveröffentlichungen u.a.: *Zur Archäologie der Entwicklungsidee*, Frankfurt 1992; (Hg.) *Wie im Westen so auf Erden. Ein polemisches Handbuch zur Entwicklungspolitik*, Reinbek 1993; (Hg.) *Der Planet als Patient. Über die Widersprüche globaler Umweltpolitik*, Basel 1994. (Mitautor) *Zukunftsfähiges Deutschland*, hg. von BUND und MISEREOR, Basel-Berlin 1996; *Planet Dialectics. Explorations in Environment and Development*, London 1999.

Wolfgang Sachs

Nach uns die Zukunft

Der globale Konflikt um
Gerechtigkeit und Ökologie

Brandes & Apsel

Die Seiten 88 bis 103, 118 bis 141, 142 bis 161, 197 bis 216 wurden entnommen
Planet Dialectics. Explorations in Environment and Development, © 1999 Zed Books,
London, und für die deutsche Fassung aktualisiert. Mit freundlicher Genehmigung.

Auf Wunsch informieren wir regelmäßig über das Verlagsprogramm.
Eine Postkarte an den Brandes & Apsel Verlag, Scheidswaldstr. 33,
D–60385 Frankfurt a. M., genügt.
E-Mail: brandes-apsel@t-online.de oder im Internet: www.brandes-apsel-verlag.de

Die Deutsche Bibliothek – CIP-Einheitsaufnahme:
Ein Titeldatensatz ist bei *Der Deutschen Bibliothek* erhältlich

1. Auflage 2002
© Brandes & Apsel Verlag GmbH, Scheidswaldstr. 33, D–60385 Frankfurt a. M.
Lektorat: Cornelia Wilß, Frankfurt a.M.
DTP: Antje Tauchmann, Frankfurt a.M.
Umschlaggestaltung: Franz-Richter-Online, Petra Sartwoski, Frankfurt a. M., nach
einem Motiv von William Turner.
Druck: Tiskarna Ljubljana d.d., Ljubljana, Printed in Slovenia
Gedruckt auf säurefreiem, alterungsbeständigem und chlorfrei gebleichtem Papier.

ISBN 3-86099-234-1

Inhalt

Vorwort

Ein Geburtstag steht an. Zehn Jahre nach der legendären Konferenz in Rio de Janeiro über Umwelt und Entwicklung wird im September 2002 in Johannesburg der *Weltgipfel zur nachhaltigen Entwicklung* stattfinden. Wie es sich für einen Geburtstag gehört, wird die internationale Gemeinschaft zurückblicken und Bilanz ziehen: Was ist aus den Ankündigungen, was aus der lauthalsen Programmatik von Rio geworden? Und sie wird nach vorne schauen und die nächsten zehn Jahre ins Auge fassen: Was steht an? Kann die Welt auf einen anderen Kurs gebracht werden? Wie kann man der Natur, wie der Gerechtigkeit eine Chance geben?

Geburtstage, auch wenn sie der Routine des Kalenders gehorchen, können freilich ungeahnte Brisanz annehmen. So konnte niemand voraussehen, dass nach dem Schock des 11. September 2001 die Beziehungen zwischen Arm und Reich, zwischen Ohnmacht und Macht auf dem Globus ins helle Licht der Aufmerksamkeit rücken würden.»Gerechtigkeit, nicht Krieg« ist die Losung all derer, die eine militärische Antwort auf den Terrorismus für unzureichend halten. Denn Armut, Demütigung und Hoffnungslosigkeit sind ein Nährboden für Gewalt. Mit einem Mal wird klar, dass der Weltgipfel von Johannesburg genau jene Großfrage ins Visier nimmt, die das gerade angebrochene Jahrhundert bestimmen wird: Wie können alle Bürger der Welt Auskommen und Selbstachtung finden? Wie kann die Welt gastlich werden für zwei Mal so viele Menschen wie heute, ohne die Biosphäre für nachfolgende Generationen zu ruinieren?

Das vorliegende Buch bietet Denkstoff zu solchen Zukunftsthemen. Denn für alle, die sich nicht ganz von der Tagesaktualität einfangen lassen, besteht kaum ein Zweifel, dass die Zukunftsfähigkeit unserer Gesellschaften an solchen Fragen gemessen werden wird. Die im Buch versammelten Essays vermessen die intellektuelle Landschaft der Debatte um Umwelt und Entwicklung in der Dekade zwischen Rio und Johannesburg.

Im ersten Kapitel des Buches überprüfe ich den Stellenwert von Umwelt und Entwicklung in der Ära post-nationaler Sicherheit, die von den Ereignissen am 11. September 2001 eröffnet worden ist. Was immer die Anschläge bedeuten, sie setzen erneut die Frage der Gerechtigkeit zwischen Nord und Süd auf die Tagesordnung. Doch ohne Ökologie kann es keine Gerechtigkeit auf der Welt geben, weil sonst die Biosphäre in Turbulenzen gestürzt würde, wie es auch ohne Gerechtigkeit keine Ökologie geben kann, es sei denn eine menschenfeindliche. Von diesem Standpunkt aus untersuche ich die Entwicklungen im Gefolge der Rio-Konferenz und umreiße ein Programm für Johannesburg.

Im zweiten Kapitel stelle ich die Leitkonzepte von Rio auf dem Prüfstand: »Entwicklung« und »Nachhaltigkeit«. Keiner weiß schlüssig, was sie bedeuten, doch alle reden davon, sogar in gegensätzlichen politischen Lagern. Gerade das Konzept der »nachhaltigen Entwicklung" ist zu einem umstrittenen Terrain geworden; ganz wie »Friede« oder »Freiheit« drückt es ein Ideal aus, um dessen Interpretation Linke und Rechte, Traditionalisten und Modernisierer ringen. Welche Konfliktlinien den Streit um nachhaltige Entwicklung prägen, wie der Entwicklungsglaube die Idee der Nachhaltigkeit aufgesogen hat, und wie demgegenüber Zukunftsfähigkeit unter dem Eindruck von Grenzen gebaut werden könnte, darüber gibt dieses Kapitel Auskunft.

Die Entwicklungsepoche ist seit Rio der Globalisierungsepoche gewichen. Das dritte Kapitel nimmt seinen Ausgang von einer Analyse der Ikone der Globalisierung, dem Bild des Blauen Planeten. Dieses Foto hat in unserer Vorstellungwelt erst die Eine Welt geschaffen; es ist zum ersten Mal in der Geschichte der menschlichen Wahrnehmung, dass die Menschen die Erde wie einen Gegenstand vor Augen haben. Sowohl die Utopien wie die Widersprüche der Globalisierung sind in diesem Foto bereits enthalten; seine Analyse enthüllt die Zweideutigkeiten des zeitgenössischen globalen Bewusstseins.

Die Ambitionen von Rio sind zu einem guten Teil durch die wirtschaftliche Globalisierung zunichte gemacht worden. Nachhaltige Entwicklung, nämlich die Suche nach Gerechtigkeit innerhalb von Naturgrenzen, ist dadurch zurückgeworfen worden. Im vierten Kapitel gehe ich dem Konflikt zwischen Nachhaltigkeit und Globalisierung in seinen verschiedenen Formen nach.

Gerade vor dieser Konfliktlage ist es ratsam, sich zu vergewissern, welche Art von Gesellschaftsprojekt es gilt voranzubringen. Deshalb versuche ich im abschließenden Essay die Umrisse eines neuen, ressourcenleichten Wohlstandsmodells zu skizzieren, das auf internationale Gerechtigkeit und klugem Umgang mit der Natur Rücksicht nimmt.

Schreiben ist immer ein versteckter Dialog. Insgeheim antwortet man auf Meinungen anderer, spricht auf eine gedachte Zuhörerschaft hin oder hält ein Selbstgespräch mithilfe des Schreibcomputers. Was wie eine einsame Tätigkeit aussieht, ist in Wahrheit eine soziale Handlung. Gerade eine intellektuelle Anstrengung – bewusst oder unbewusst – wächst aus einem Netz von Gesprächspartnern heraus. Die hier vorgelegten Essays sind über eine Reihe von Jahren entstanden und verarbeiten Einfälle und Sichtweisen von Kollegen und Freunden. Mein erster Dank geht an Ivan Illich, dem Lehrer, der meinem inneren Kompass Richtung gegeben hat. Ich erinnere mich gerne an unsere »Gang« in Foster Avenue, nahe dem Campus der Pennsylvania State University, nämlich Barbara Duden, Jean Robert, Majid Rahnema und Lee Swenson. Weiter bin ich meinen Freunden aus dem Süden der Welt dankbar, wie Smitu Kothari, Ashis Nandy, Vandana Shiva, Ashok Khosla, Farida Akhter, Tariq Banuri, Gustavo Esteva und Grimaldo Rengifo, die alle meinen Horizont beträchtlich erweitert haben. Außerdem habe ich Honig aus unseren jährlichen *Crottorf Conversations* gezogen, die mich immer wieder mit Hermann von Hatzfeldt, Joan Davis, Christine von Weizsäcker, Nicholas Hildyard, Susan George, Bruce Rich, Barbara Unmüßig, Christine Merkel zusammengeführt haben. Ebenso fühle ich mich, über die vielen Jahre, den Studenten des Schumacher College verpflichtet, und besonders seinem Direktor, Satish Kumar. Und gar nicht wegzudenken sind die Anregungen und Einsichten, die ich früheren und heutigen Kollegen vom Wuppertal Institut verdanke, allen voran Ernst von Weizsäcker, Friedrich Schmidt-Bleek, Hermann Ott, Manfred Linz, Gerhard Scherhorn und Reinhard Loske. Melania Cavelli hat alle diese Essays reifen sehen. Von einem schmalen Appartment in Boston's Back Bay zu einer kleinen Dachwohnung mit Blick auf die Albaner Berge in Rom hat sie an den Schwingungen der Orte und an den Stimmungen teilgehabt, die unwillkürlich in diese Essays Eingang gefunden haben. Ich danke ihr.

VON RIO NACH JOHANNESBURG

Von Rio nach Johannesburg
(mit einem Umweg über New York, 11. September 2001)

Keine Sicherheit ohne Gerechtigkeit

Um 1580 war es ein schwieriges Unterfangen, die Stadt Augsburg nach Sonnenuntergang zu betreten. Der Philosoph Michel de Montaigne jedenfalls, der uns einen Bericht über seinen Besuch hinterlassen hat (zitiert in Delumeau 1978, p.1), war verblüfft darüber, wie es die Stadt anstellte, ungebetene Besucher fern zu halten. Zunächst sah sich der Reisende von einem eisernen Tor blockiert. Es wurde über eine lange Kette erst geöffnet, nachdem ein Wächter im Ausguck sich von der Harmlosigkeit des Ankömmling überzeugt hatte. Dann ging es über einen Wassergraben hinweg bis zu einem Punkt, wo der Besucher mit lauter Stimme Name und Adresse auszurufen hatte. War der Wachmann zufrieden gestellt, gab er einem zweiten Posten ein Zeichen, der daraufhin eine Schranke hoch- und eine Zugbrücke herunterließ. Dann hatte der Reisende ein massives Eichentor zu durchqueren und gelangte in einen Raum, wo ein Bronzetopf von der Decke hing. Dort wurde er aufgefordert, den Wegezoll zu entrichten. Der Wächter zog den Topf hoch, zählte nach und ließ ihn bis zum Morgen eingesperrt in dem Raum, falls der Betrag nicht ausreichte. Und zum Abschluss vergisst Montaigne nicht, eine Kleinigkeit zu erwähnen, welche diese abwehrbereite Anordnung aufs Trefflichste ergänzte: hinter den Toren standen 400 Soldaten bereit, um unverzüglich bei einem Zwischenfall einzugreifen.

Das Ende nationaler Sicherheit

In Montaignes Erzählung wird die klassische Auffassung von Sicherheit handgreiflich, wie sie von alters her gang und gäbe war. In dieser Auffassung teilt die Welt sich in zwei ungleich große Räume: eine befriedete, sichere Heimat und eine gefahrvolle, unsichere Fremde. Drinnen liegt der geschützte Raum, von draußen aber droht der Feind. So schien für Augsburg eine Festungsanlage mit Wassergraben, zwei Brücken, einer Eisenschranke und vier schweren Toren gerade gut genug gewesen zu sein, um die Stadt von 60.000 Einwohnern, damals die reichste Deutschlands, gegen Feinde zu schützen – sei es gegen aufrührerische Bauern oder gegen einrückende Türken. Alle Vorkehrungen zur Verteidigung liefen darauf hinaus, den Feind in sicherer Entfernung zu halten. Es galt, den Gegner am Eintritt zu hindern; daher legt klassische Sicherheitspolitik so großen Wert auf physische Hindernisse wie Festungsmauern, Schützengräben und Grenzposten. Denn Sicherheit hieß, ein abgegrenztes Territorium frei von Eindringlingen zu halten.

Diese Auffassung von Sicherheit war die Konsequenz aus einer territorialen Sozialordnung. In der Tat, das Konzept »Sicherheit« kam im politischen Sprachgebrauch des 16./17. Jahrhunderts zur Prominenz, eben zu jener Zeit, als sich die Territorialstaaten Europas konsolidierten (Conze 1984). Dabei ließen sich zwei Aspekte unterscheiden. Äußere Sicherheit verlangte die Verteidigungsbereitschaft gegenüber dem Angriff eines anderen Staates, während innere Sicherheit auf der Ordnungsgewalt gegenüber Konflikten aus dem Staatsvolk beruhte. Für Ersteres war das Heer und für Letzteres im Allgemeinen die Polizei zuständig. Beide Aspekte gründeten gleichermaßen im Souveränitätsanspruch des Staaates; nach außen galt das Prinzip der Nichteinmischung, nach innen das Prinzip des Gewaltmonopols.

So war das Konzept »Sicherheit« in seinen beiden Bedeutungsaspekten zu einem Kernkonzept des europäischen Staatensystems geworden, wie es im Westfälischen Frieden zu Münster 1648 entworfen worden war. Diesem System, das in seinen Grundzügen bis in unsere Tage andauert, lag ein Realitätsmodell zugrunde, das jenem der mechanistischen Wissenschaftslehre abgeschaut war: so wie dort das Universum wie ein Billardspiel aus Massen in Bewegung bestand, so wurde hier die Welt als eine Vielzahl autonomer Staaten gesehen, aus deren Lauf sich fortwährend neue Konstellationen ergaben. Ganz wie Monaden genügten die Staaten sich selbst und waren in sich geschlossen. Jeder Staat, so die Idee, umfasst ein abgegrenztes Territorium, über das sich eine wirtschaftliche, eine politische und eine kulturelle Sphäre wölbt. Gesellschaft, Territorium und Staat fielen zusammen; wie von einem Behälter war die Gesellschaft vom Staat umschlossen (Beck 1997). Ganz folgerichtig ging es darum, den Behälter Staat nach außen und innen zu festigen. Die klassische Sicherheitsidee hing an einer territorialen Konzeption von Gesellschaft.

Dieses Realitätsmodell hat den 11. September 2001 nicht überlebt. Neben den Twin Towers haben die Terrorangriffe auch geistige Gewissheiten zum Einsturz gebracht. So fiel in den Explosionen endgültig die alte Sicherheitswelt zusammen und legte eine neue Sicherheitswelt frei. Zum Beispiel kam der Angriff zwar aus der Tiefe der Weltgesellschaft, aber doch aus den USA selbst. Er kam also weder von draußen noch von drinnen, sondern er erfolgte quer zu dieser Unterscheidung. Oder: Als Kommandogruppen Düsenjets kaperten und damit die Nervenzentralen des Landes bombardierten, wurde keine Grenzbefestigung durchbrochen und auch von einer Invasion konnte keine Rede sein. Zwar waren die Attentäter von ausländischen Gegnern geschickt, aber kein Staat ließ sich als Feind ausmachen. Ein entstaatlichter Krieg also, grenzen-los, die Feinde überall und nirgends, wie auch die Attacken: die Gewalt ist mit dem 11. September wahrlich transnational geworden. Da entfällt die Unterscheidung zwischen innen und aussen, kein Territorium lässt sich mehr schützen, und Angreifer wie Verteidiger agieren dank der Informations- und Verkehrstechnik überall auf dem Globus und noch dazu in Echtzeit: die Gewalt hat sich mit dem 11. September deterritoralisiert. Es ist, als ob die Globalisierung nun endgültig die Gewalt erreicht hätte.

Vergangen ist die territoriale Ordnung nicht nur in der Wirtschaft, sondern auch in der Sicherheit. Nachdem mit der Globalisierung die Staaten als Behälter der Gesellschaft geborsten waren, sind sie nun auch als Behälter der Gewalt zerplatzt. Brüchig wird damit ihre Rolle als Garant äußerer wie innerer Sicherheit; weder sind sie in der Lage, sich der Einmischung von aussen zu erwehren, noch können sie ihr Gewaltmonopol nach innen halten. Heeres- und Polizeimacht garantieren keine Sicherheit mehr, wo Angreifer sich nicht staatlich, sondern in transnationalen Netzwerken variabler Geometrie organisieren – wie andere Kräfte der Globalisierung auch, von Konzernen bis zu Nichtregierungsorganisationen (NROs).

Transnationalen Unternehmen nicht unähnlich agiert der Terrorismus unbeeindruckt von Ländergrenzen in flexiblen Kooperationsstrukturen, legt Operationsbasen dort an, wo sich günstigen Bedingungen anbieten, und ist bereit, sie wieder abzubrechen, sobald die Bedingungen sich verschlechtern. Und während die Angreifer sich transnationalisieren, können auch die Opfer mit keinem nationalen Schutzschild mehr rechnen. Welch ein Schock für die Amerikaner, als sie urplötzlich im eigenen Land zu Opfern wurden! Dass auch die reichste und selbstsicherste Nation von Attacken heimgesucht werden kann, dass ein jeder verwundbar ist, das war die Schlüsselerfahrung des 11. Septembers für die US-Bürger. Aggressivität wie Verwundbarkeit sind nicht mehr staatlich zu fassen; sie sind zu transnationalen Phänomenen geworden.

Die Perspektive des Weltbürgerrechts

In Antwort auf die Transnationalisierung von Gewalt versucht die internationale Anti-Terror-Koalition, in verzweifelter Schnelle im Herbst 2001 von den USA zusammengeschmiedet, das staatliche Monopol auf Gewalt mit polizeilichen und militärischen Mitteln wiederherzustellen. Angesichts der Verfügbarkeit von nuklearen, chemischen und bakteriologischen Waffen ein historisch notwendiges Unterfangen, jedoch ein Projekt, das gefährlich einseitig bleiben kann. Denn die repressive Antwort ist unzureichend; sie muss von einer politischen Antwort flankiert werden. Diese politische Antwort wird langfristig sein und eher einem zivilisationsgeschichtlichen Qualitätssprung als einer flink aufgelegten Strategie gleichen. Sie muss in gewisser Weise auf globaler Ebene nachholen, was bei der Herausbildung aufgeklärter Staaten in den vergangenen Jahrhunderten auf nationaler Ebene geschehen ist: dort wurde das Gewaltmonopol Schritt für Schritt in einen demokratischen Verfassungsstaat eingebaut. Recht für Gewalt, so lautet in Kurzform der Sozialvertrag, auf dem moderne Staaten beruhen. Einerseits verzichten die Bürger auf Gewalt, um ihren Interessen und Utopien Geltung zu verschaffen, andererseits garantiert der Staat die Grundrechte, den Rechtsweg und die demokratische Teilnahme.

In Erinnerung an dieses Stück Zivilisationsgeschichte zwingt heute die Transnationalisierung der Gewalt dazu, sich einem Projekt anzunähern, das schon 1795 der Philosoph Immanuel Kant in seiner Schrift »Zum ewigen Frieden« andachte: die Weltbürgergesellschaft. Für Kant lag die Pointe einer Friedensordnung darin, dass die Staaten davon ablassen, sich wie konkurrierende Monaden zu benehmen, die nur auf ihre relativen Machtvorteile aus sind. Stattdessen hatte er im Auge, Machtbeziehungen in Kooperationsbeziehungen umzuformen und die Rechte der Bürger über die Interessen ihrer Staaten zu stellen. Kants Denkversuche vor über 200 Jahren sind nach dem 11. September von brisanter Aktualität. Denn die langfristige politische Antwort wird darauf hinauslaufen müssen, die Welt als einen Raum zu begreifen, dessen Bewohnern kraft ihrer menschlichen Würde politische und soziale Grundrechte zukommen, welche die Staaten in kooperativer Anstrengung zu garantieren haben.

Überflüssig zu sagen, dass eine Welt, die strukturell und chronisch in Reiche und Elende, in Arrogante und Gedemütigte gespalten ist, keine Basis für eine Weltbürgergesellschaft abgeben kann. Ohne Anerkennung anderer Zivilisationen, ohne Freiheitsrechte für die Machtlosen und ohne Ressourcen für die Mittellosen ist im Gegenteil zu erwarten, dass Gewalt zu einer geläufigen Ausdrucksform wird. Will man Massenmord als Mittel der politisch-weltanschaulichen Auseinandersetzung von der Erde zu bannen, muss man daran denken, die Quellen der Gewalt auszutrocknen. Denn der Transnationalisierung der Gewalt wird letztendlich nur durch die Transnationalisierung der Gerechtigkeit beizukommen sein. Aus dem einfachen Grund, weil die Sicherheit der einen nicht ohne die Sicherheit der anderen zu haben ist. Das ist die Logik der Interdependenz, an die in brutaler Klarheit die einzig verbliebene Weltmacht erinnert worden ist. Möchte man aus dieser Logik eine Schlussfolgerung ziehen, dann kann sie nur heißen: Demokratie weltweit muss von nun an als eine Voraussetzung für nationale Sicherheit betrachtet werden.

»Nahrung, Wasser, Arbeit«

Am 14. Oktober 2001 bewegte sich eine endlose Menschenprozession, halb Familienausflug, halb Agitprop, von der Höhe Perugias herunter, über die kilometerweite Talebene hinweg, wieder hinauf zur Basilika von Assisi. Kein Anfang war zu sehen und schon gar nicht das Ende, mehr als 200 000 Menschen waren unterwegs zum jährlichen Friedensmarsch. Eine Prozession beunruhigter Zeitgenossen, deren Forderung in knappen Worten auf Transparenten aufgemalt war: »Nahrung,Wasser, Arbeit«. In dieser dreifaltigen Formel verdichtete sich nichts anderes als das Gegenprogramm zum Anti-Terror-Krieg. Gewiss, ganz unterschiedliche Zeitskalen sind da im Spiel, der Krieg dient dem schnellen Zugriff auf die Mörder, während die Formel der Protestierer eine Wende von langer Dauer einfordert. Doch in der Forderung »Nahrung, Wasser, Arbeit« steckt eine Friedensperspektive, vielleicht die Einzige, die damit ernst macht, auf lange Frist den Nährboden für Gewalt – lokalen oder transnationalen Zuschnitts – abzubauen. Denn »Nahrung, Wasser, Arbeit« sind Lebens-Mittel, sie sind Voraussetzungen menschenwürdiger Existenz. Wasser und Essen stehen für die Existenzfähigkeit des Menschen als biologisches Wesen und Arbeit steht für seine Existenzfähigkeit als soziales Wesen. (Wenn die Formel noch dazu »Hoffnung« enthalten würde,

16

dann wäre sie vollständig: sie würde auch für die Existenzfähigkeit des Menschen als spirituelles Wesen stehen). Auf diese Lebens-Mittel zurückgreifen zu können, gehört zu den elementaren Menschenrechten; jeder Bürger dieser Welt ist kraft seines Daseins berechtigt, an Natur und Gesellschaft teilzuhaben. In diesem Sinne fassten die Transparente des Friedensmarsches zusammen, was den Kernbestand transnationaler Gerechtigkeit ausmacht. Ohne Lebensrechte für alle kann man sich keine Weltbürgergesellschaft vorstellen, allenfalls eine Föderation von Wohlstandsfestungen, die in dauerndem Alarmzustand leben.

Die Formel »Nahrung, Wasser, Arbeit« war vom »Tavolo della pace«, einem Zusammenschluss von zivilgesellschaftlichen Organisationen, in Umlauf gebracht worden. Es ist wohl nicht zu viel gesagt, dass der »Tavolo della pace« sich als Teil der (so genannten) Antiglobalisierungsbewegung versteht, die seit Seattle im Herbst 1999 über Prag, Genua und dann Porto Alegre im Februar 2002 ihre Opposition zur neo-liberalen Globalisierung artikuliert. Unterschiedliche Antriebe und Anschauungen bringen die No-Global zusammen, jedoch ist hinlänglich deutlich, dass alle von einer Unruhe über die fortdauernde Spaltung der Welt in Reiche und Arme erfasst sind. In der Tat, die No-Global sind eine Bewegung, die nicht aus Eigeninteresse (wie Gewerkschaften) oder aus Gattungsinteresse (wie die Umweltbewegung), sondern aus »Ferneninteresse« auf die Straße geht. Gewiss, die Älteren unter ihnen freuen sich, die 68-Frontstellungen wieder nachspielen zu können, aber die Jüngeren protestieren aus der Intuition heraus, dass die Zukunft verstellt ist, solange über die Hälfte der Menschheit kein anständiges Gastrecht auf diesem Planeten genießt. Die Selbstachtung der Globalisierungskritiker lässt es nicht zu, gegenüber dem Gang der Welt die Augen zu verschließen. Sie halten die Folgen der gegenwärtigen Wirtschaftsdynamik für unberechenbar und potentiell universell; da gebietet das wohlverstandene Eigeninteresse, auf eine Entschärfung der Weltverhältnisse hinzuarbeiten.

Die Intuition der No-Global hat vorweggenommen, was nach dem 11. September zur Gewissheit aufgestiegen ist: ohne Gerechtigkeit auf Dauer keine Sicherheit. Nicht dass diese Einsicht originell wäre – Frieden ist schließlich immer noch und von alters her als eine Frucht der Gerechtigkeit bekannt – aber sie kann nicht mehr so leicht verdrängt werden. Deshalb ist auch mit dem Attentat auf die Twin Towers die Epoche der triumphalistischen Globalisierung vorüber. Etwa zwölf Jahre hat sie gedauert, seit der Kapitalismus nach den Zusammenbruch des Sozialismus

1989 in einen Siegesrausch verfallen war. Heute aber hat sich selbst in den Tempeln der neo-liberalen Globalisierung – Institutionen wie die Welthandelsorganisation (WTO) oder der Internationale Währungsfonds (IMF) – der Zweifel eingeschlichen; keiner kann mehr das Hohe Lied des Freihandels singen, ohne nicht zumindest die Armen und Entrechteten zu seiner Rechtfertigung zu bemühen. Schließlich pfeifen es die Spatzen von den Dächern, dass sich im letzten Jahrzehnt die Polarisierung zwischen Arm und Reich auf dem Globus verschärft hat und die weitaus meisten Neuankömmlinge nicht mit rosigen Verhältnissen rechnen können.

Es zeichnet sich ab, dass die herkömmlichen Legitimationsmuster für Machtausübung nicht mehr ziehen und durch neue Begründungen ergänzt werden. Politik und Wissenschaft und Technologie, die bislang in Sachen Wohlstandsvermehrung ihre Ansprüche geltend gemacht haben, werden zunehmend in Sachen Krisenvermeidung antreten. Nicht mehr ausreichen wird es, nur ein höheres Sozialprodukt, Lebensverlängerung oder bessere Gewinnaussichten zu versprechen, vielmehr werden sie sich auch als Herolde im Feldzug gegen Armut, Hunger und Umweltkrise darstellen müssen. So ist es bereits selbstverständlich für transnationale Unternehmen, die in Gentechnik, Nahrung, Öl oder Infrastruktur engagiert sind, sich als Schlüsselakteure zur Lösung globaler Probleme zu präsentieren. Krise und Katastrophe, Risiko und Knappheit werden zur Quelle von Prestige, Profit und Macht von eben jenen Institutionen – Wissenschaft, Wirtschaft und Staat –, die sie zum guten Teil hervorgebracht haben und immer noch hervorbringen. Dennoch: auch diese Institutionen wandeln sich, verlagern die Konflikte von aussen nach innen und werden selbst zu Schauplätzen der Auseinandersetzung. Welche Wissenschaft, welche Wirtschaft und welcher Staat könnte Ungerechtigkeit und Umweltkrise eindämmen, darum geht der Streit, darum formiert sich der politische Konflikt.

Keine Gerechtigkeit ohne Ökologie

Es überrascht nicht, dass in der Debatte um die Globalisierung gerade der Begriff der Gerechtigkeit zum Feld der Auseinandersetzung wird. Was allerdings überrascht, ist, dass der fundamental gewandelte Kontext für internationale Gerechtigkeit oft unbeachtet bleibt. Während ausführlich debattiert wird, ob der Ungerechtigkeit in der Welt eher mit mehr oder mit weniger Globalisierung beizukommen ist, verdrängen nicht selten die Kontrahenten – zum Beispiel die Autoren des »Economist« auf der einen sowie jene der »Le Monde Diplomatique« auf der anderen Seite –, dass das Verlangen nach Gerechtigkeit mit der Stabilität der Biosphäre kollidieren kann. Aber seit die Naturgrenzen sichtbar geworden sind, muss auch Gerechtigkeit neu buchstabiert werden.

Das konnte man sich in der Hoch-Zeit der Entwicklungsperiode 1950-1980 ersparen. Denn alle konnten davon ausgehen, dass Fortschritt und wirtschaftliches Wachstum die Frage der Gerechtigkeit von selbst lösen würden. Die Verbreitung von Wachstum in aller Welt, so die geläufige Auffassung, würde die Gerechtigkeit fördern, wie auch umgekehrt der Wunsch nach Gerechtigkeit als ein Motor für Wachstum wirken würde. Gewiss, zwischen den Rechten und den Linken wogte der Streit, ob profit-orientiertes Wachstum jemals die wirklich Bedürftigen erreichen könnte, doch die Wachstumsidee selbst stand nicht in Frage. Beide Seiten waren in einer Denktradition befangen, die auf das frühe 19. Jahrhundert zurückgeht und annimmt, dass wirtschaftliches Wachstum in der Lage ist, der Welt fortdauernd Nützliches und Neues hinzuzufügen, und zwar ohne auf der anderen Seite ebenso viel Schäden und Einbußen in Kauf nehmen zu müssen. Seither sind die Wirtschaftswissenschaftler auf eine rosige Zukunft abonniert; der Optimismus gehört zur Ökonomie wie der Glaube zur Theologie.

Geleitet vom optimistischen Vorurteil haben Ökonomen Vergangenheit und Zukunft der Wirtschaft im Wesentlichen als eine Geschichte anwachsenden Reichtums gelesen. In dieser Denktradition konnte man auf eine Thematisierung der Gerechtigkeit verzichten, da es keine Grenzen der Reichtumsmehrung gab. Im Gegenteil: Umverteilung oder Selbstbeschränkung, die klassischen Forderungen der Gerechtigkeitslehre, so wurde gesagt, führen zu nichts, weil sie nur den Fortgang des Wachstums aufhalten und die Ankunft des Wohlstands bei den Armen verzögern. Mit der Flut, wie die in Weltbank-Kreisen beliebte Metapher sagt, steigen eben alle Boote, gleichgültig ob Luxusliner oder Floße.

Mittlerweile nimmt der Wachstumsoptimismus pathologische Züge an. Denn die Umweltkrise hat bewusst gemacht, dass Wertschöpfung auch auf Wertzerstörung aufruht, und zwar bei den natürlichen wie bei den sozialen Gemeinschaftsgütern (Daly/Cobb 1989). Im Wachstumsprozess werden unbezahlte Natur- oder Gemeinschaftswerte mit Kapital, Arbeit und Technologie gemischt und zu Geldwerten transformiert. Ohne Bewässerung und ohne Humus, ohne Bauxit und ohne Petroleum gäbe es keine moderne Wirtschaft, ebenso wie nicht ohne Umbau von Siedlungen, Lernanstrengungen oder Zeitdruck. Aber jene Verluste, die bei den Gemeinschaftsgütern anfallen, werden nicht bilanziert – und können auch nicht ernstlich in Geld gefasst werden. Wertschöpfung ist immer auch Misswertschöpfung und daher zu einem gewissen Grade eine optische Illusion. Das wäre als solches nicht schlimm, wenn die nicht-geldlichen Quellen des Reichtums unerschöpflich wären. Sobald aber, wie bei den Naturgütern, die Misswertschöpfung zu Auszehr, Verknappung oder gar Vernichtung dieses Patrimoniums führt, dann ist der Tag nicht fern, wo die Verluste schneller steigen als der Nutzen. Genau darin besteht das ökologische Verhängnis. Wenn die Naturressourcen durch Übernutzung knapp werden, dann steht potentiell jede Naturaneignung in Kollision mit dem Gemeinwohl (Bevilacqua 2000). In anderen Worten, die Aneignung der Natur stößt an Grenzen. Diese Grenzen sind erstens qualitativer Natur: Eingriffe können, aufgrund des systemischen und komplexen Charakters der Natur zur Störung und Verarmung des Netz des Lebens führen. Sie sind zweitens quantitativer Natur: Eingriffe können die Menge der verfügbaren Ressourcenquellen und Ressourcensenken vermindern. In beiden Dimensionen wird zunehmender Druck durch wirtschaftliche Aktivitäten erst die Elastizität der Ökosysteme und dann das Wohlergehen der Menschen gefährden.

Als die herausragende Entdeckung des letzten Viertels des 20. Jahrhunderts werden künftige Historiker die Endeckung der bio-physischen Grenzen des Wachstums betrachten. Vorbei also jene Epoche von 150 Jahren, die Epoche der Naturvergessenheit in der Wirtschaftswissenschaft. Die Optimismushypothese ist geplatzt. Genau derselbe Motor, der zunehmenden Reichtum hervorbringt, also die wirtschaftliche Entwicklung, untergräbt ebenso die Grundlagen des Lebens auf dem Planeten. Es lässt sich nicht mehr übersehen, dass die Ökonomie nur ein Subsystem der Biosphäre darstellt, dass, wenn sie über ihre rechte Größe hinausschießt, auch die sie tragende Biosphäre in Mitleidenschaft zieht. Global gesehen – und oftmals auch lokal und regional – ist der Umweltraum endlich; im Rahmen dieser Endlichkeit hinreichenden Wohlstand für eine wachsende Zahl von Menschen auf der Erde hervorzubringen, das ist die Aufgabe des 21. Jahrhunderts.

Gerechtigkeit kann also nicht mehr mit Verbreitung von grenzenlosem Wirtschaftswachstum gleichgesetzt werden; Gerechtigkeit und Grenze müssen vielmehr zusammengedacht werden. Ohne Ökologie kann es keine Gerechtigkeit auf der Welt geben, weil sonst die Biosphäre in Turbulenzen gestürzt würde, wie es auch ohne Gerechtigkeit keine Ökologie geben kann, es sei denn eine menschenfeindliche. Die Sache der Gerechtigkeit hängt nicht nur daran, Macht einzudämmen, sondern auch daran, Naturverbrauch einzudämmen; sie entscheidet sich nicht nur an der Machtfrage, sondern auch an der Naturfrage. Dabei stellen sich zwei Kernfragen, wenn man über eine faire Nutzung des begrenzten globalen Umweltraums nachdenkt. Erstens, wer nimmt wie viel? Und zweitens, Gerechtigkeit worin?

Die erste Frage erschließt das Muster der Verteilung in der Aneignung von Naturressourcen. Wer trägt den Löwenanteil davon? Wer muss sich mit den Brosamen begnügen? Je knapper der verfügbare Umweltraum wird, desto brenzliger wird diese Frage. Die Ansprüche wachsen und die Mengen sind rückläufig. Denn solange wirtschaftliche Verbesserung mit einem Mehrverbrauch an Ressourcen einhergeht, wird damit auch über das Wohl und Wehe anderer Nationen (und sozialen Klassen) entschieden. Bei einem kursorischen Blick auf die Weltlage sieht man sogleich, dass die Faustregel noch gilt: 20 % der Weltbevölkerung verbrauchen etwa 80 % der Weltressourcen. Die 20 % Überkonsumenten ziehen Öl und Gas, Eisenerz und Uran, Fleisch wie Fisch, Holz und Boden zum überwiegenden Teil auf sich. Wie ein Spinnennetz, das über die Welt geworfen ist, sorgt ein Geflecht von Ressourcenflüssen dafür, dass die transnationale Konsumentenklasse (vorwiegend in den OECD-Ländern) die meisten Naturschätze vereinnahmen kann (Gadgil/Guha 1995, Muradian/Martinez-Alier 2001). Die aktuelle Verteilung schreibt damit die historische Verteilung fort: Seit dem Abtransport von Silber aus den Bergwerken in den Anden durch Spanien figuriert der Süden als Lieferant von Naturressourcen und der Norden als ihr Verwerter auf der Bühne der Geschichte. Überdies haben manche Industrieländer ihre eigenen Wälder, Feuchtgebiete oder fossilen Reserven schon in der Vergangenheit aufgebraucht und sehen sich jetzt in Zeiten der Knappheit auf das Patrimonium des Südens noch mehr angewiesen. Ohne es recht zu wissen, hat der Norden eine ökologische Schuld gegenüber dem Süden angehäuft, eine Schuld, deren Höhe steigt, je mehr die Endlichkeit der Ressourcen sich bemerkbar macht. Indem der Norden weiterhin den globalen Umweltraum überproportional nutzt, verengt er freilich den Spielraum der Südländer. Deren Ansprüche auf Gerechtigkeit verlangen, den Spielraum zu erweitern; ohne ökologische Abrüstung des Nordens kann es daher keine größere Gerechtigkeit geben.

Die zweite Frage hingegen – Gerechtigkeit worin? – zielt auf den Stil einer fairen Ressourcenverteilung. Denn es besteht kein Zweifel, dass Gerechtigkeit nicht auf dem Verbrauchsniveau der nördlichen Volkswirtschaften erreicht werden kann. Wiederum, die Endlichkeit der Biosphäre verbietet es, den Lebensstandard des Nordens zum Maßstab jeglichen Wohlstands zu machen. Denn das Wohlstandsmodell der reichen Länder ist nicht gerechtigkeitsfähig; es kann nicht quer über den Globus demokratisiert werden – oder nur um den Preis, den Globus ungastlich zu machen. Der oligarchische Charakter dieses Wohlstandsmodells rührt vom oligarchischen Charakter seiner Entstehung: die enorme Produktivität der Reichtumsschöpfung in einer einzigen Region der Welt, der euro-atlantischen, beruhte auf der Mobilisierung von Ressourcen von überall in der Welt sowie aus den Tiefen der geologischen Zeit. Weil geografisch wie zeitlich Ressourcengebrauch verdichtet wurde, konnte die Industriezivilisation entstehen, jedoch dieselbe Verdichtung kann nicht überall und für immer wiederholt werden. Aus diesem Grunde steht es auf der Tagesordnung, eine Vielfalt von Wohlstandsstilen zu entwickeln, die eines vereint: sie müssen ressourcen-leicht sein. Vor allem im Norden wird es darum gehen, einen gerechtigkeitsfähigen Wohlstand zu entwickeln, einen Wohlstand, der es dem Norden erlaubt, sich aus der Übernutzung des globalen Umweltraums zurückzuziehen. Der Wunsch nach Gerechtigkeit jedenfalls ist nur legitim, wenn er einen ressourcen-leichten Wohlstand im Auge hat, andernfalls ist er ökologisch gefährlich und sozial trennend, weil er nicht von allen geteilt werden kann.

Umweltschützer haben freilich schon seit langem auf die Wende zu einer ressourcen-sparenden Gesellschaft gedrängt. Sie taten es aus Liebe zur Natur oder aus Sorge um Lebensqualität. Sie haben ihr Licht unter den Scheffel gestellt. Denn beim Übergang zu einer ökologischen Gesellschaft geht es nicht nur um Natur oder Lebensqualität, sondern um Gerechtigkeit zwischen Völkern und Menschen. Mehr noch, eine Weltbürgergergesellschaft ist nur auf der Basis einer ökologischen Umgestaltung der vorherrschenden Produktions- und Konsummuster vorstellbar. Denn letztendlich heißt die große Frage, auf die das angebrochene Jahrhundert eine Antwort finden muss: wie ist es möglich, mehr als der doppelten Anzahl von Personen Gastfreundschaft auf der Welt zu bieten, ohne dass die Biosphäre für nachkommende Generationen ruiniert wird? Falls die Frage jemals ein Antwort haben wird, muss sie eine ökologische sein. Wie man leicht auf dieser Erde auftreten kann, davon spricht die Ökologie; sie ist unverzichtbar, um das Zusammenleben auf einem begrenzten Planeten zu gestalten. Sie gehört, mit anderen Worten, zu den Zutaten für einen Kosmopolitismus im post-nationalen Zeitalter.

Der Widerstreit zwischen Fairness und Ökologie nach Rio

»Rio 1992« ist in der Erinnerung der Umweltbewegten mittlerweile zu einem mythischen Ereignis verklärt. Es ist Ursprung, Maßstab und Trost zugleich. Die Konferenz der Vereinten Nationen zu Umwelt und Entwicklung, die vom 2.-14. Juni 1992 in Rio de Janeiro stattgefunden hat, steht für viele als der hoffnungsvolle Start für die Reise der Idee von der nachhaltigen Entwicklung durch die Institutionen – vom Erdgipfel zu den Regierungen, von den Regierungen zur Wirtschaft und zur Verwaltung, und schließlich bis zu den Gemeinden. Als ein Maß-gebendes Ereignis hingegen wird Rio 1992 gerne angerufen, wenn es darum geht, Umweltpolitik gegen Widerstände durchzufechten. Und als Trost muss das Ereignis herhalten, um in Zeiten der umweltpolitischen Enttäuschung die Wunden der Niederlage durch Eintauchen in Nostalgie zu lindern. Ohne Zweifel, die Rio-Konferenz hat einige Marksteine im Feld der internationalen Umweltpolitik hinterlassen: die *Klimarahmenkonvention* hat die zwischenstaatlichen Verhandlungen zum Klimaschutz auf den Weg gebracht; die *Biodiversitätskonvention* verpflichtet alle Staaten auf den Schutz der Vielfalt von Ökosystemen, Arten und Genen; die in Rio angestoßene *Konvention zur Bekämpfung der Desertifikation* vereinbart Maßnahmen, um die Bodenfruchtbarkeit in trockenen Gebieten zu erhalten; die *Agenda 21* – 300 Seiten dick – umreißt einen Aktionsplan für nachhaltige Entwicklung in zahlreichen Sektoren; und schließlich wurde die *UN-Kommission für nachhaltige Entwicklung* ins Leben gerufen, die in einem Arbeitsprogramm mit jährlichen Schwerpunktsetzungen die internationale Umsetzung der Agenda 21 voranbringen soll.

Dennoch hat auch die Entmythologisierung von Rio ihre Berechtigung. Denn das Ereignis kann ebenso gut als Abschluss, Kompromiss und Stein des Anstoßes gelesen werden. Mit dem Erdgipfel fand nämlich auch die weltweite ökologische Protestbewegung einen gewissen Abschluss; sie wurde von den vorherrschenden Institutionen und Denkweisen absorbiert und in Reformoptionen übersetzt. Damit war logischerweise ein Kompromiss verbunden, der das Notwendige auf das Mögliche zurückführte, mit der Folge, dass sämtliche Vereinbarungen von Rio doppelgesichtig daherkommen: sie rufen einerseits die ökologische Wende aus und unterstreichen andererseits den Wert von Wirtschaftswachstum und Freihandel. Ein solches Ergebnis wiederum wird leicht zur Fußangel für jene, die eine natur- und menschenfreundlichere Zivilisation im Auge hatten und nicht nur ein weitsichtigeres Management der gewohnten Geschäfte; sie betrachten dann Rio weniger als warmen Ort der Nostalgie, sondern als Stein des Anstoßes. Beide Sichtweisen, die mythologisierende wie die entmythologisierende, haben ihre Wahrheit. So ist der Erdgipfel von Rio in der kollektiven Erinnerung wie das bekannte Vexierbild; je nach der Vorerwartung des Blickes zeichnet sich eine junge Frau oder eine alte Dame ab.

Rio im Rückblick

Im Gegensatz zur *Konferenz für menschliche Umwelt* 1972 in Stockholm, des ersten internationalen Regierungstreffens der Vereinten Nationen, trat die Rio-Konferenz 1992 unter dem Titel *Umwelt und Entwicklung* an. Die Berücksichtigung von »Entwicklung« im Titel war alles andere als ein Zufall. In der Vorbereitungsphase hatten Länder des Südens wenig Sinn darin gesehen, dem Wunsch des Nordens nach Einberufung einer UN-Konferenz über Umweltprobleme nachzugeben, wenn nicht das Thema »Entwicklung« ausdrücklich auf die Tagesordnung gesetzt würde. Denn unabhängig von politischer Ausrichtung und quer durch Regierungen und Nichtregierungsorganisationen war und ist »Entwicklung« für den Süden das Schlüsselwort für den Wunsch nach Anerkennung und Gerechtigkeit. Schon damals in Stockholm hatte Indira Gandhi die Skepsis des Südens gegenüber dem Ansinnen auf Umweltschutz von Seiten des Nordens mit der legendären Bemerkung zum Ausdruck gebracht, dass schließlich doch Armut die schlimmste Form von Verschmutzung sei. Armutsbekämpfung und nicht Umweltschutz, so die fest gefügte Frontstellung, war die Priorität des Südens. Ein Jahr vor Rio ließ zum Beispiel die Vereinigung der Südländer, die G77, kurz und bündig verlauten: »Umweltprobleme lassen sich nicht isoliert behandeln; sie müssen mit Entwicklungsprozessen verkoppelt werden, um die Anliegen des Umweltschutzes mit der Notwendigkeit des Wirtschaftswachstums in Einklang zu bringen. Das Recht der Entwicklungsländer muss in dieser Hinsicht voll respektiert werden« (Erklärung von Beijing, 19. Juni 1991). Hinzu kam, dass die achtziger Jahre vom Süden allgemein als ein »verlorenes Jahrzehnt« gesehen wurden, ebenso wie auch die Schuldenkrise und sogar noch die fehlgeschlagenen Verhandlungen über eine neue internationale Wirtschaftsordnung in den siebziger Jahren das Gemüt des Südens belasteten. Keine Frage, um »Entwicklung« musste es gehen, wenn man den Süden ins Boot bekommen wollte. Am Ende rang der Süden dem Norden das Zugeständnis ab, dass das *Recht auf Entwicklung* bei der geplanten Konferenz angemessen honoriert würde – ein Zugeständnis, in der Tat, das auch dem Hauptinteresse des Nordens an ungehinderter Akkumulation entgegenkam.

Auf der Ebene der Programmatik war der gewählte Ansatz erfolgreich. In den meisten Verlautbarungen der Konferenz wird das Recht auf Entwicklung aufs Podest gestellt, und es wurde viel diplomatisches Feingefühl darauf verwendet sicherzustellen, dass kein Satz als Plädoyer für Entwicklungshemmung ausgelegt werden könnte. Die *Rio-Deklaration* zum Beispiel ist im ganzen Tonfall eher eine Erklärung zur Entwicklung als eine Erklärung zur Umwelt. Um das Ergebnis von UNCED 1992 auf eine Formel zu bringen: Die Regierungen der Welt haben die Krise der Umwelt zwar anerkannt, aber gleichzeitig darauf gedrungen, Entwicklung voranzubringen (Sachs 1992). Angesichts der Tatsache, dass »Entwicklung« vom Hochziehen von Wolkenkratzern bis zum Einbau von Latrinen so ungefähr alles bedeuten kann, kam dieser Erfolg jedem gelegen, denn er erlaubte allen, sowohl im Süden als auch im Norden, ungeachtet der Umweltkrise die Tagesgeschäfte weiterzuführen. Jedenfalls wurde der Anspruch des Südens auf Fortschritt und mehr Gerechtigkeit – in welcher Form auch immer – hochgehalten. Hochgehalten wurden aber auch in allen Vereinbarungen eine Reihe von Fairnessprinzipien. So fordert das Prinzip gemeinsamer, aber differenzierter Verpflichtungen zum Umweltschutz die Industrieländer auf, mit gutem Beispiel voranzugehen. Ferner soll das Prinzip geteilter Lasten und geteilter Gewinne dafür sorgen, dass Folgelasten aus umweltpolitischen Pflichten nicht beim Süden hängen bleiben sowie Gewinne daraus nicht in den Norden abfließen. Und schließlich fehlt auch nicht das Prinzip der Hilfe, das den Transfer von ökologisch fortgeschrittener Technologie und über Entwicklungshilfe hinausgehende, zusätzliche finanzielle Leistungen vorsah. Vereinfacht gesagt, die Idee war, dass der Norden mit der Ökologie bei sich anfängt und dem Süden Geld sowie Umwelttechnik zukommen lässt – danach erst sollte der Süden einsteigen und seinen eigenen Anteil an Umweltverpflichtungen übernehmen.

Was jedoch die Realpolitik angeht, so hat der Norden den Deal platzen lassen. Schon in Rio waren die Fairness-Prinzipien weitgehend vage und inhaltsleer geblieben – oder sogar heuchlerisch, wie die Wiederholung des altehrwürdigen Versprechens, 0,7 % des jährlichen Bruttoinlandsprodukts für Entwicklungshilfe zu verwenden. Obendrein stellte der Norden zusätzlich zur normalen Entwicklungskooperation jährlich 125 Milliarden Dollar in Aussicht, um die Agenda 21 in Südländern zu fördern. Angekommen ist in von diesem Geld in den letzten zehn Jahren – nichts. Im Gegenteil, die Entwicklungshilfe ist allenthalben gesunken, was unter dem Strich weniger als nichts ausmacht. Auch abgesehen vom Geld zeigte der Norden neben einer gewissen Begeisterung für den Aufbruch in das Umweltzeitalters keineswegs eine ähnliche Begeisterung für einen neuen Sozialvertrag mit dem Süden. War schon die Rio-Konferenz ziemlich ergebnislos darin, Strukuren aufzubauen, die den Süden begünstigen, so ließen die darauf folgenden Jahre noch weniger Zweifel. Nicht nur wurden die Zusagen von Rio nicht eingelöst, sondern seither wurde dem Süden häufig auch in anderen Foren wohl wollende Nichtbeachtung entgegengebracht, wie zum Beispiel in der Politik des IWF zur Strukturanpassung, beim Sozialgipfel 1995 in Kopenhagen, bei den Entschuldungsprogrammen der G7 oder in der oftmals arroganten Politik der Welthandelsorganisation.

Zwischenbemerkung: Zombiekategorien

Ulrich Beck bezeichnete kürzlich solche Begriffe als Zombiekategorien, die mit einer gewissen Trägheit in der Alltagssprache überleben, obwohl es die Wirklichkeit, auf die sie hindeuten, gar nicht mehr gibt. »Norden« und »Süden« sind solche Kategorien. In der Arena der internationalen Politik unterscheiden diese Begriffe die G77 (plus China) auf der einen Seite – jene nach dem weitgehenden Abschluss der Entkolonialisierung im Jahre 1963 vor der ersten *UN-Konferenz für Handel und Entwicklung* gegründete Koalition der Südländer – und die ehemaligen Kolonialstaaten auf der anderen Seite. Heute spiegelt diese Unterscheidung die Wirklichkeit nicht mehr wider; die Begriffe sind lediglich diplomatische Artefakte. Zuerst einmal gibt es im »Süden«, der sowohl reiche Länder wie Singapur als auch arme Länder wie Mali umfasst, sehr heterogene Verhältnisse; ein gemeinsames, vereinendes Interesse ist dort schwer zu erkennen (Menzel 1992). Dasselbe gilt für den »Norden«, wenn auch in geringerem Maße. Darüber hinaus lässt eine solche Einteilung die Länder des gefallenen sowjetischen Imperiums in der Schwebe. Russland ist, seiner Vergangenheit als Kolonialmacht treu, den G7-Staaten beigetreten, obwohl es kaum entwickelter ist als zum Beispiel Brasilien, und Länder wie Turkmenistan sind de facto Drittweltländer, vielleicht mit einigen zusätzlichen verrosteten Stahlwerken aus der industriell-sozialistischen Phase versehen.

Vor allem jedoch verläuft die Trennlinie in der heutigen Welt, sofern sich eine solche ausmachen lässt, nicht in erster Linie zwischen den nördlichen und den südlichen Gesellschaften, sondern geradewegs durch diese Gesellschaften hindurch. Der größte Graben scheint zwischen den globalisierten Reichen und den lokalisierten Armen zu bestehen; die Nord-Süd-Spaltung trennt nicht mehr ganze Nationen voneinander, sondern zieht sich, wenn auch in unterschiedlichen Formen, durch jede einzelne Gesellschaft. Sie trennt die globale Konsumentenklasse auf der einen Seite von der sozialen Mehrheitswelt auf der anderen Seite, die im Wesentlichen außerhalb der globalen Wirtschaftsarena verbleibt. Die globale Mittelklasse besteht aus der Mehrheit der Bevölkerung des Nordens sowie den mehr oder weniger großen Eliten des Südens; ihre Größe entspricht in etwa den gut 20 % der Weltbevölkerung, die Zugang zu einem Auto besitzen. Es sind jene Gruppen, die sich trotz unterschiedlicher Hautfarbe in ihrem Lebensstil überall gleichen: sie shoppen in ähnlichen Einkaufscenters, kaufen die globalen Marken in Kleidung und Elektronik, sehen ähnliche Filme und TV-Serien, verwandeln sich hin und wieder in Touristen und verfügen über das Medium der Angleichung par excellence: Geld. Es gibt einen globalen Norden, wie es auch einen globalen Süden gibt, und diese Tatsache wird durch die konventionelle Unterscheidung zwischen »Norden« und »Süden« verdeckt.

Es ist eine der größten Schwächen im internationalen diplomatischen System, dass die weitgehend fiktive Unterscheidung von »Norden« und »Süden« weiterhin verwendet wird. Jeder ahnt, dass mit der Globalisierung diese Unterscheidung von Tag zu Tag unbrauchbarer wird, andere als die staatlichen Konventionen sind freilich im internationalen Verkehr noch nicht gefunden. Das ist vor allem für das Verständnis von Gerechtigkeit verhängnisvoll, weil innerhalb der diplomatischen Konstruktion der Wirklichkeit nur die Gerechtigkeit zwischen Staaten thematisierbar ist, während die Gerechtigkeit innerhalb von Staaten – und damit Gerechtigkeit quer durch Staaten – zu den Tabustoffen gehört. Die wirkliche Kluft in der Welt kommt in den internationalen Verhandlungen nicht vor.

Betrachtet man freilich die Dinge von der Konfliktline Konsumentenklasse – Mehrheitswelt aus, dann erscheinen die Gerechtigkeitskonflikte zwischen Staaten als Konflikte innerhalb der globalen Konsumentenklasse, während Gerechtigkeitskonflikte innerhalb von Staaten häufig Konflikte zwischen der Konsumentenklasse und der sozialen Mehrheitswelt zum Ausdruck bringen. Es gibt einen transnationalen Norden wie auch einen transnationalen Süden; es verschwindet indes diese Realität hinter den konventionellen Kategorien von den »entwickelten« und »weniger entwickelten« oder »nördlichen« und »südlichen« Ländern.

Gerade bei internationalen Verhandlungen erweist sich die Polarisierung zwischen nördlichen und südlichen Ländern häufig als irreführend. Denn alle Scheinwerfer sind dann auf die Fairness zwischen den Staaten (Fairnessniveau 1) gerichtet, während Fragen der Fairness zwischen globaler Mittelklasse und marginalisierter Mehrheitswelt (also Fairnessniveau 2) ausgeblendet bleiben. Es ist freilich eine Fiktion, dass die Interessen der Armen mit den Interessen der armen Länder identisch sind; häufig genug treibt sie das Entwicklungsinteresse ihres jeweiligen Staates noch weiter in Armut und Machtlosigkeit. Insbesondere die südlichen Regierungen neigen dazu, ausschließlich die südlichen Mitglieder der globalen Mittelklasse zu vertreten, obwohl damit die marginalisierte Mehrheitwelt in ihren Ländern ohne eine Stimme bleibt. Die Armen der Welt sind an den internationalen Verhandlungstischen nicht repräsentiert.

Gerechtigkeit im Treibhaus

Die Rahmenkonvention zum Klimawandel, die in Rio unterzeichnet wurde, spricht in Sachen Gerechtigkeit eine deutliche Sprache:

> »Die Parteien schützen das Klimasystem zum Wohle gegenwärtiger und zukünftiger Generationen der Menschheit auf der Grundlage der Gerechtigkeit und in Übereinstimmung mit ihren gemeinsamen, aber differenzierten Verantwortlichkeiten und je nach ihren diesbezüglichen Fähigkeiten. Dementsprechend nehmen die Parteien aus den entwickelten Ländern bei der Bekämpfung der Klimaänderung und deren nachteiliger Auswirkungen eine Führungsposition ein.« (Art. 3, 1)

Zwar gibt der Text gibt keine unmittelbare Begründung, aber vier Gründe sind nahe liegend, warum ein solcher Nachdruck auf Fairness gelegt worden ist.

Zunächst einmal sind die Industrieländer für den Löwenanteil der Kohlenstoffemissionen in der Vergangenheit verantwortlich, die heute für erhöhte Treibhausgaskonzentrationen in der Atmosphäre sorgen. Etwa 80 % des Anstiegs in den kumulierten Emissionen seit 1800 geht auf ihr Konto. Sodann waren die entwickelten Länder im Jahre 1996 für 61,5 % (UNDP 1998, 202) der globalen Kohlendioxidemissionen verantwortlich. Die Tatsache, dass bei gegenwärtigen Trends die Entwicklungsländer im Jahre 2020 den Norden im Ausstoß an Emissionen überholt haben dürfte, ändert dieses Bild noch nicht grundlegend. Ferner werden die bitteren Auswirkungen eines Klimawandels Nord und Süd recht ungleich treffen. Es werden – relativ gesehen – die Verursacher des Klimawandels als die Gewinner und die Unschuldigen als die Verlierer dastehen. Und schließlich verfügen Südländer über weniger Kapazitäten, um sich gegen einen Klimawandel zu schützen, wenigstens was Finanzkraft und Ingenieurskunst anbelangt. Aus all diesen Gründen ist der Süden dem Norden gegenüber benachteiligt; deshalb erhebt die Klimakonvention »Fairness« zu einem Prinzip internationaler Klimapolitik (neben ökologischer Nachhaltigkeit und ökonomischer Effizienz).

In der Tat hat bis zu einem gewissen Grad das Prinzip der Fairness die Konvention und auch die folgenden Klimaverhandlungen einschließlich des Kyoto-Protokolls geprägt. Denn Pflichten muss sich nur der Norden unterziehen, nicht aber der Süden. Mit Blick auf die zwar gemeinsame, aber doch unterschiedliche Verantwortung der Staaten wurden nur für die Industrienationen (Annex 1-Länder in der Konvention) Reduktionsziele für Kohlendioxidemissionen ins Auge gefasst, während die südlichen Länder zu keinerlei Reduktionen verpflichtet sind und lediglich gewisse Berichtspflichten übernehmen. Diese ungleiche, aber dennoch gerechte Lastenverteilung ist im *Kyoto-Protokoll* weiter durchgehalten (Oberthür/ Ott 1998); sie ist die Konsequenz aus der ungleichen Aneignung der fossilen Energievorräte aus der Erdkruste. Mehr noch, in den Augen des Südens würde eine Begrenzung der Emissionen den Spielraum zur Entwicklung der Südländer beschränken und sie daran hindern, es dem Wirtschaftsmodell des Nordens gleichzutun. Weil bis in die jüngste Vergangenheit wirtschaftlicher Fortschritt immer mit höherem Ressourcenverbrauch verbunden war, wittert der Süden die Gefahr, dass der Norden hinter sich die Leiter hochzieht und den Süden ohne Entwicklungschancen lässt. Aus diesen Gründen blieb der Süden zunächst von Reduktionsverpflichtungen verschont, ein Privileg allerdings, das sich umso weniger aufrechterhalten lassen wird, je mehr Südländer auf die Verbrennung von Kohle und Öl setzen. Allerdings kommt der Norden dem weiteren Gebot der Fairness, nämlich finanzielle und technische Hilfe für Energieeffizienz und die Umrüstung auf saubere Energieträger zu geben, nur unzureichend nach; erst seit den Klimakonferenzen in Bonn und Marrakesch im Jahre 2001 sind dafür über den *Clean Development Mechanism* und den *Fonds zur Anpassung an Klimafolgen* Mittel vereinbart. Insgesamt gesehen kann also der Süden in der Klimapolitik auf dem Fairnessniveau 1, der Gerechtigkeit zwischen Staaten, einige Erfolge verbuchen.

Freilich haben sich die Industrieländer um ihr feierliches Versprechen von Rio wenig geschert, gemeinsam gegen die Gefahr unwirtlicher Klimakonstellationen Front zu machen. Im Rückblick auf hunderte Konferenzen, Millionen von Flugkilometern und Tonnen von Papier drängt sich nur eine Schlussfolgerung auf: Viel Lärm um (fast) nichts. Die globalen Emissionen sind weit von einem Verlaufspfad entfernt, der sie bis zum Jahr 2050 um die Hälfte halbieren würde, ein Rückgang, der notwendig wäre, will man die CO_2-Konzentration in der Atmosphäre bei nicht weiter gefährlichen 450 ppm halten.Während in Europa der CO_2-Ausstoß seit 1990 teils wegen erhöhter Effizienz und teils wegen des Zusammenbruchs der osteuropäischen Industrie gefallen ist, nehmen die Emissionen in USA (um ca. 12 %) und in Japan (um ca. 10 %) munter weiter zu (Worldwatch Institute 2001, 52). Sogar nach einer Ratifizierung des Kyoto-Protokolls ist es zweifelhaft, ob angesichts der zahlreichen Schlupflöcher am Ende wirklich ein Rückgang der Kohlenstoffemissionen unter das Niveau von 1990 zu erwarten ist. Wasch mir den Pelz, aber mach mich nicht nass, das war die Losung für allzu viele Länder, die es darauf anlegten, einerseits ihre wirtschaftlichen Wachstumschancen nicht zu schmälern, aber andererseits doch als Klimafreund dazustehen. Ihre Diplomaten zogen für Wachstumsschutz und nicht für Klimaschutz ins Gefecht. Letztendlich stand gerade die amerikanische Diplomatie treu zu Rio, aber nicht zur Klimarahmenkonvention, sondern zum Diktum von Präsident Bush sen. bei seiner Ankunft zum Erdgipfel 1992, dass der amerikanische Lebensstil nicht verhandelbar sei.

Bislang haben die Südländer eher desinteressiert das Versagen der Nordländer beobachtet, den Ausstoß an Treibhausgasen einzudämmen. In ihren Augen ist Klimapolitik eine Sache des Nordens. Das wird sich bald als ein Irrtum herausstellen. Gewiss, der Norden hat zuallererst die Verantwortung, aber dem Süden kann nicht gleichgültig bleiben, ob er sie einlöst. Denn leicht wird die Gerechtigkeits-Tragödie übersehen, die im Gefolge globaler Erwärmung zu erwarten ist: Dürreperioden, Überflutungen, Vegetationsveränderungen, Störungen des Wasserkreislaufs und Krankheiten werden in erster Linie den Süden treffen und dort die am meisten Verwundbaren, nämlich jenes Drittel der Menschheit, das unmittelbar von der Natur lebt (IPCC 2001). Schließlich ist nicht jeder Erdenbürger in gleicher Weise von Klimaturbulenzen betroffen. Es sind die Reisbauern im Mekong-Delta und die Fischer entlang der Küste des Senegal, die Viehhüter im Hochland von Äthiopien oder die Slumbewohner an den Abhängen von La Paz, die in ihren Lebenschancen vom Klimawandel bedroht werden. Weit davon entfernt, lediglich eine Naturschutzthema zu sein, wird der Klimawandel immer mehr zur unsichtbaren Hand hinter landwirtschaftlichem Niedergang, sozialer Erosion und Vertreibung aus der Heimat. Die koloniale Zerstörung wird noch einmal von vorn beginnen – diesmal ferntransportiert über die Chemie der Atmosphäre.

Vor diesem Hintergrund nehmen sich manche Debatten zwischen nördlichen und südlichen Ländern als ein Streit zwischen unterschiedlichen Parteien der globalen Mittelklasse um ihren Anteil an der Raubökonomie aus. Fixiert auf ihren Kampf um wirtschaftliche und politische Macht, scheinen die Eliten des Nordens sowie des Südens bereit, zahlreiche Subsistenzwirtschaften ihrem Schicksal zu überlassen. Nicht nur der Schutz der Atmosphäre, sondern auch der Schutz der Menschrechte verlangt die fossile Abrüstung der globalen Mittelklasse. Aus dieser Sicht erweist sich das Bestehen der südlichen Regierungen auf Gerechtigkeit bei der wirtschaftlichen Entwicklung als unverantwortlich; ihr Interesse an Gerechtigkeit in Bezug auf das Bruttosozialprodukt kollidiert mit dem Interesse der sozialen Mehrheitswelt an Gerechtigkeit in Bezug auf das eigene Überleben. Dies zeigt sehr anschaulich, dass das Drama von Ökologie und Gerechtigkeit auf mindestens zwei Ebenen stattfindet: zwischen Nationalstaaten einerseits sowie innerhalb von Nationalstaaten zwischen der globalisierten Minderheit und der marginalisierten Mehrheit andererseits. Diese beiden Ebenen der Gerechtigkeit stehen oft im Widerspruch zueinander – und dies nicht nur in der Klimapolitik.

Gerechtigkeit im Genzeitalter

Ohne schlüssiges Ergebnis blieb über die letzten zehn Jahren auch das andere große Vertragswerk von Rio, die *Konvention zur Erhaltung der biologischen Vielfalt.* Alarmiert von Nachrichten über den schrumpfenden Naturreichtum hatten die Regierungen ein Abkommen verabschiedet, das alle Parteien auf den Erhalt und die nachhaltige Nutzung der biologischen Vielfalt verpflichtet, sowie auf eine gerechte Aufteilung der daraus sich ergebenden Vorteile. Wer allerdings dachte, dass über eine solche Konvention dem Verlust an Urwäldern, an Feuchtgebieten, an Fischgründen oder an Vögeln beizukommen ist, wird enttäuscht sein. Trotz der Biodiversitätskonvention hat sich die Geschwindigkeit, mit der Wälder abgeholzt, Meere überfischt oder Insekten dezimiert werden nicht entscheidend verändert; allenthalben dünnen die Ökosysteme, große und kleine, weiter aus.

Freilich fragt man sich im Blick auf die Geschichte der Verhandlungen seit 1992, ob es den Vertragsparteien überhaupt um biologische Vielfalt ging oder doch nur um die Regulierung und Nutzung einer bestimmten Vielfalt, nämlich jene des genetischen Materials (McAfee 1998). Während der Konventionstext von der Vielfalt an Ökosystemen, Arten und Genen spricht, konzentrierten sich Verhandlungen zum überwiegenden Teil auf das subzellulare, für das Auge unsichtbare Genmaterial und seine Gewinnung, Übertragung und Bezahlung. Nicht der Wunsch, Vögel, Fische, Blumen und Bäumen vor dem Dahinschwinden oder gar vor dem Aussterben zu schützen, scheint die treibende Kraft gewesen zu sein, sondern der Drang, den Goldrausch nach jenen genetischen Nuggets zu regulieren, die aus lebendem Material extrahiert und wieder in anderen Mikroben, Pflanzen oder Tieren implantiert werden können. So kam es unter der *Biodiversitätskonvention* nur bei den Regelungen zum grenzüberschreitenden Handel mit genetisch modifizierten Organismen zu einem rechtsverbindlichen Abkommen, das *Biosafety-Protokoll* vom Frühjahr 2000, während die Diskussion zu den Küsten- und Meeresgebieten noch andauert und die Diskussion zu Wäldern erst auf der Vertragsstaatenkonferenz im April 2002 einem Höhepunkt zustreben wird.

Zu allem Überfluss wurde in der Konvention auch der Widerspruch ausgeblendet, der zwischen dem Schutz der biologischen Vielfalt und der Freisetzung von genetisch veränderten Organismen besteht. Gewiss, die Konvention regelt nur den Zugang zu genetischem Material und nicht die Freisetzung von transgenen Lebewesen, doch sie ist in ihrem Ursprung und in ihrer Anlage stark von dem Interesse geprägt, die Gene als neue Klasse von Rohstoffen zu erhalten und zugänglich zu machen. In ihren Resultaten freilich wird die Gentechnik die biologische Vielfalt untergraben. Denn die Verbreitung transgener Pflanzen wird allzu leicht zu einer Simplifizierung der Biosphäre führen, entweder unbeabsichtigt durch die Übertragung von freigesetzten genetisch manipulierten Organismen auf verwandte Arten oder gezielt durch Monokulturen einseitig optimierter Nutzpflanzen in der Land- oder Forstwirtschaft. Erst im Protokoll zur biologischen Sicherheit wird ein Bewusstsein von der Gefährdung der Biodiversität durch Gentechnik erkennbar. In diesem Licht betrachtet, scheint die Konvention weniger den Schutz des Naturerbes der Menschheit zum Ziel zu haben als vielmehr den Schutz vielseitiger Wirtschaftsinteressen im Geschäft mit den Genen.

Ähnlich wie in der Klimapolitik, geht der Gerechtigkeitskonflikt zwischen Nord und Süd auch in der Biodiversität auf eine grundlegende Assymetrie zurück: der Süden besitzt die unverbrauchten Naturressourcen, während der Norden die naturhungrige Industrie beherbergt. Die Gebiete mit der größten biologischen Vielfalt finden sich in tropischen und subtropischen Ländern, die Gentechnikindustrien aber in den USA und Europa. Als mit dem Aufstieg der Biotech-Industrie der Bedarf an genetischem Material stieg, wurde eine neue Runde in der Geschichte der Ressourcenkonflikte zwischen Nord und Süd eingeläutet. Dafür haben sich die Südländer in Rio gerüstet. Es ist ihnen gelungen, einen Zaun um ihr Naturerbe zu ziehen, einschließlich ihrer genetischen Ressourcen; denn die Konvention proklamiert die Souveränität der Nationalstaaten über ihre natürlichen Ressourcen. Im kommenden Zeitalter der Industrialisierung des Lebens, so das Motiv, soll die Kolonialgeschichte der Aneignung ohne Bezahlung und des Re-Imports zu hohen Preisen endlich ein Ende haben; jede Nutzung genetischer Ressourcen ist zu vereinbaren und zu bezahlen. (In der Folge wurde nach Rio der Status der Sammlungen ex-situ unter der Schirmherrschaft der Vereinten Nationen zu einem viel diskutierten Thema.) Um Souveränität über seine Naturressourcen beanspruchen zu können, war der Süden jedoch gezwungen, die Auffassung von Artenvielfalt als einem »gemeinsamen Erbe der Menschheit« abzulehnen – eine Auffassung, die schon im *Common Undertaking* der Welternährungsorganisation (FAO) von 1983 formuliert worden war (Flitner 1995). Aus Angst davor, dass ihre Schätze der Plünderung durch Unternehmen des Nordens ausgeliefert würden, konnten die südlichen Länder ein solches Verständnis von biologischer Vielfalt nicht akzeptieren. Sie waren nur bereit, von Artenvielfalt, wie in der Präambel zu lesen, als einem »gemeinsamen Anliegen der Menschheit« zu sprechen. Gleichheit wurde somit umdefiniert als gleiche Habgier; jeder Nationalstaat ist dem Anderen gleich in seiner Forderung nach einem Recht auf freie Verfügung über die Ressourcen innerhalb seines Hoheitsgebiets.

Der Süden legte Wert darauf, das nationale Verfügungsrecht über Ressourcen durchzusetzen, weil er die Erwartung hegte, vom Genexport finanziell wie technologisch zu profitieren. Diese Erwartung hat sich nicht erfüllt – zumindest bis jetzt. Obwohl die Konvention eine gerechte Aufteilung der Erträge aus der Nutzung von Naturressourcen fordert, gibt es bisher kein anerkanntes Verfahren, wie Biotechnologiefirmen ihre Gewinne mit den Ländern teilen würden, aus denen das von ihnen verwendete Genmaterial stammt. Bislang sind solche Abmachungen nur bilateral und privat geschlossen worden – und mit wenig befriedigenden Bedingungen. Im Großen und Ganzen lässt der Start in das Biotechnologiezeitalter den Süden mit leeren Taschen zurück. Aus diesem Grund besteht in einigen Ländern des Südens ein starkes Interesse daran, den Knoten der Patentierung zu durchschlagen. Während die Industrie Patente zur Schaffung von Eigentumsrechten auf technisch erzeugte lebendige Rohstoffe anstrebt, haben die gen-exportierenden Länder Patente als Mittel zur Gewinnverteilung im Visier. Patente würden dann den Ursprungsort des lizenzierten Rohstoffs angeben und so sicherstellen, dass Erträge in jene Länder oder Gemeinden zurückfließen können, die das Genmaterial liefern.

Jedoch zeichnet sich damit ein Konflikt zwischen den beiden Fairnessniveaus ab. Meist sind die Verwalter der Gebiete mit großer biologischer Vielfalt nicht bestimmte Staaten der südlichen Hemisphäre sondern traditionelle Gesellschaften und indigene Völker, die einen Teil der marginalisierten Mehrheitswelt bilden. Für sie ist Gerechtigkeit in erster Linie eine Frage der Anerkennung und nicht – wie auf der Ebene der Staaten – eine Frage der Umverteilung. Sie wünschen, dass ihre Rechte respektiert werden – das Recht auf den angestammten Habitat und auf ein eigenständiges Gemeinwesen. Eine Vielfalt von Pflanzen und Tieren nutzen zu können, ist oftmals zentral für ihren Lebensunterhalt, nicht nur für Nahrung, sondern auch für Medizin, Kleidung und Behausung. Auch genetisches Material ist Teil des lokalen Gemeinschaftsguts von Pflanzensorten, die von Generation zu Generation weitergegeben wurden. Doch der Anspruch lokaler Gemeinschaften auf Ressourcen kann leicht mit dem Anspruch des Staates auf Ressourcen in Konflikt geraten. Das ist auch bei genetischen Ressourcen der Fall. Wem genetische Ressourcen gehören, wer zu welchen Bedingungen Zugang zu ihnen hat und wer in den Genuss der aus ihnen gewonnenen Erträgen kommen soll, diese Streitfrage begründet mittlerweile in vielen Ländern einen Konflikt zwischen dem entwicklungsgläubigen Staat und den lokalen Gemeinschaften. Mit anderen Worten: sie begründet einen Konflikt zwischen den beiden Fairnessniveaus: der Gerechtigkeit zwischen Nationalstaaten auf einer Ebene und Gerechtigkeit zwischen der globalen Mittelklasse und den Subsistenzwirtschaften auf der anderen Ebene. Diesem Konflikt trägt Artikel 8(j) der Konvention bis zu einem gewissen Grad Rechnung: »Jede Vertragspartei soll ... Wissen, Innovationen und Praktiken indigener und lokaler Gemeinschaften, die einen traditionellen Lebensstil pflegen, der für Erhalt und nachhaltige Nutzung der Biodiversität von Bedeutung ist, respektieren, schützen und erhalten.« Auf diesen Artikel bezogen sich viele Debatten über die Bedeutung von *farmers rights* (bäuerliche Zuchtrechte) bei der FAO, über die Rechte von indigenen und lokalen Gemeinschaften, die Ausarbeitung von gemeinschaftlichen geistigen Eigentumsrechten, das Prinzip des *prior informed consent* (vorherige Zustimmung bei voller Unterrichtung) bei der Bioprospektierung usw. (Posey 1996). Hinter der Debatte um die Zulassung von Patenten auf Leben wird indes eine tieferliegende Bedrohung der Gerechtigkeit sichtbar. Es ist nicht auszuschließen, dass sich durch die Einführung von Patenten auf Pflanzen und Saatgut ein radikales Monopol von transnationalen Unternehmen auf die beiden Grundbausteine des Lebensunterhalts herausbildet: Nahrung und Medikamente. Im Gegensatz zum herkömmlichen Monopol, wo ein Unternehmen auf einem Markt ohne Wettbewerber herrscht, besteht ein radikales Monopol – dieser Begriff wurde von Ivan Illich geprägt – darin, dass eine wichtige menschliche Tätigkeit nicht ohne den Kauf von Produkten oder Rechten ausgeführt werden kann. Mit der Einführung von Patenten werden die Bauern möglicherweise den freien Zugang zum Erbe der organischen Welt verlieren – der Quelle ihrer Nahrungs- und Produktionsmittel. Tätigkeiten wie Ackerbau, Viehzucht oder Heilmethoden, bei denen die Natur immer als öffentliche Domäne behandelt wurde, werden immer stärker unter die Kontrolle von Konzernen geraten. Ohne Kaufkraft gäbe es dann kaum eine Existenzmöglichkeit – keine gute Nachricht für die arme Mehrheit der Weltbevölkerung. Langfristig würde die Menschheit schließlich sogar bei der Reproduktion und Lebenserhaltung selbst von der Industrie abhängig werden (A. A. 2000). Genauso wie es im Mittelalter keine Erlösung außerhalb der Kirche gab, würde es im postbiologischen Zeitalter kein Überleben außerhalb der Konzerne geben.

Gerechtigkeit im Handelssystem

Im Jahr 1972 war die UN-Konferenz von Stockholm der »menschlichen Umwelt« gewidmet, im Jahr 1992 jene von Rio der »Umwelt und Entwicklung«. Wenn man einen Titel für die im Jahr 2002 stattfindende Konferenz in Johannesburg ersinnen müsste, dann könnte er nur »Umwelt, Entwicklung und die globale Ökonomie« heißen. Denn der Aufstieg der transnationalen Ökonomie kann als die weitreichendste Veränderung in der Zeitspanne zwischen Rio und Rio+10 gelten. Ohne zu vergessen, dass der Handel schon seit langem expandierte und auch der grenzüberschreitende Verkehr von Finanzkapital zu dem Zeitpunkt bereits gang und gäbe war, kann man doch die Gründung der Welthandelsorganisation (WTO) 1994 in Marrakesch als einen Meilenstein betrachten. Dieser hat die Weltwirtschaft in eine Richtung geschickt, die auf Kollisionskurs mit der Ökologie führt. In der Tat, es lässt sich sagen, dass Marrakesch im letzten Jahrzehnt sowohl institutionell als auch symbolisch den Sieg über Rio davongetragen hat. Institutionell ist das Rechtswerk der WTO – einschließlich dem Recht, Sanktionsmaßnahmen gegen säumige Länder zu verhängen – darauf angelegt, die uneingeschränkte Mobilität von Kapital und Gütern über alle Grenzen hinweg durchzusetzen, während Umweltabkommen den Schutz der globalen Gemeinschaftsgüter vor schädigenden wirtschaftlichen Aktivitäten zum Ziel haben. Es ist daher nicht verwunderlich, dass die beiden Rechtsordnungen, die zur Regelung einer transnationalen Welt entstanden sind – das Wirtschaftsregime einerseits, angeführt von der WTO und ergänzt durch den IWF und die Weltbank, und die Umweltregime andererseits, wie etwa die Konventionen zu Klima, biologischer Vielfalt, Wäldern, toxischem Handel und bedrohten Arten – nicht miteinander übereinstimmen und manchmal sogar in offenem Widerspruch zueinander stehen. Und symbolisch steht die WTO für den Aufstieg bedingungsloser wirtschaftlicher Freiheit anstatt Demokratie oder Nachhaltigkeit zur Leitidee der globalen Elite der neunziger Jahre. Marrakesch hat Rio an den Rand gedrängt; der unausgesprochene Ehrgeiz der WTO, verschiedene Zivilisationen zu einer einzigen Weltmarktgesellschaft zu formen, hat sich in der ganzen Welt zur wahren Agenda 21 entwickelt.

Bisher wurden die Spannungen zwischen den *Multilateralen Umweltabkommen* (MEA) – wie etwa die Klima- oder die Biodiversitätskonvention – und der WTO nur bei den Verhandlungen über das Protokoll zur biologischen Sicherheit ausdrücklich angesprochen. Dieses Protokoll, das im Januar 2000 in Montreal fertig gestellt wurde, ermöglicht es Ländern, die Einfuhr von genetisch veränderten Organismen zu beschränken, die sich ungünstig auf Gesundheit und Umwelt, einschließlich Artenvielfalt, auswirken können. Da das Protokoll das Vorsorgeprinzip über das Freihandelsprinzip stellt, bricht es implizit mit dem Glauben, dass sich bei unbeschränktem grenzüberschreitendem Handel Wohlstand von alleine einstellt. Zwar besitzt bis jetzt kein anderes Multilaterales Umweltabkommen einen so eindeutig handelsbezogenen Schwerpunkt, aber es ist dennoch vorstellbar, dass das Vorsorgeprinzip sich auch auf andere umweltsensible Güter wie Holz, Wasser oder fossile Ressourcen ausweiten lässt. Bis dahin jedoch wirkt die durch die Freihandelsabkommen ausgelöste expansive Dynamik wenn nicht dem Wortlaut, so doch dem Geist der Umweltkonventionen über Klima, Wälder und Wüstenbildung entgegen.

Freilich ist selbst die WTO ihrer Präambel zufolge gehalten, nachhaltige Entwicklung zu fördern. Doch die WTO-Arbeitsgruppe für Handel und Umwelt hat jahrelang kein nennenswertes Ergebnis zustande gebracht. Das liegt zu einem beträchtlichen Teil daran, dass die südlichen Länder jede Diskussion über umwelt- oder arbeitspolitische Standards zur Regulierung des Freihandels mit Misstrauen betrachten. In der Tat, sie wehren sich gegen jeden solchen Vorstoß. Sie vertreten die Auffassung, dass die WTO Abstand davon halten sollte, grenzüberschreitende Wirtschaftsaktivitäten zu regulieren. Vor allem zwei Argumente haben sich hier durchgesetzt: Zum einen fordert der Süden, dass gesellschaftliche und umweltpolitische Abkommen nicht dem Zuständigkeitsbereich der WTO zugeordnet werden; aus Gründen demokratischer Transparenz und Gewaltenteilung sollen sie stattdessen unter dem Dach der Vereinten Nationen geregelt werden. Zum anderen – was noch wichtiger ist – fürchtet der Süden, dass Umweltstandards dem Protektionismus und somit der Diskriminierung ihrer Ausfuhren Vorschub leisten könnten. Deshalb hat sich seit geraumer Zeit ein Spannungsverhältnis aufgebaut zwischen den Umweltfreunden, die für langfristige Nachhaltigkeit auf Kosten des Freihandels, und der Diplomatie der Südländer, die für Freihandel (sprich: ungehinderter Zugang zu den Märkten des Nordens) auf Kosten von Umweltstandards eintreten (Najam/Robins 2000).

Es wiederholt sich ein bereits vertrautes Bild: Die südlichen Länder fühlen sich in der wirtschaftlichen Arena ungerecht behandelt und lehnen daher Zugeständnisse in der umweltpolitischen Arena ab. Darüber hinaus fürchtet der Süden, dass umweltpolitische Zugeständnisse die Ungerechtigkeit vergrößern und so die Chancen auf eine wirtschaftliche Entwicklung weiter verringern. Diese Sorge des Südens ist durchaus berechtigt: Unter GATT und WTO hat der Norden sein Versprechen nicht eingehalten, den Exporteuren des Südens Märkte für landwirtschaftliche und textile Produkte zu öffnen. Jedes Jahr – die Berechnungen sind hier allerdings sehr unterschiedlich – verliert der Süden aufgrund von Handelsschranken der OECD 20 Milliarden Dollar, die er für den Wohlstand seiner Bürger verwenden könnte; das entspricht mehr als 40 % der Entwicklungshilfegelder. Was der Norden tatsächlich vorschlägt, ist eine gespaltene Globalisierung; er verlangt freien Zugang von Gütern und Kapital zu den südlichen Märkten, beschränkt jedoch den Zugang der südlichen Güter und Menschen zu den nördlichen Märkten. Mit anderen Worten: Der Norden heuchelt. Er verlangt das Recht, für sich selbst Grenzen aufrecht zu erhalten, während er dem Süden dieses Recht verwehrt. Vor diesem Hintergrund kann der Süden, der schon Grund hat, der Bereitschaft des Nordens zur Errichtung eines nicht-diskriminierenden Handelssystems zu misstrauen, umweltpolitische Bedingungen nur als eine weitere Form von Protektionismus betrachten.

Es ist jedoch sehr fraglich, ob mehr Fairness zwischen Staaten auch zu mehr Fairness zwischen der globalen Mittelklasse und den marginalisierten Mehrheiten führen würde. Nehmen wir das Beispiel Landwirtschaft. Ganz ohne Zweifel würde sich die Marktlage einheimischer Agrarprodukte im Süden verbessern, wenn die Exportsubventionen für europäische Agrarerzeugnisse zurückgebaut würden. Von unverzerrten Preisen würden auch die kleinen Bauern profitieren. Anders liegen die Dinge jedoch, wenn für südliche Agrarproduzenten der Zugang zu nördlichen Absatzmärkten geöffnet wird. Es ist keineswegs gesagt, dass eine Steigerung von Agrarexporten den marginalisierten Mehrheiten zu Gute kommen würde. Oftmals wird damit eine verstärkte Konkurrenz um die Nutzung knapper Böden ausgelöst. Weil oft ertragreicher, gewinnt dabei der Anbau für den Export, während der Anbau für einheimischen Verbrauch oder gar für Subsistenz ins Hintertreffen gerät (Müller 2000). Und allzu leicht tritt ein bekanntes Paradox ein: während insgesamt die Agrarproduktion steigt, verfällt die Nahrungssicherheit im Lande. Mehr Gerechtigkeit auf dem Weltmarkt bringt in einem solchen Fall mehr Ungerechtigkeit für die Armen. Auch hier kann daher das Prinzip der Fairness zwischen Ländern im Widerspruch zum Prinzip der Fairness innerhalb von Ländern stehen. Überdies ist es auch fraglich, ob es der Nachhaltigkeit im Süden wie im Norden dienen würde, wenn die europäische oder die japanische Landwirtschaft ungeschützt dem Wettbewerb des Weltmarktes ausgesetzt wäre. Im Süden würden durch einen solchen Schritt ressourcen-intensive Monokulturen gefördert, und die Länder würden auf einen Weg geschickt, der vom Aufbau agro-ökologischer Systeme für den einheimischen Bedarf wegführt. In Europa und Japan hingegen könnte die Verfügbarkeit billiger Importprodukte beträchtlichen Teilen der Landwirtschaft gänzlich den Garaus machen, wodurch diese Länder von ihrer eigenen Naturbasis entfremdet und selbst für Lebensmittel von Überseetransporten abhängig würden. Innerhalb eines Handelssystems, das gegenüber der Natur gleichgültig ist, führt die Forderung nach Gerechtigkeit unvermeidlich zu einer Minderung der Nachhaltigkeit.

Im Lichte dieser Überlegungen kann man eine knappe Schlussfolgerung ziehen. In welcher Arena auch immer – ob Klima, biologische Vielfalt oder Handel – wenn es dem Norden nicht gelingt, umweltpolitische Abkommen zu erzielen, die der Süden als fair empfindet, dann bleibt Nachhaltigkeit auf der Strecke. Ohne Gerechtigkeit eben keine Ökologie. Wenn freilich seinerseits der Süden im Grunde nur einen größeren Anteil an der Raubwirtschaft einfordert, dann bleibt Nachhaltigkeit ebenfalls auf der Strecke. Gerechtigkeit verträgt sich nicht mit Umweltschutz, es sei denn, sie wird im Rahmen einer umweltfreundlichen Entwicklung angestrebt. Deshalb gilt auch die Umkehrung: Ohne Ökologie keine Gerechtigkeit.

Auf dem Weg nach Johannesburg

Geburtstage haben es in sich. Sie können gegensätzliche Gefühle hervorrufen, Freude wie auch Verlegenheit, Stolz wie auch Scham. Es diktiert schließlich der Kalender das Datum. Plötzlich kann ein Jubiläum anstehen und unerbittlich näher rücken: Was tun? Wie feiern? Wen einladen? Verlegen tritt man von einem Bein aufs andere, möchte das Datum am liebsten ungeschehen machen, aber es hilft nichts: da muss man durch. Obendrein wird man alle Aufmerksamkeit auf sich ziehen und spürt schon die prüfenden Blicke: Wie steht das Geburtstagskind da? Was ist aus ihm geworden? Manch einem Jubilar ist da gar nicht nach Feiern zumute. Unlustig geht er die Sache an, hofft auf sein Glück und sucht ansonsten gute Miene zum bösen Spiel zu machen.

Ganz ähnlich ging es den Vereinten Nationen, dem Veranstalter des Weltgipfels zur nachhaltigen Entwicklung, der vom 26. August bis 3. September 2002 in Johannesburg stattfinden wird. Mit einem Male waren zehn Jahre vorüber und vor der Tür stand das Jubiläum des Erdgipfels. Rio +10 war nicht zu vermeiden. Was soll da geschehen, was auf die Tagesordnung? Gewiss, fällig ist ein Rückblick auf Rio, aber alle Parteien sind sich einig, dass mit einer bloßen Bilanz der zehn Jahre kein Staat zu machen sein wird. Zu mager insgesamt die Ergebnisse, zu hohl jedes Versprechen. Die zehn Jahre waren größtenteils verlorene Jahre. Denn so ziemlich der einziger Fortschritt, der ins Auge fällt, ist die fortschreitende Umweltzerstörung. Überdies ist bislang auch kein kennzeichnendes, kein vorwärts weisendes Projekt für Johannesburg sichtbar geworden. Nichts jedenfalls, was mit der Biodiversitäts- oder Klimakonvention von Rio vergleichbar wäre. Gäbe es freilich ein solches Projekt, dann wäre es zweifelhaft, ob die politischen Bedingungen für einen Sprung nach vorne gegeben wären – angesichts des Umstands, dass sich seit Jahren die einzig verbliebene Weltmacht aus der sozialen und ökologischen Verantwortung für das Weltgeschehen stiehlt.

Eine gelöste Geburtstagsfeier steht also in Johannesburg nicht zu erwarten. Wenn überhaupt, wird man sich darauf einigen, dass die mächtige Globalisierung nachhaltig zu gestalten sei. Aber wie und zu wessen Gunsten, darüber werden die Meinungen weit auseinander laufen. Gute Miene zum bösen Spiel zu machen, ist also auch für dieses Jubiläum ratsam. Doch, wie gesagt, Geburtstage haben es in sich: sie sind immer für Überraschungen gut.

Ein Entwicklungsgipfel, kein Umweltgipfel

Freilich steckt in der Wahl des Konferenzorts schon ein Programm. Der Gipfel soll eine Sache des aufstrebenden Südens werden. In der Tat, Südafrika hat den Ball schon aufgenommen und »Armutsbekämpfung« als das Kernthema des Gipfels ausgerufen. Die Republik am Kap, im Verein mit den Staaten Afrikas und den anderen Südländern, ist bestrebt, die Johannesburg-Konferenz zur Bühne für die Anliegen der südlichen Hemisphäre zu machen. Zu kaum einem Land passt diese Rolle besser, ist doch Südafrika nicht nur das Land der gelungenen Befreiung und des demokratischen Übergangs, sondern auch das Land gigantischer sozialer Gegensätze und ausgezehrter Naturressourcen. Es ist, kurz gesagt, ein Mikrokosmos der Dritten Welt.

Aus dieser Position des Landes heraus wird eine süd-spezifische Wahrnehmung von Umwelt und Entwicklung den Gipfels prägen. Moss Mashishi, der Direktor der *Johannesburg World Summit Company*, formuliert seine Perspektive bereits in kritischem Kontrast zu der im Norden vorherrschenden Umweltdebatte:

> »Quer durch die Geschichte der Nachhaltigkeitsdebatte gab es zwei unterschiedliche Themenstränge, einer für die entwickelte Welt, ein anderer für die Entwicklungsländer. Typischerweise beschäftigte man sich in der ersten Gruppe mit Fragen wie saurer Regen, Ozonloch, Klimawandel, demographisches Nullwachstum, Drogenmissbrauch und Verlust der Artenvielfalt. Für die zweite Gruppe dagegen lauteten die Prioritäten Bodenverarmung, Vordringen der Wüsten, Wasserqualität und der Zugang dazu, rasches Bevölkerungswachstum, Unruhen und Krieg.« (Mashishi 2001)

Über Umweltthemen hinaus, so betonen obendrein die Vertreter des Südens, muss auch der Gesamtkontext der Nord-Süd-Beziehungen auf den Prüfstand. Johannesburg darf nicht versäumen, wie damals der Erdgipfel in Rio, sich um die Verschlechterung der wirtschaftlichen Position des Südens gegenüber dem Norden zu kümmern, dem Abfluss von Finanzmitteln durch Schuldenzahlungen, den fallenden Rohstoffpreisen, den Strukturanpassungsprogrammen und allgemein dem geringen Gewicht von Entwicklungsländern im Welthandelssystem und Weltfinanzsystem.

Nicht ganz zu Unrecht schickt sich also der Süden an, in Johannesburg unbeglichene Rechnungen zu präsentieren, die im Nord-Süd-Verhältnis seit langem aufgelaufen sind. Wie schon in Rio 1992 möchte der Süden die vom Norden gewünschten umweltpolitischen Verhandlungen dazu nutzen, entwicklungs- und wirtschaftspolitische Forderungen zu stellen. Der Süden fordert einmal Vereinbarungen zugunsten der Armen, insbesondere um dem sinkenden Ertrag derjenigen Ökosysteme zu begegnen, welche die Armen besonders brauchen, wie Wassersysteme, Fischgründe, Boden und Vegetation. Sodann fordert der Süden mehr Fairness in der Weltwirtschaft, in der Hoffnung, dass damit das Schwungrad für wirtschaftliches Wachstum auf Touren kommt und mehr Arme in die Wirtschaft integriert werden können. Aus Johannesburg wird daher eher ein Entwicklungsgipfel als ein Umweltgipfel werden. Denn der Süden fühlt sich weitgehend mit gebrochenen Versprechungen, dem Schuldendruck, einem unfairen Weltmarkt und natürlich mit seinen stolzen, aber oft im Elend festgehaltenen Bevölkerungen allein gelassen. Ein Stückchen die drastische Asymmetrie der Machtverhältnisse in einem Weltsystem zu verschieben, das auf die Akkumulationsbedürfnisse der Reichen und nicht auf die Lebensbedürfnisse der Armen zugeschnitten ist, darauf werden sich die Anstrengungen jedenfalls der aufgeklärten Südvertreter konzentrieren. Daher ist es auch kein Zufall, dass diese Konferenz die Formel »nachhaltige Entwicklung« im Titel trägt. Der Süden denkt da zuerst alle Mal an »Entwicklung« und überlässt »Nachhaltigkeit« den Bessergestellten aus dem Norden.

»Entwicklung« ist freilich nichts weiter als eine Begriffshülse. Ein Wort, getragen von Verbesserungspathos, doch geprägt von monumentaler Unbestimmtheit. Hinter »Entwicklung« kann sich so ungefähr jedes politische Projekt verbergen; besonders die widersprüchlichen Interessen und Wunschträume im Süden finden im Ruf nach »Entwicklung« eine trügerische Gemeinsamkeit. Während noch viele darin einig sind, dass »nachhaltige Entwicklung« in der Perspektive des Südens in erster Linie »Armutsbekämpfung« verlangt, tun sich im nächsten Schritt tief greifende Meinungsverschiedenheiten auf. Denn für die einen ist »Armutsbekämpfung« ein Code-Wort für Wachstum und für andere eine Code-Wort für Gerechtigkeit. Dieser Streit wird in Johannesburg höchstwahrscheinlich die Auseinandersetzung zwischen Regierungen und zivilgesellschaftlichen Organisationen bestimmen.

Dabei zeichnen sich schon jetzt unheilige Allianzen ab, die dazu führen können, dass das Thema des klugen Umgangs mit Natur und Umwelt auf einen hinteren Platz verwiesen wird. Wie schon in Rio 1992 könnten sowohl die Regierungen des Nordens wie jene des Südens im Lobpreis für »Entwicklung« im Sinne »nachhaltigen Wachstums« eine gemeinsame Plattform finden; weder das Modell der nachholenden Entwicklung für den Süden, noch das Modell des globalen Wirtschaftswettkampfs für den Norden ist dadurch in Frage gestellt. Auf Seiten der NROs könnte sich ebenfalls eine allzu bequeme Übereinstimmung zugunsten von mehr »Umverteilung« und »besseren Marktzugang für den Süden« einstellen; über ein der Natur und den Menschen zuträgliches Maß von Entwicklung muss man dann keine Gedanken mehr verlieren. Auf beiden Ebenen droht somit die historische Einsicht der letzten Jahrzehnte von der Endlichkeit der Naturräume und ihrer Ressourcen verdrängt zu werden. Mehr noch, es droht der kritische Blick auf das nördliche Wohlstandsmodell verloren zu gehen. Denn bei Regierungen wie bei NROs beruht die Bildung unheiliger Allianzen auf der stillschweigenden Übereinstimmung, dass das nördliche Wohlstandsmodell nicht auf den Prüfstand gestellt werden braucht, ja in Nord wie Süd als ein legitimes Objekt der Begierde betrachtet werden kann. Damit wird die Umweltfrage in ihrer politischen Brisanz entkernt. Es besteht also die Gefahr, dass jene Frage überhaupt nicht gestellt wird, welche die Schlüsselfrage eines solchen Gipfels sein müsste: welche Produktions- und Konsummuster können Gesellschaften für alle ihre Bürger ins Auge fassen, ohne mit ihrer Realisierung die Lebenssysteme der Natur in die Knie zu zwingen? Oder: Wie und welchen Reichtum kann man schaffen, ohne sich auf überlebte Technologien, wie etwa fossile Brennstoffe, festzulegen? Mit anderen Worten: es ist nicht auszuschließen, dass aus dem Weltgipfel für nachhaltige Entwicklung ein Weltgipfel für nachholende Entwicklung werden wird.

Existenzsicherung oder Exporterträge

Wenn sich in Johannesburg alles um »Armutsbekämpfung« drehen soll, dann lässt sich also das Streitthema der Konferenz schon voraussagen: Welche Armutsbekämpfung? Denn ganz wie der unverdächtige, ja unschuldige Wunsch, Frieden zu schaffen, sowohl mit Abrüstung wie mit Aufrüstung beantwortet werden kann, so kann der unverdächtige, ja unschuldige Wunsch, die Armut auf der Welt zu lindern, für drastisch unterschiedliche Wirtschafts- und Sozialstrategien herhalten. Denn wo immer von »Armutsbekämpfung« als die große Herausforderung des Jahrhunderts die Rede ist, lohnt es sich, sogleich die nächstliegende Frage zu stellen: Armutsbekämpfung ja, aber durch wen?

Die erste Antwort lautet: um Armut zu vermindern, müssen Investoren, transnationale Unternehmen und Agrarexperten gerufen werden. Armut rührt in dieser Sicht von fehlendem Einkommen her, einem Mangel, dem logischerweise nur durch Teilnahme an Wirtschaftswachstum abgeholfen werden kann. Was nun in armen Südländern am ehesten Wachstum verspricht, ist die Mobilisierung landwirtschaftlicher Potenziale für Exportmärkte im Norden (oder wenigstens für die eigenen Städte). Um indes Kaffee, Baumwolle, Rindfleisch oder Blumen für ferne Konsumenten zu produzieren, bedarf es Kapital, Plantagen, Bewässerungsanlagen, Transport und grenzüberschreitende Vermarktung. Vor allem aber ist der zollfreie und auflagenfreie Zugang zu nördlichen Absatzmärkten wichtig, weil sonst nicht die hohe Kaufkraft angezapft werden kann und schon gar nicht zu konkurrenzfähigen Preisen. Erst über die Integration der produktivsten Teile der Landwirtschaft in den Weltmarkt lässt sich in dieser Perspektive ein Strom an Einkommen und Investition erzeugen, der dann wiederum zuhause zur fortschreitenden Ausweitung des Wirtschaftskreislaufs beitragen kann. Eine solche export-gestützte Wirtschaftsentwicklung zur Armutsbekämpfung ist im Allgemeinen jene Strategie, die von den internationalen Finanz- und Wirtschaftinstitutionen vorgesehen und oftmals auch eingefordert wird. Sie setzt auf Vollendung des Freihandels und sucht das Los der Armen durch mehr Globalisierung zu bessern. Ökologie spielt übrigens in dieser Sicht lediglich als kostentreibender Störfaktor eine Rolle, jedenfalls solange, als keine Öko-Nachfrage von den nördlichen Märkten bis auf die heimische Produktion durchschlägt. Es sieht so aus, dass dieses Konzept der Armutsbekämpfung von der Regierung Südafrikas favorisiert wird.

Die zweite Antwort aber lautet: um Armut zu mindern, müssen die Rechte der Armen gestärkt werden. Armut rührt in dieser Sichtweise nicht von einem Defizit an Geld, sondern von einem Defizit an Macht. Arme sind nicht in erster Linie Opfer, sondern verhinderte Akteure. Weit davon entfernt, nur Bedürftige zu sein, die auf Versorgung warten, sind sie viel eher Bürger, die ohne Rechte, ohne Besitztitel und ohne politischen Einfluss ihr Leben fristen müssen. Wenn sie dazu in der Lage wären, so die Hoffnung, würden die Armen die Armutsbekämpfung schon selbst in die Hand nehmen. Daher geht es in dieser Perspektive darum, den Machtlosen – und darunter insbesondere den Frauen – ihr Recht zu verschaffen. Es handelt sich also um eine Grundrechts- und nicht um eine Grundbedürfnisstrategie. Im Zentrum der Auseinandersetzung stehen oft Rechte auf Land, auf Naturressourcen, auf den eignen Habitat, auf Gewerbefreiheit oder auf Selbstorganisation, die es gegenüber Landbesitzern, Administration, Großprojekten, mafiosen Machtstrukturen oder den Staat durchzusetzen gilt. Durch große und kleine Machtverschiebungen erlangen die Armen eine Basis an Sicherheit und Ausrüstung, um sich in Anstand ein Auskommen zu sichern. In dieser Perspektive richtet sich die Energie nicht darauf, die nationale Ökonomie in einen selbsttragenden Wirtschaftsaufschwung zu katapultieren, sondern für möglichst viele Menschen einen stabilen Lebensunterhalt zu gewährleisten. Darin liegt wohl auch der entscheidende Unterschied zur ersten Antwort: schon allein weil der *trickling-down effect* des Wirtschaftswachstums oft ausbleibt, ist es angezeigt, Menschen und ihre Existenz nicht spekulativen Zukunftserwartungen zu opfern, sondern hier und heute ihre Lebensrechte auszubauen. Offensichtlich fügt sich eine solche Perspektive schlecht zu einer export-zentrierten Wirtschaftsstrategie; sie wird vielmehr auf eine binnen-zentrierte Wirtschaftsstrategie setzen, das heißt eine Strategie, welche Wachstum in erster Linie über die Nachfrage aus dem eigenen Land stimulieren möchte. Diese zweite Antwort wird im Wesentlichen von zivilgesellschaftlichen Gruppen vertreten.

Der Ökologie kommt übrigens zur Sicherung der Existenzrechte ein hoher Stellenwert zu: weil Savannen, Wald, Wasser, Ackerboden und auch Fische, Vögel oder Rinder wertvolle Mittel zum Lebensunterhalt sein können, fällt hier das Interesse an Existenzsicherung mit dem Interesse an Umweltschutz überein. Niemand ist stärker auf intakte Naturräume angewiesen als jenes Viertel der Weltbevölkerung, das für Nahrung, Kleidung, Behausung, Medizin und Kultur direkt von der Natur lebt. Allerdings stehen diese Gruppen in latentem und manchmal offenem Konflikt mit den lokalen und globalen Mittelklassen und deren Ressourcenhunger. Da werden Staudämme gebaut, um Wasser in Großstädte zu transportieren; da wird der beste Boden genutzt, um exotische Früchte für die globale Konsumentenklasse anzubauen; da werden Berge aufgebrochen und Flüsse vergiftet, um Metalle für die Industrie zu holen; da werden Urwälder gerodet und verschmutzt, um Öl für die Automobile der Welt zu fördern; da wird Biopiraterie betrieben, um Pharmazeutika gentechnisch zu produzieren.

Wie solche Beispiele veranschaulichen, ist der Kampf um den knappen Umweltraum schon im Gange, auch wenn er unerkannt an entlegenen Orten und unterschwellig in lokalen Konflikten ausgetragen wird. Das Interesse der globalen Mittelklasse an Ressourcen für erweiterten Konsum kollidiert mit dem Interesse der »Vierten Welt«, eben der indigenen Völker und Stammesgesellschaften, der Bauern, Viehzüchter und Fischer, an denselben Ressourcen zur Sicherung ihres Lebensunterhalts. Entschärfen lässt sich der Konflikt nur, wenn die Konsumentenklasse ihre Nachfrage nach Naturressourcen zurückführt, also den Druck auf die Naturräume anderer Völker mindert. Ein Übergang zu einer ressourcen-leichten Wirtschaftsweise im Norden und in den reichen Sektoren des Südens würde solche Ressourcenkonflikte mildern oder gar beseitigen. Falls die Konsumentenklasse in Nord und Süd ihren Ressourcenverbrauch herunterschraubt, würden zwar nicht die Exporterträge der Landwirtschaft vorangebracht, aber gewiss die Lebensrechte der marginalisierten Mehrheit, soweit sie auf dem Land lebt. So ist die Ökologie des Reichtums über (trans-)nationale Nachschubketten mit der Ökologie der Armut verschränkt. Wer die Rechte der Machtlosen auf Habitat und Naturressourcen stärken möchte, kommt nicht umhin, die Ansprüche der Kaufkräftigen einzudämmen. Armutslinderung setzt somit Reichtumslinderung voraus.

➲ *Wegweiser für den Weltgipfel zur nachhaltigen Entwicklung*

Rückerstattung ökologischer Schulden

Auch für die Nord-Süd-Politik gilt der Spruch »Geld ist nicht alles, aber ohne Geld ist alles nichts«. Es führt kein Weg daran vorbei, dass die Südländer in Johannesburg wiederum finanzielle Leistungen vom Norden einklagen werden. Und sie haben Recht. Blieb doch der Kompromiss von Rio ziemlich folgenlos, der die reichen Ländern darauf festlegte, den ärmeren Ländern mit Geld und Technologie für einen Übergang zur Nachhaltigkeit beizustehen. Private Investitionen haben nur etwa 15 Länder erreicht und gehen obendrein derzeit deutlich zurück. Eine Geste der Umverteilung ist daher unvermeidlich; anders wird es wohl keine Basis der Kooperation mit dem Süden geben. In der Diskussion ist ein breites Spektrum möglicher Leistungen, von einem Schuldenerlass über Unterstützungsprogramme für nachhaltige Entwicklungsmodelle bis zu Entgelten für die Nutzung globaler Gemeinschaftsgüter wie den internationalen Luftraum, die Meere oder die Atmosphäre (WBGU 2001). Welche Kompensation auch immer sich durchsetzt, sie will nicht die Aufholjagd des Südens mit dem Norden beschleunigen und ist deshalb nicht als Entwicklungshilfe zu betrachten. Vielmehr machen Finanzleistungen Sinn als Reparationen für die jahrhundertelange, einseitige Aneignung der Naturschätze durch den Norden. Diese Aneignung beschränkt heute vielfach den Spielraum für Südländer, weil mittlerweile die Endlichkeit des Umweltraums deutlich geworden ist. Deshalb konstituiert sie eine Schuld, die heute – im Übrigen im kollektiven Interesse – durch gezielte Wiedergutmachung ausgeglichen werden kann.

46

Energieabrüstung im Norden

Wahrscheinlich wird der Prozess der nationalen Ratifizierungen des Kyoto-Protokolls zum Klimarahmenabkommen von Rio bis zum Weltgipfel abgeschlossen sein. Es werden sich die Regierungen nicht nehmen lassen, die völkerrechtliche Gültigkeit des Protokolls – erreicht auch ohne die USA – gebührend zu feiern. Bei solcher Gelegenheit wird die Vorausschau auf die Verhandlungen für eine zweite Verpflichtungsperiode beginnen. Für die Phase nach Kyoto wird indes die Beteiligung der Südländer an Klimaschutzpflichten unabdingbar sein. Es wird also den Südländern zugemutet werden, eine Begrenzung ihrer Treibhausgase zu akzeptieren. An dieser Stelle wird sich die Gerechtigkeitsfrage als größter Engpass für einen Fortschritt im Klimaschutz erweisen: Wer soll wie viel des begrenzten Umweltraums für Emissionen erhalten? In einer Perspektive der Fairness jedoch kann das einzig vertretbare Allokationssystem für Emissionen nur eines sein, das auf gleichen Pro-Kopf-Anrechten auf das Gemeinschaftsgut Atmosphäre beruht. Jedes andere System (»Großvaterverfahren«, »Kostenprinzip«) würde die einseitige und exzessive Aneignung der Energiequellen durch den Norden festschreiben. In jedem Fall würden gleiche Pro-Kopf-Rechte bereits einen Kompromiss darstellen, denn die Industriestaaten würden als Gegenwert dafür, dass sie den Imperativ der Gleichheit in der Gegenwart akzeptieren, von der Verantwortung für die in der Vergangenheit angesammelten Emissionen befreit. In der Debatte von Johannesburg wird es darum gehen, für das Prinzip »gleiche Rechte auf das Gemeinschaftsgut Atmosphäre« den Weg zu bahnen, um die Fundamente für einen Klimaschutz-Vertrag zu legen, der seinen Namen verdient.

Mit anderen Worten: die Klimapolitik wird eine Konvergenz der Emissionspfade des Nordens und des Südens auf Pro-Kopf-Emissionen gleicher Größenordnung im Verlauf von etwa 50 Jahren in Aussicht nehmen müssen. Vor allem wird diese Konvergenz von einer Kontraktion, das heißt einem Übergang auf nachhaltig niedrige Emissionen begleitet werden müssen (Meyer 2000). Für die Industrieländer (und ihren Filialen im Süden) wird das eine Reduktion fossilen Energieverbrauchs von etwa 80 % bedeuten. Es versteht sich von selbst, dass ein solcher Rückbau nur die Kehrseite eines Aufbaus sein kann: dem Aufbau einer Solarwirtschaft (Scheer 1999). Energie und auch Stoffe müssen zunehmend aus der Sonne gewonnen werden, sei es direkt – über Fotovoltaik oder indirekt wie über Wind, Wasserkraft und Biomasse. Um diesen Wechsel in der Ressourcenbasis moderner Gesellschaften im Norden wie auch im Süden voranzutreiben, wird der Weltgipfel eine kollektive Anstrengung organisieren müssen. Gleichgültig ob über eine Weltenergie-Charta oder über eine als dezentrales Netz eingerichtete *International Renewable Energy Agency*, wenn hier kein Umsteuern eingeleitet wird, ist der Gipfel verfehlt.

Priorität für Umwelt im Handelssystem

In Johannesburg wird bitter konstatiert werden, dass ziemlich genau dieselben Regierungen, die sich in Rio auf großer Bühne zur nachhaltigen Entwicklung bekannt hatten, auch jene waren, die, kaum waren die Rio-Dokumente in den Aktenschrank geräumt, dieses Ziel auch gleich wieder demontiert haben. Denn mit der Gründung der Welthandelsorganisation am Ende der Uruguay-Runde 1994 wurde der Vorrang wirtschaftlicher Effizienz über Umweltnormen, Sozialrechte und Demokratie kodifiziert, und dies praktisch für die ganze Welt. Allenthalben wurden Handelsbarrieren abgebaut, aber die ökologischen Kosten (von den anderen ganz zu schweigen) einer transnationalen Wirtschaft, die auf einen enormen Verbrauch fossiler und biotischer Ressourcen aufruht, wurden ausgeblendet. So blieb nachhaltige Entwicklung auf der Strecke; es ist folglich an der Zeit, die Prioritäten richtig zu stellen, auch gegenüber dem Vatikan der gegenwärtigen Weltordnung, der WTO.

Wie sonst die Umweltpolitik auch, sind die multilateralen Umweltabkommen von Rio vom Vorsorgeprinzip geprägt. Sei es die Vereinbarung zum Klima oder jene zur Biodiversität und zur Wüstenbildung wie auch die Agenda 21 gibt das gesamte Programm der Nachhaltigkeit ist aus dem Geist der vorausschauenden Klugheit geboren. Vorsorge gegen Risiken ist geboten, auch und gerade wenn die Risiken nicht voll bekannt sind. Der Weltgipfel muss – im Verweis auf Rio – einklagen, dass das Vorsorgeprinzip zum Schlussstein der WTO-Architektur wird (Greenpeace 2001). Dazu wird zunächst klargestellt werden müssen, dass multilaterale Umweltabkommen nicht den Handelsregeln der WTO untergeordnet werden dürfen. Wirtschaftsabkommen müssen in Geist und Wortlaut mit den Umweltabkommen vereinbar sein. Ferner muss es auch für Staaten möglich werden, grenzüberschreitende Wirtschaftstätigkeit nach dem Vorsorgeprinzip zu regulieren. Nicht alle Erzeugnisse können einen gleichen Anspruch auf Nichtdiskriminierung geltend machen; Umweltschutz verlangt die Möglichkeit zur Auswahl. Dabei sollen Importe nicht nur nach Merkmalen des Produktes, sondern auch nach Merkmalen des Produktionsprozesses bewertet werden dürfen. Wenn dann noch die Beweislast umgedreht wird und bei wichtigen Indizien das Unternehmen die Schadlosigkeit eines Produktes beweisen muss, dann entsteht daraus ein ernst zu nehmendes Steuerungsinstrument. Erst eine solche Regelung würde es einer Gesellschaft erlauben, eine kollektive Präferenz für ökologische Produkte und Dienstleistungen auszudrücken. Wie anders soll ein Protektionismus zugunsten der Umwelt wachsen?

Jedoch liegen da, wie im vorigen Kapitel angedeutet, Konflikte mit den Südländern verborgen. Der Süden sieht seinen Wettbewerbsvorteil geschmälert, wenn seine Ausfuhren in den Norden ökologischen (oder sozialen) Kriterien unterworfen wird. Gemeinwohlorientierte Standards werden als Maßnahmen gegen den Wirtschaftsaufstieg des Südens verstanden. Darauf gibt es zwei Antworten. Einmal machen Erfahrungen Schule, dass eine ökoqualifizierte Ausfuhr – etwa bei Lederprodukten, Baumwolle, oder Tee – auch einen lohnende Nachfrage finden kann. Für den Importeur aus dem Süden ist es daher ratsam, sich eher pro-aktiv auf den Wandel einzustellen. Und zum anderen würde sich wohl der Weg zu einer Übereinkunft finden, wenn der Norden seinerseits die sozialen und ökologischen Präferenzen des Südens bei der Einfuhr nördlicher Produkte ernst nähme. Wer etwa bereit ist, die Reserve des Süden gegenüber geistigen Eigentumsrechten oder gegenüber bedingungsfreien Investitionsrechten als legitim anzuerkennen, wird umgekehrt weniger Probleme haben, für die eigenen Präferenzen Verständnis zu finden.

Sicherung von Lebensrechten

Größer als die Krise der fossilen Ressourcen in der Welt ist wahrscheinlich die Krise der lebenden Ressourcen. Jedenfalls ist sie folgenreicher für die heutigen Generationen; denn der Schwund von biotischen Systemen führt zu einem Schwund von Überlebenschancen für viele ländliche Gemeinschaften. Das ist ein gemeinsame Nenner, der die Themen Wasser, Boden, Wälder und Artenvielfalt miteinander verbindet. Zu einem guten Teil handelt es sich da um *commons*, also um Gemeingüter, welche vielerorts Lebensunterhalt und Lebenswelt begründen. Diese Gemeingüter sind oftmals unter Druck kommerzieller Interessen aller Art, welche Naturressourcen in ökonomischen Wert setzen, d.h. für eine kaufkräftigere Nachfrage mobilisieren wollen. Der Schutz von Natur geht hier Hand in

Hand mit dem Schutz von Lebensrechten, wie umgekehrt der Schutz von Lebensrechten den Schutz der Natur erfordert. Allerdings keinen Naturschutz im klassischen Sinne des Naturreservats, sondern einen der einhergeht mit überlegter und geregelter Nutzung durch Gemeinschaften vor Ort. Wie sich überhaupt herausgestellt hat, dass lokale Gemeinschaften, wenn sie denn die Rechte und die Macht dazu besitzen, zuverlässige Hüter von Naturschätzen sind.

Johannesburg wird die Aufmerksamkeit auf Streitfragen wie Wasser, Boden und Wälder lenken müssen, Themen, die allesamt in Rio de Janeiro im Hintergrund geblieben waren. Sie fanden nicht die Beachtung, weil sie meistens mit lokalen Konflikten und Krisen zu tun haben, während Rio auf die globalen Themen starrte, weil davon die Interessen des Nordens berührt sind. Gerade unter dem Titel »Armutsbekämpfung« wird der Weltgipfel Vereinbarungen anstreben müssen, welche die Rechte lokaler Gemeinschaften an Naturressourcen verteidigen gegenüber den Ansprüchen des nationalen und internationalen Wirtschaftssystem. Sowohl eine Waldkonvention wie eine Bodenkonvention oder auch eine Wasser-Charta wird sich diesem Konflikt stellen müssen, ein Konflikt, der im Übrigen auch die erfolgreich abgeschlossene Weltkommission über Staudämme (WCD 2001) bestimmt hatte und unweigerlich auch die derzeit erwogene Weltkommission über Bergbau und Ölförderung prägen wird. Letztendlich konfrontieren sich da zwei gegensätzliche Visionen und Interessenlagen im Umgang mit lebenden Ressourcen. Auf der einen Seite beanspruchen transnationale Unternehmen mithilfe des Staates Zugang zu diesen Ressourcen, um sie wirtschaftlich effizient zu bewirtschaften und als Angebot auf den Weltmarkt zu bringen. Auf der anderen Seite beanspruchen Bauern und indigene Völker Kontrolle über Wasser, Land und Saatgut, um in agrar-ökologischer Vielfalt Produkte sowohl für den Markt wie für den Eigenverbrauch zu erzeugen. Im ersten Fall geht es darum, die Rechte von Unternehmen zu stärken, im zweiten Fall darum, die Rechte von Bauern und Einwohnern zu stärken. Über Machtfragen zu entscheiden, daran wird auch der Weltgipfel nicht vorbeikommen.

Ein Global Deal*?*

Die Regierung Dänemarks hat bei der Europäischen Ministerkonferenz zur Vorbereitung des Weltgipfels im September 2001 ein »Non-Paper« vorgelegt, das für Johannesburg einen *Global Deal* zwischen Nord und

Süd vorschlägt. Davon war zwar in der Schlusserklärung nicht mehr die Rede, aber der Ansatz hat durchaus Eindruck hinterlassen. Denn jeder weiß, dass nur eine enorme kooperative Anstrengung, welcher es gelingt, die unterschiedlichen Interessenlagen in der Welt zu einem Pakt zusammenzubinden, die Staaten auf Nachhaltigkeitskurs bringen kann. In der Tat, im Papier wird eine Übereinkunft ins Aussicht genommen, welche sowohl dem Norden wie auch dem Süden Zugeständnisse abverlangt, beiden aber auch Angebote macht. Im Wesentlichen soll der Norden zusagen, wirtschaftliches Wachstum von Umweltbelastung zu entkoppeln, Zugang zu nördlichen Märkten zu öffnen, und Schuldenerleichterung sowie erhöhte Entwicklungshilfe zu gewähren. Im Gegenzug wird vom Süden erwartet, die internationalen Umweltabkommen zu implementieren sowie Umwelt- und Sozialstandards im Handel zuzulassen. Ungeachtet der einzelnen Elemente, ist diese Architektur eines Deals zukunftsweisend: der Norden macht ökologische Vorleistungen und beendet die finanzielle Auszehrung des Südens, während der Süden auf naturschonende Entwicklungswege setzt.

Freilich ist ein echter *Global Deal* nicht ohne die alleinige Weltmacht vorstellbar. Aber selbst nach langen Monaten einer weltweiten Kooperation ohnegleichen, der Antiterror-Allianz, wird noch nicht deutlich, ob die neue Gemeinsamkeit auch ein Anwendungsfeld jenseits des Militärischen (und der Nothilfe) finden wird. Auch die Terroranschläge haben bislang die USA nicht dazu bewegt, die Rolle der autistischen Supermacht hinter sich zu lassen; nach wie vor verweigert sich die USA sämtlichen multilateralen Abkommen der neunziger Jahre – Landminen, Biowaffen, Biodiversitätskonvention, Internationaler Gerichtshof, Kyoto Protokoll. Noch triumphiert ein halbierter Sicherheitsbegriff: Sicherheit nur für die Starken, aber nicht für die Schwachen. Nachdem die Führungsmacht abgedankt hat, kann daher nur Europa einen *Global Deal* in Johannesburg einleiten. Denn wie in der Klimapolitik wird man sich auf absehbare Zeit von der Hoffnung auf globale Lösungen verabschieden müssen. Europa – oder Teile Europas – könnten stattdessen auf einem Deal mit einer Gruppe ausgewählter Südländer setzen. Schließlich ist ja auch die europäische Einigung damals in den fünfziger Jahren von einer Vorhut von sechs Ländern auf den Weg gebracht worden. Warum sollte nicht auch ein *Global Deal* zwischen Nord und Süd von einer Pioniergruppe überzeugter Länder lanciert werden? Vielleicht könnte sich eine Art »ökologischer Commonwealth« herausbilden, der als Schrittmacher auf dem Weg zur

Nachhaltigkeit wirkt und dabei für Neuzugänge jederzeit offen ist. Eine solche Initiative braucht Führerschaft, aber könnte es nicht sein, dass die Berufung Europas im 21. Jahrhundert weder in der Wirtschaft noch im Militär, sondern in einer Ökologie aus kosmopolitischem Geist liegt?

Literatur

A. A. 2000, *Osservazioni sull'agricoltura geneticamente modificata e sulla degradazione delle spezie*. Torino: Bollati Boringhieri

Beck, U. 1997, *Was ist Globalisierung?* Frankfurt a. M.: Suhrkamp

Bevilacqua, P. 2000, »Il concetto di risorsa: significati e prospettive«. In: *Meridiana. Rivista di storia e scienze sociali,* No.37, Aprile, 13-31

Conze, W. 1984, »Sicherheit, Schutz«. In: O. Brunner et al., *Geschichtliche Grundbegriffe. Historisches Lexikon der politisch-sozialen Sprache in Deutschland.* Stuttgart: Klett, Bd. 5, 831-862

Delumeau, J. 1976, *La peur en Occident.* Paris: Fayard

Daly, H. und J. Cobb 1989, *For the Common Good.* Boston: Beacon

Flitner, M. 1995, *Sammler, Räuber und Gelehrte. Die politischen Interessen an pflanzengenetischen Ressourcen 1895-1995.* Frankfurt a. M.: Campus

Gadgil, M. und R. Guha 1995, *Ecology and Equity.* London: Routledge

Greenpeace 2001, *Safe Trade in the 21st Century.* Amsterdam: Greenpeace International

IPCC (Intergovernmental Panel on Climate Change) 2001, *Climate Change 2001: Impacts, Adaptation, and Vulnerability.* Third Assessment Report, vol. 2. New York: Cambridge University Press

Madeley, J. 2000, *Trade and Hunger.* Stockholm: Forum Syd

Mashishi, M. 2001, »The World in One Country«. Unter: www.joburgsummit2002.com

McAfee, K. 1998, »Rettung oder Ausverkauf der Natur? Biologische Vielfalt oder grüne Modernisierung«. In: M. Flitner u.a. (eds.), *Konfliktfeld Natur. Biologische Ressourcen und globale Politik.* Opladen: Leske&Budrich, 119-142

Menzel, U. 1992, *Das Ende der »Dritten Welt« und das Scheitern der großen Theorie.* Frankfurt a. M.: Suhrkamp

Meyer, A. 2000, *Contraction and Convergence.* Dartington: Green Books

Muradian, R. und J. Martinez-Alier 2001, *Globalization and Poverty: An Ecological Perspective.* Berlin: Heinrich-Boell Stiftung

Najam, A. und N. Robins 2001, »Seizing the Future: the South, Sustainable Development and International Trade«. In: *International Affairs*, 77 (2001), 49-67

Oberthür, S. und H.O. Ott 1999, *Das Kyoto Protokoll. International Climate Policy for the 21st Century.* Berlin: Springer

Posey, D. 1996, *Traditional Resource Rights. International Instruments for Protection and Compensation for Indigenous Peoples and Local Communities.* Gland: IUCN

Sachs, W. 1992, »Global Ecology in the Shadow of Development«. In: W. Sachs (ed), *Global Ecology. A New Arena of Political Conflict.* London: Zed, 3-22

Scheer, H. 1999, *Solare Weltwirtschaft. Strategie für die ökologische Moderne.* München: Kunstmann

UNDP (United Development Programme) 1998, *Human Development Report.* Oxford: Oxford University Press

WBGU (Wissenschaftlicher Beirat der Bundesregierung für globale Umweltveränderungen) 2001, *Welt im Wandel: Neue Strukturen globaler Umweltpolitik.* Berlin: Springer

WCD (World Commission on Dams) 2000, *Dams and Development.* London: Earthscan

Worldwatch Institute 2001, *Vital Signs 2001.* Washington: Norton

DER MYTHOS VON DER ENTWICKLUNG

Entwicklung –
Aufstieg und Niedergang eines Ideals

I. Geschichte

Epochen brechen meist unbemerkt an, doch für den Beginn des Entwicklungszeitalters gibt es ein genaues Datum und eine genaue Uhrzeit. Am 20. Januar 1949 bezeichnete Präsident Harry S. Truman in seiner Antrittsrede vor dem Kongress die Heimat von mehr als der Hälfte der Weltbevölkerung als »unterentwickelte Gebiete«. Es war das erste mal, dass der Begriff »Unterentwicklung« (OED 1989, XVIII, 960), der später zur Schlüsselkategorie für die Regelung globaler Beziehungen wurde, von einer prominenten politischen Bühne aus benutzt wurde. Truman, der im ersten Teil seiner Rede zunächst eine klare Trennlinie zwischen Demokratie und Kommunismus zog, lenkte danach mit folgenden Worten die Aufmerksamkeit seiner Zuhörer auf die südliche Hemisphäre:

> »Viertens, wir müssen mit einem neuen mutigen Programm beginnen, um die Vorteile unseres wissenschaftlichen und industriellen Fortschritts für Verbesserung und Wachstum der unterentwickelten Gebiete zu nutzen. Mehr als die Hälfte der Weltbevölkerung lebt unter Bedingungen, die an Elend heranreichen. Ihre Nahrung ist unzureichend. Sie sind Opfer von Krankheiten. Ihr Wirtschaftsleben ist primitiv und stagniert. Ihre Armut ist Behinderung und Bedrohung sowohl für sie als auch die reicheren Gebiete. Erstmals in der Geschichte verfügt die Menschheit über das Wissen und die Fähigkeiten, um das Leiden dieser Menschen zu lindern.« (Truman 1950)

Mit diesen hochfliegenden Worten des »Punkt Vier Programms« war das Entwicklungszeitalter eröffnet – jene Periode der Weltgeschichte, die auf die Kolonialzeit folgte, um dann etwa 40 Jahre später vom Globalisierungszeitalter abgelöst zu werden. In dieser Periode war die Beziehung zwischen Europa/Amerika und der übrigen Welt durch spezifische Annahmen über Zeit, geographischen Raum und wichtige soziale Akteure bestimmt. Diese Annahmen wurden zum Rahmen des Entwicklungsdiskurses; sie stehen in der Kontinuität und im Kontrast zu den Annahmen sowohl der früheren Kolonial- als auch der späteren Globalisierungsperiode.

Lineare Globalzeit und die Herrschaft des BSP

Im Licht des Konzeptes von »Entwicklung« scheinen sich alle Völker auf dem Globus auf einer einzigen Bahn vorwärts zu bewegen. Die führenden Läufer geben den Weg an; sie sind in vorderster Reihe der sozialen Evolution und geben eine gemeinsame Bestimmung selbst für Länder an, die sich in der Vergangenheit auf ganz anderen Geschichtsbahnen voranbewegt hatten. Viele verschiedene Geschichten verschmelzen zu einer »Hauptgeschichte«, viele verschiedene Zeitskalen verschmelzen zu einer »Hauptzeitskala«. Die vorgestellte Zeit ist linear, sie erlaubt nur vor- oder rückwärts zu gehen; und sie ist global, indem sie weltweit alle Gemeinschaften in ihren Geltungsbereich zieht. Im Gegensatz zu Kulturen, die einen zyklischen Zeitbegriff haben oder jenen, die nach den in Mythen bewahrten Geschichten leben, privilegiert der lineare Zeitbegriff die Zukunft gegenüber der Gegenwart und die Gegenwart gegenüber der Vergangenheit. Da sich der Begriff der linearen Globalzeit ausbreitet, sind Ureinwohnervölker wie etwa die Rajasthanis in Indien oder die Aymara in Peru gezwungen, ihre besonderen Zeitvorstellungen beiseite zu schieben. Sie werden unausweichlich in die Perspektive des Fortschritts gezogen.

Gewiss ist der Fortschrittsglaube fast zwei Jahrhunderte älter als das Entwicklungszeitalter. Die europäische Aufklärung war bereits in der Lage, die Vielfalt der Kulturen eines Zeitraumes als eine Folge von Zeitstufen zu interpretieren, indem sie Geschichte als endlosen Verbesserungsprozess ansah. Von der Biologie übernommen, entwarf die Metapher »Entwicklung« Geschichte als Reifungsprozess – die Gesellschaft gleicht einer, sagen wir, Blume, die sich nach inneren gleichen Gesetzen in einer beständigen und unveränderten Weise zum vollen Blütenstadium entwikkelt. Seit etwa 1800 wurde aber »Entwicklung« nur als intransitives Konzept verwandt (Wieland 1979); Autoren wie Hegel, Marx und Schumpeter begriffen sie als einen Prozess, der gesponnen ist aus der List der Geschichte, aber nicht als ein unter Leitung von menschlichem Willen und Vernunft ausgeführtes Projekt (Lummis 1996). Dies änderte sich mit dem Beginn des Entwicklungszeitalters. »Entwicklung« nahm eine transitive, eine aktive Bedeutung an; sie verwandelte sich in ein Projekt von Planern und Ingenieuren, die antraten, Gesellschaft systematisch umzugestalten und den Reifeprozess zu beschleunigen – in ein innerhalb weniger Jahrzehnte, wenn nicht Jahre abzuschließendes Projekt.

Ein solcher Optimismus konnte aufgrund der Tatsache entstehen, dass die Wirtschaftskraft erst nach 1945 zum allumfassenden Maßstab für die Leistungsfähigkeit eines Landes geworden war. Sir Frederick Lugard, der Nestor der britischen Kolonialtheorie in den zwanziger Jahren, definierte die Aufgabe der Kolonialmacht noch als ein doppeltes Mandat. Sowohl die wirtschaftliche Entwicklung der Kolonialgebiete im Interesse der Industrieländer wie auch die moralische Sorge um die eingeborene Bevölkerung waren in seinen Augen wichtig (Lugard 1922). Wirtschaftlicher Fortschritt und das Wohlergehen der Eingeborenen wurden als zwei verschiedene Aufgaben angesehen, da die »Mission der Zivilisierung« beides, Entwicklungsressourcen, wie Land, Bodenschätze und Holz sowie das Anheben der Eingeborenen auf eine höhere Stufe der Zivilisation umfasste. Erst zu Trumans Zeit fiel das doppelte Mandat zu einem zusammen – eben zu Entwicklung. Die frühere Unterscheidung zwischen einem ökonomischen und moralischen Bereich verschwand – ein Zeichen konzeptioneller Verschiebung. Von nun an spielen nicht nur Ressourcen eine Rolle im Entwicklungsprozess, sondern auch Menschen. Umgekehrt wurde die moralische Sorge um die Menschen von den wirtschaftlichen Anliegen überdeckt. Diese Veränderung zeigte an, dass eine neue Weltsicht in den Vordergrund getreten war: der Grad der Zivilisation in einem Land kann an seinem wirtschaftlichen Leistungsgrad gemessen werden.

Wie es sich gerade traf, stand dieser Maßstab erst seit 1939 zur Verfügung, als Colin Clark zum ersten Mal für eine Reihe von Ländern Zahlen über das Nationaleinkommen zusammenstellte, welche erst die Kluft sichtbar machten, die im Lebensstandard zwischen reichen und armen Ländern bestand (Arndt 1987, 35). BSP/pro Kopf stellte einen direkt verwendbaren Indikator dar, um die Position von Ländern festzustellen, die sich auf der Entwicklungsbahn befinden. Durch eine ökonomische Weltsicht gut vorgebildet und gestützt auf einen statistischen Werkzeugkasten definierten die Experten in den folgenden Jahrzehnten Entwicklung als Wachstum der Produktion und des Pro Kopf-Einkommens. »Ein Entwicklungsland ist eins mit einem pro Kopf-Einkommen, das niedriger ist im Vergleich zu fortgeschrittenen Ländern wie den Vereinigten Staaten, Japan und denen in Westeuropa.« (Samuelson-Nordhaus 1985, 812)

Hierarchischer Globalraum und das Gebot des Aufholens

Wie schon dargestellt, war – und ist – die Chronopolitik der Entwicklung von einer besonderen Geopolitik begleitet (De Meglio 1997). Durch das

Prisma der Entwicklung gesehen erscheint die verwirrende Vielfalt der Nationen auf dem Globus als eine klare Rangordnung, welche die Ausrichtung der Mächtigen wie der weniger Mächtigen formt. Dabei impliziert die Metapher Entwicklung immer Vorherrschaft. Genauso wie man die unreife Frucht nur erkennen kann, wenn man sie mit der reifen Frucht vergleicht, kann man die Stadien der Unterentwicklung nur erkennen, wenn man besondere Gesellschaften als Beispiel für Reife hervorhebt. Entwicklung ohne Vorherrschaft ist deshalb wie ein Wettrennen ohne Richtung; die Zuweisung von Positionen für Anführer und Verfolger ist wesentlicher Bestandteil einer entwicklungsorientierten Konstruktion von Geschichte.

Während die Ungleichheit zwischen den Nationen in der Kolonialzeit innerhalb eines autoritären Rahmens verstanden wurde, der mit einer Vater-Kind-Beziehung verglichen werden kann, wurde sie im Entwicklungszeitalter in einem ökonomischen Rahmen gesehen, der mit einem Wettrennen zwischen unterschiedlich ausgestatteten Läufern verglichen werden kann. Tatsächlich lässt sich, um im Bild zu bleiben, sagen, dass die Entwicklungspolitik im Grunde zwei Ziele verfolgt: erstens, die Länder auf die Rennbahn zu schicken, d.h. in den Einflussbereich des Weltmarkts, und zweitens sie zu tüchtigen Läufern zu machen, d.h. sie auf den Pfad des anhaltenden Wachstums zu führen. Aber erst nachdem die Verschiedenartigkeit der Lebensbedingungen auf eine Hierarchie aggregierter Zahlen zum Volkseinkommen reduziert worden war, sprang die enorme Distanz ins Auge, die »reiche« und »arme« Länder trennt. Gleichgültig welchen Lebensstil die Kikuyus in Ostafrikas oder die Gujaratis in Indien schätzen und gleichgültig welche Ideale sie verfolgen, in der Gedankenwelt der Entwicklungspolitik wurde ihre Verschiedenartigkeit in eine einzige Kategorie gezwängt – sie sind unterentwickelt. Somit sahen sich ganze Völker auf »mangelhaft« festgelegt; man definierte sie nicht danach, was sie sind und was sie sein möchten, sondern danach, was ihnen fehlt und was aus ihnen werden sollte.

Wie so oft impliziert die Definition des Problems schon seine Lösung. Wenn niedriges Einkommen als das wichtigste Problem angesehen wird, ist das Anheben des Einkommens die nahe liegende Lösung. Jedes Streben nach Veränderung in den südlichen Ländern wurde deshalb als Forderung nach wirtschaftlicher Entwicklung uminterpretiert, indem alle anderen möglichen Interpretationen beiseite gelassen werden: Beispielsweise die, dass Unterdrückung oder Abhängigkeit das Problem sein könnte, das nach Befreiung oder Autonomie als Lösung verlangen würde. Ebenso wenig konnte man sich vorstellen, dass Kulturen in erster Linie nichtökonomische Ziele anstreben, sei es die Integrität des Clans oder das Zelebrieren religiöser Rituale. Im Gegenteil wurde das Wettrennen in der wirtschaftlichen Weltarena, wie jedes Rennen, als von dem Gebot des Aufholens bestimmt gesehen. Tatsächlich erzeugte die der Entwicklungsidee eigene Chrono- und Geopolitik ein monumentales historisches Versprechen – das Versprechen, dass am Ende alle Gesellschaften fähig werden, die Kluft zu den Reichen zu schließen und an den Früchten der industriellen Zivilisation teil zu haben. Es ist vielleicht dieses Versprechen, an dem die tiefe Verwurzelung des Entwicklungscredos im christlich-eschatologischen Denken am deutlichsten wird (Rist 1997). Denn Entwicklung kann man als eine säkulare Heilslehre verstehen, d.h. sie stiftet eine ökumenische Gemeinschaft, die auf das Wirken der Vorsehung vertraut und getreu dem vorbestimmten Weg folgt (Tenbruck 1989).

Aufstrebende Nationalstaaten und der Gesellschaftsvertrag

Nach dem Zweiten Weltkrieg oblag es den Vereinigten Staaten, eine neue Weltordnung zu entwerfen. Deutschland und Japan waren besiegt, Frankreich und Großbritannien schwer angeschlagen. Während die Kolonialmächte die Herrschaft über die Welt verloren hatten, entstanden im Süden schon Befreiungsbewegungen, die das Recht auf Nationalstaaten beanspruchten. Ein Machtvakuum war entstanden, das entweder durch Gewalt oder kommunistische Übernahme gefüllt zu werden drohte. In dieser Situation lancierten die USA, ihrem eigenen Selbstbild folgend, Selbstbestimmung, Freihandel, Demokratie und internationale Zusammenarbeit als zentrale Werte einer zukünftigen Ordnung. Eine Welt wurde präsentiert, zusammengehalten durch wirtschaftliche Verflechtung und nicht mehr durch politische Beherrschung. Ökonomische Stärke hatte den Platz der militärischen Stärke übernommen. Da der Kolonialismus überseeische Gebiete besetzt hatte, würden jetzt die Türen zur politischen Freiheit weit aufgestoßen, vorausgesetzt zumindest der Handel war frei. Die USA, die selbst als Nation aus einem anti-kolonialen Kampf hervorgegangen sind, unterstützten bereitwillig die Entkolonisierung, indem sie gleichzeitig wirtschaftliche Entwicklung zum alles überspannenden Ziel erklärten. Entwicklung war damit ein konzeptionelles Vehikel für amerikanische Dominanz mit einem liberalen Antlitz; es ermöglichte die Verkündung nationaler Unabhängigkeit bei gleichzeitiger Ausweitung der Vorherrschaft. Ein neues Machtmodell erschien am Horizont – anti-kolonialer Imperialismus.

Entkolonisierung bedeutete das Entstehen zahlreicher Nationalstaaten in Asien und Afrika. Wie in dem Lateinamerika des 19. Jahrhunderts strebten die nationalen Führer dieses politische Organisationsmodell an, das in Jahrhunderte währenden Kämpfen gegen Papst, lokale Fürsten und ausländische Eindringlinge zu einer europäischen Norm geformt worden war. Die Nation ist letzlich eine gedachte Gemeinschaft, die innerhalb der Grenzen eines bestimmten Territoriums lebt und von einem souveränen Staat regiert wird (Anderson 1983). Die Schaffung einer Nation als wichtiger Gemeinschaft im Unterschied zu Familienclans oder religiösen Gruppierungen, die Gestaltung regierbarer territorialer Einheiten und die Durchsetzung der Autorität eines bürokratischen Staates war eine schwierige Aufgabe, die eine mobilisierendes Narrativ verlangte. Die Entwicklungsidee lieferte die Legitimation; sie war der Existenzgrund der aufstrebenden Staaten. Die neuen Regierungen internalisierten weithin das Bild, das ihnen von den als fortgeschritten angesehenen Ländern aufgedrängt wurde; sie sahen im »Kampf gegen die Unterentwicklung« die Mission ihrer Nation. In gewissem Sinne wurde das Recht auf Selbstbestimmung im Tausch gegen das Recht auf Selbstdefinition erworben (Rist 1997, 79).

Zudem verschaffte die Perspektive, nach der man möglicherweise die reichen Länder einholen würde, den Ländern, die durch den Kolonialismus gedemütigt worden waren, wieder Stolz und Selbstachtung. Eine solche Perspektive versprach den neuen Ländern eine gleichberechtigte Stellung unter den Nationen; die Forderung nach Entwicklung drückte den Wunsch nach Anerkennung und Gerechtigkeit aus. Das, was die Entschlossenheit aufzuholen nährte, war eine doppelte Machtassymetrie zwischen dem Süden und dem Norden. Kulturell war der Westen zum ersehnten Feind (Nandy 1983) der eingeborenen Eliten geworden, was ihrer Vorstellung von Erfolg Form gab; und politisch war die Macht des Nordens so enorm geworden, dass der bloße Überlebensinstinkt den Süden zwang, nach ähnlichen wirtschaftlichen und technischen Mitteln zu suchen. Da die Assymetrie in den folgenden Jahrzehnten sogar noch größer wurde, wuchs das Verlangen nach Entwicklung stärker und noch verzweifelter bis zu dem Punkt, dass in der UN-Generalversammlung 1986 das *Recht auf Entwicklung* kodifiziert wurde. Damals und auch davor legten die aufstrebenden Länder den Machtunterschied neu aus als Entwicklungsunterschied. Bis auf wenige Ausnahmen sahen sie keine andere Chance als das Wettrennen mitzumachen.

Die reichen Nationen hatten aber auch ein Interesse daran, Entwicklung zu einem globalen Projekt zu machen, in dessen Namen ein Gesellschaftsvertrag zur Kooperation zwischen Nord und Süd gestaltet werden konnte. Nach dem Schrecken des Krieges war es innerhalb der Vereinten Nationen allgemeine Überzeugung, dass Frieden nur durch das Anstoßen einer weltweiten Wirtschaftsentwicklung zu sichern sei. Praktisch alle Länder wiesen zur damaligen Zeit den Vorrang des Marktes zurück und vertrauten auf die aktive Gestaltung und Planung der Wirtschaft durch den Staat (Hobsbawm 1994). Insbesondere die USA, die den Ausbruch des Zweiten Weltkrieges in Europa auf das wirtschaftliche Durcheinander zurückführten, erinnerten sich an ihre eigene erfolgreiche Bewältigung der Krise während des New Deal als John Maynard Keynes staatliches Handeln empfohlen hatte, um der Arbeitslosigkeit und Unterauslastung der Unternehmen zu begegnen.

»Freiheit von Angst und Mangel« stellte Präsident Roosevelt schon 1941 in der Atlantik Charta in Aussicht; genau von diesem Blickwinkel aus wurde Entwicklung ein Eckpfeiler für den Auftrag der UN. Im Interesse von Stabilität und Frieden wurde die Notwendigkeit wirtschaftlichen Wachstums – gesteuert durch staatliches Eingreifen – auf die Welt projiziert. In diesem Sinne kann Entwicklung als eine Anwendung des globalen Keynesianismus betrachtet werden, um Unordnung in Schach zu halten. Beides, die hegemonialen Bedürfnissen des Nordens und die emanzipatorischen Bedürfnisse des Südens fielen in der Aussicht auf Entwicklung zusammen.

Die Armen als Zielgruppe und die Entthrohnung des BSP

Die Situation war in den beiden Nachkriegsjahrzehnten recht klar. Trotz Unterschieden in den Ansätzen wurde Entwicklung mit wirtschaftlichem Wachstum oder ganz einfach mit Industrialisierung gleich gesetzt. Gleichgültig ob Mangel an physischem Kapital oder fehlendes Humankapital als Hauptdefizite angesehen wurde, beide Antworten – Kapitalbildung und Schulbildung – zielten darauf ab, den Zufluss an Gütern und Dienstleistungen zu erhöhen. Das Entwicklungskonzept begann jedoch in den siebziger Jahren in die Kritik zu geraten, als sich die Aufmerksamkeit auf die Armut verschob, was das Scheitern des Wachstumsmodells verdeutlichte, das der großen Mehrheit der Menschen hätte zugute zu kommen sollen. Robert McNamara, der neue Präsident der Weltbank, legte den Finger auf die Wunde:

>>Wachstum erreicht nicht gerecht verteilt die Armen... Schnelles Wachstum ist in vielen Entwicklungsländern mit größerer Einkommensungleichheit verbunden... Wir sollten danach streben, die absolute Armut bis zum Ende des Jahrhunderts zu beseitigen... Das bedeutet praktisch die Beseitigung von Unternernährung und Analphabetismus, die Senkung der Kindersterblichkeit und Anhebung der Standards der Lebenserwartung für die Menschen in den Entwicklungsländern.<< (McNamara 1973)

Die bloße Betrachtung der Raten des Einkommenszuwachses reichte nicht mehr aus, es kam jetzt auch auf den sozialen Inhalt der Entwicklung an. Zu wessen Nutzen? Diese Frage trat als Maßstab in der Vordergrund. Folglich begann der Blick über den Umkreis der die Markproduktion steigernde Mittelschicht hinauszugehen. Es rückten jetzt auch Bevölkerungsgruppen ins Zentrum der Aufmerksamkeit, die bislang vom Wachstum übergangen worden waren, ja sogar Opfer des Wachstums waren. Sie alle wurden nun zum Ziel spezifisch konzipierter Interventionen. Entwicklung wird somit neu definiert als etwas, das über Wachstum hinausreicht, als Wachstum plus Umverteilung, plus Partizipation oder plus menschliche Entwicklung. Auf diesem Strang wurden in den Jahren danach in schneller Abfolge Bereiche wie Beschäftigung, Gleichheit, Armutsbekämpfung, Grundbedürfnisse, informeller Sektor und Frauen als Arbeitsfelder des entwicklungspolitischen Handelns etabliert, von denen jedes einen neuen Satz an Instrumenten und einen neuen Stamm von Experten in den Vordergrund rückt.

Mit diesen Erweiterungen setzt eine Inflation der Konzepte ein. Schon bald bedeutete Entwicklung alles und jedes. Das Konzept bedeutete nicht mehr etwas spezielles, es bezeichnete einfach gute Absichten. Es hatte keinen Inhalt, behielt aber eine Funktion: es rechtfertigte jede Handlung im Namen irgendeines höheren evolutionären Ziels. Was das Konzept jedoch an semantischer Präzision verlor, gewann es an politischer Vielseitigkeit. Sich oppositionell gegenüberstehende Lager beanspruchten jeweils, Entwicklung zu fördern; der Streit um ihre Bedeutung spiegelte von jetzt an den Streit um die Politik wider. Insbesondere drehten sich die Auseinandersetzungen immer wieder um ihre Rolle des Wirtschaftswachstums mit seinem auf das Wachstum des BSP gerichteten Fokus gegenüber dem auf das Soziale oder – später – auf die Umweltqualität ausgerichteten Ansatz. Während der erste Fokus am Positivismus des Wachstums festhielt, war der Zweite auf nicht-ökonomischen Reichtum zentriert. Während der Erste den Ausstoß hochtrieb, heilte der Zweite die Folgen. Daraus folgt, dass Entwicklung sowohl Verletzung wie auch Therapie sein kann.

Auf jeden Fall bestimmte diese Dichotomie die Entwicklungsdiskussion in den folgenden Jahrzehnten (Nederveen Pieterse 1998). Eine gerade Linie verläuft von der Weltbeschäftigungsstrategie der Internationalen Arbeitsorganisation (ILO) aus dem Jahr 1970 zu dem *Grundbedürfnisansatz* und schließlich zu den *Human Development Reports* der UNDP (jährlich erscheinende Berichte zur menschlichen Entwicklung des UN-Entwicklungsprogramms) in den neunziger Jahren. In ähnlicher Weise lässt sich eine Linie ziehen von der Exportförderung der Asiatischem Entwicklungsbank in den siebziger Jahren zu den Strukturanpassungen der achtziger und schließlich zu den »bailing-out«-Programmen des IWF in den neunziger Jahren. Einige Wachstumsskeptiker haben in der Folgezeit Entwicklung als die Erweiterung der Wahlmöglichkeiten und Fähigkeiten der Menschen definiert und damit eine Formel gefunden, die die Grundlage schuf für das Konzept menschlicher Entwicklung mit seiner Betonung von Alphabetisierung, Gesundheit und Partizipation. Sein Kern besteht darin, Entwicklung in den Dienst des Wohlergehens der Menschen statt die Menschen in den Dienst der Entwicklung zu stellen (Banuri et.al.1994, 16). Aber selbst diese Sicht – ähnlich wie neuere Schöpfungen, etwa die des Sozialkapitalansatzes – schaffen es nicht, aus dem Schatten des entwicklungspolitischen Credos heraustreten; auch der Human Development Index ist, dem BSP durchaus ähnlich, ein Defizitindex; er stuft Länder hierarchisch ein und unterstellt damit, dass es nur eine bestimmte Art der sozialen Evolution gibt.

Eine neue Weltordnung und das Entstehen der 3. Welt-Bewegung

Es dauerte nicht lange, bis die Staaten, die aus dem Zusammenbruch der Kolonialreiche hervorgegangen waren, über eine Stimme auf der internationalen Bühne verfügten. Nachdem die Blockfreienbewegung 1955 in Bandung gegründet worden war, um mehr Druck auf den Entkolonisierungsprozess auszuüben, wurde die G77 am Vorabend der 1. UNCTAD-Konferenz (UN-Konferenz für Handel und Entwicklung) 1963 gebildet, die darauf gerichtet war, die kollektiven Verhandlungsmacht des Südens in der weltwirtschaftlichen Arena zu stärken. Entwicklung wurde nicht mehr als ein in jeweils einzelnen Ländern zu erreichendes Ziel angesehen, sondern wurde so verstanden, dass sie weniger feindselige internationale Wirtschaftsstrukturen erfordert. Entwicklungshemmnisse finden sich nicht bloß in einheimischen Gewohnheiten und Institutionen, wie es die Modernisierungsdebatte behauptet; sie zeigen sich jetzt ebenso in den nachteiligen Bedingungen des internationalen Handels. Diese konzeptionelle Sicht des Entwicklungsproblems wurde intellektuell vorbereitet und weiter ausgeweitet in der so genannten »Dependenztheorie«, die Strukturen des ungleichen Tauschs und im Allgemeinen das ökonomische Machtgefälle für das Fortbestehen der Unterentwicklung verantwortlich machte. Als Reaktion auf ihre strukturell randständige Position bildeten die südlichen Länder, die sich dem gleichen Schicksal ausgesetzt sahen, ein Bündnis, das eine *Neue Weltwirtschaftsordnung* einforderte. Der Süden ging gegen den Norden in Stellung und schuf eine Konstellation, die ihren Höhepunkt in den siebziger Jahren erreichte, als die Erdöl exportierenden Länder gegenüber den reicheren Volkswirtschaften erfolgreich ihre kollektive Marktmacht ausspielen konnten.

Obwohl die Forderung nach neuen Regeln für die Weltwirtschaft mit dem Zusammenbruch des Ölkartells und der in den achtziger Jahren ausbrechenden Schuldenkrise schwächer wurde, blieb die G77 in den Vereinten Nationen ein wichtiger Akteur, insbesondere nach dem Aufstieg der ostasiatischen Länder zu ernsthaften Marktkonkurrenten. 1991 formulierte die Südkommission erneut die Forderung einer gerechten Weltordnung (Südkommission 1991). Genauer gesagt, zu dem Zeitpunkt als der Norden anfing, den Süden zur Kooperation in Umweltfragen aufzurufen, erneuerte die Koalition des Südens trotz aller internen Differenzen ihre Klage über die Assymetrie der Macht. Seitdem werden in den Umweltverhandlungen die Ansprüche auf größere ökonomische Umverteilung den Forderungen nach einer sinnvollen Nutzung der Biosphäre gegenübergestellt. Allerdings bleibt bis heute dieses Streben nach gleicher Macht und Anerkennung auf die Beziehungen zwischen Staaten gerichtet und lässt die Frage nach Ungleichheit innerhalb der Länder im Dunkeln. Genauso wie die Erklärung zur Neuen Weltwirtschaftsordnung von 1974 es versäumte, interne Ungleichheit auch nur einmal zu erwähnen, klangen die Forderungen nach mehr Gerechtigkeit auch in den neunziger Jahren als überholt, da die fortschreitende Marginalisierung breiter sozialer Schichten hinter dem Schleier der nationalen Souveränität verborgen blieb.

In den achtziger Jahren erlitt das Entwicklungsversprechen einen zweiten Schlag. Während in der vorangegangenen Dekade das Fortbestehen der Armut anfing, die soziale Tragfähigkeit des Konzeptes allmählich auszuhöhlen, ließen jetzt die sich abzeichnenden Grenzen des Wachstums Zweifel an seiner langfristigen Tragfähigkeit aufkommen. Die auf fossiler Energie beruhende Verbrennung und damit der Kern des industriellen Stoffwechsels drohte die Erdatmosphäre zu überlasten und die wachsende Gier der Wirtschaft nach lebenden Ressourcen drohte, die Wälder, Gewässer und Ackerflächen überall auf dem Globus aus dem Gleichgewicht zu bringen. Vor dem Hintergrund der bio-physischen Grenzen des Wachstums erlebte die Entwicklungsidee noch eine weitere Runde der konzeptionellen Inflation. Gemäß der Logik vom Opfer, das zum neuen Klienten aufsteigt, wurde der Entwicklungsbegriff so umgebaut, dass er beides, unbegrenztes Wachstum und Erhalt der Natur deckte. Wieder wurde ein qualifiziertes Eigenschaftswort angeführt und *nachhaltige Entwicklung* als eine Entwicklung definiert, »die den Bedürfnissen der Gegenwart gerecht wird und dabei die Fähigkeiten zukünftiger Generationen, ihre eigenen Bedürfnisse zu befriedigen, nicht beeinträchtigt« (WCED 1987, 8). Die Formel ist auf die Zukunft gerichtet, aber in eine düstere Zukunft der Knappheiten statt in eine leuchtende Zukunft des Fortschritts. Sie fordert Entwicklungsentscheidungen, die darauf achten, den für zukünftige Generationen verfügbaren Umweltraum nicht drastisch zu beschneiden.

Mit der Betonung der Generationengerechtigkeit in dieser kanonischen Formel wird jedoch Gerechtigkeit im sozialen Raum vernachlässigt. Jenen Beschränkungen, die heutige Generationen den zukünftigen auferlegen, wurde mehr Aufmerksamkeit geschenkt als den Beschränkungen, die mächtige Gruppen innerhalb einer Generation über weniger Mächtige verhängen. »Bedürfnisse« und »Generation« sind im Grunde sozial neutrale Begriffe; sie lassen keine vertikale Unterscheidungen zu. Doch solche Unterscheidungen sind ausschlaggebend, wenn es um Gerechtigkeit innerhalb einer Generation geht. Wessen und welche Bedürfnisse sollen befriedigt werden? Soll nachhaltige Entwicklung das Bedürfnis nach Wasser, Boden und wirtschaftlicher Sicherheit oder das Bedürfnis nach Flugreisen und Bankguthaben decken? Geht es um Überlebensbedürfnisse oder um Luxusbedürfnisse? Indem man diese Fragen offen ließ, wurde es den privilegierten und mächtigen Kreisen erleichtert, die »nachhaltige Entwicklung« zu akzeptieren, da dies die Tatsache im Dunkeln lässt, dass es ohne Beschränkung des Reichtums möglicherweise keine Nachhaltigkeit gibt.

Darüber hinaus wurde mit der Verknüpfung von »nachhaltig« und »Entwicklung« ein Terrain sprachlicher Ambivalenz geschaffen. Das neue Konzept verschob auf subtile Weise den geometrischen Ort der Nachhaltigkeit von der Natur auf Entwicklung; während es zuvor »nachhaltig« auf erneuerbare Ressourcen bezogen hatte, bezieht es sich jetzt auf Entwicklung. Mit dieser Verschiebung änderte sich die Wahrnehmung; die Bedeutung von Nachhaltigkeit verlagerte sich von Naturschutz zu Entwicklungsschutz. Angesichts der Tatsache, dass Entwicklung konzeptionell zu einer leeren Hülse geworden war, war das, was nachhaltig bleiben sollte, unklar und strittig. Daher sind in den folgenden Jahren alle Arten von politischen Akteuren, selbst glühende Verfechter des Wirtschaftswachstums in der Lage gewesen, ihre Absichten in den Begriff nachhaltige Entwicklung zu kleiden. Der Begriff wurde somit bald selbstreferentiell, wie eine von der Weltbank angebotene Definition treffend bestätigt: »Was ist nachhaltig? Nachhaltige Entwicklung ist Entwicklung, die anhält.« (Weltbank 1992, 34)

II. Vermächtnis

50 Jahre lang war Entwicklung weitaus mehr als ein bloßes sozioökonomisches Bemühen; sie war eine Anschauung, welche die Realität formt, ein Mythos, welcher Gesellschaften Trost bietet und eine Phantasie, welche Leidenschaften auslöst. Anschauungen, Mythen und Phantasie entstehen und vergehen aber unabhängig von empirischen Ergebnissen und rationalen Schlüssen. Sie steigen empor, wenn sie bedeutungsschwanger geladen sind mit Versprechungen, und sie verschwinden, wenn sie sich als unnütze Gemeinplätze erweisen. »Errungenschaften« wie etwa der durchschnittliche Anstieg des Pro Kopf-Einkommens in den südlichen Ländern von 1960 bis 1997 um 2,1 % jährlich, die Erfolgsstory einer Reihe ostasiatischer Volkswirtschaften oder die selbst in der Gruppe der Länder mit niedrigen Einkommen sinkende Kindersterblichkeit, sind nicht Beleg genug, um den Glauben an Entwicklung zu festigen. In gleicher Weise ist die Auflistung von »Fehlern«, wie etwa der weltweite Anstieg der Anzahl Armer (die mit weniger als einem Dollar täglich aus-

kommen müssen) und deren langsamer relativer Anstieg in Afrika südlich der Sahara sowie in Lateinamerika, nicht notwendigerweise überzeugend genug, um diesen Glauben zu erschüttern. Vielmehr verliert eine Weltsicht wie »Entwicklung« an Anziehungskraft, wenn ihre impliziten Versprechungen nicht länger über Glaubwürdigkeit verfügen. Und genau das ist in den letzten zehn bis 15 Jahren geschehen; die drei grundlegenden Versprechungen, dass wirtschaftliche Entwicklung sich über den gesamten globalen Raum ausbreiten, das menschliche Los verbessern und für alle Zeit weitergehen wird, sind schal geworden.

Soziale Polarisierung

Nach 50 Jahren hat sich das Versprechen größerer Gerechtigkeit in der Welt weitgehend in Luft aufgelöst. In der internationalen Arena wurde die berüchtigte Einkommenskluft zwischen Nord und Süd nicht überbrückt; im Gegenteil vergrößerte sie sich in einem Ausmaß, dass es inzwischen unvorstellbar ist, sie jemals schließen zu können. 1996 hatten die 20 % der in den reichen Ländern lebenden Weltbevölkerung ein verfügbares Einkommen, das 82 Mal höher war als das der 20 % ärmsten Erdbewohner. 1960 war es gerade 30 Mal höher (HDR 1998, 29). Bei genauerem Hinsehen erweist sich das Bild alles andere als homogen, da die relativen Zahlen beispielsweise verbergen, dass das Pro-Kopf- Einkommen in den Erdöl exportierenden Ländern oder in den ostasiatischen Staaten in den vergangenen 20 Jahren deutlich gestiegen ist. Aber die absolute Armut schreitet gleichzeitig voran; das Pro-Kopf-Einkommen in mehr als 80 Ländern ist heute niedriger als vor zehn oder mehr Jahren (HDR 1999, 3). Die sozialer Polarisierung zwischen Ländern verschärft sich, während sich Umfang und Zusammensetzung der beiden Pole verändern. Die Welt könnte sich tatsächlich entwickelt haben – aber in zwei entgegengesetzte Richtungen. Betrachtet man das Gesamtbild, ist es gewiss nicht übertrieben, wenn man sagt, dass das Bestreben, die Reichen einzuholen in einem Fehlschlag planetarischen Ausmaßes endete.

Das trifft sogar noch eher zu, wenn man das Schicksal der großen Mehrheit der Menschen in den meisten Ländern berücksichtigt; die Polarisierung zwischen den Ländern spiegelt sich – in den meisten Fällen, allerdings vor allem nicht in Indien und einer Reihe ostasiatischer Länder – in jedem Land. In Brasilien beispielsweise belief sich 1960 der Anteil der 50 % ärmsten Bewohner am Volkseinkommen auf 18 %, während er bis 1995 auf 11,6 %, zurückging (HDR 1998, 29). Beim Wirtschaftswachstum wurde, wie sich zeigte, meist das kühnste Ziel, das Los der Armen zu verbessern, verfehlt. Investitionen in Häfen und Straßen, Stahlwerke und Düngemittelfabriken haben möglicherweise das Volkseinkommen steigen lassen, aber sie sind kaum bis zu den Armen durchgesickert. Tatsächlich waren Jahrzehnte falsch ausgerichteter Entwicklungshilfe nötig, um zu entdecken, dass es nur einen losen Zusammenhang zwischen dem Niveau des Wirtschaftswachstums und dem der Armut gibt. Wie sich herausstellte, reicht Wachstum gewiss nicht aus, um die Armut zu bekämpfen; Landrechte, Zusammenhalt der Gemeinschaft und Selbstorganisation sind, wie sich gezeigt hat, also mindestens genauso wichtig. Doch gerade diese Bedingungen für den Lebensunterhalt werden häufig mit dem Streben nach Wachstum ausgehöhlt. Staudämme vertreiben Menschen, Maschinen ersetzen Landarbeiter, Marktfrüchte verdrängen Subsistenzerzeugnisse, Abwanderung in die Großstädte folgt auf den Verlust der Selbstsicherheit. Meistens wurde somit die natürliche und soziale Basis der Leben erhaltenden Volkswirtschaften ausgebeutet, um die Basis einer Marktökonomie zu schaffen. Vor diesem Hintergrund erstaunt es nicht, dass die Ausbreitung des Elends das Wirtschaftswachstum häufig begleitete.

Mit dem Begriff von Entwicklung, der lange Zeit Armut allenfalls als Mangel an Einkommen sah, konnte die Bedeutung lebensdienlicher, aber marktferner Ressourcen wie Rechte, Sozialkapital und Naturgüter nicht verstanden werden. Als Folge hatte die Anwendung der Wachstumsrezepte polarisierende Effekte; sie verwandelte häufig bescheiden lebende Menschen in elende Arme, während sich dabei eine Minderheit besser stellte. Zudem blieb dieses Entwicklungsverständnis, indem es an der Sichtweise festhielt, dass es nur um Einkommenszuwachs geht, blind für die Auswirkungen von ungleichen Machtverhältnissen. Aber da der Zugang zu monetären und nicht-monetären Ressourcen durch Macht bestimmt ist, ermöglichte das Wachstum ohne Umverteilung städtischen Mittelschichten, Fabrikbesitzern und Großbauern die Wohlstandsgewinne zu monopolisieren, indem sie die Kosten auf die Kleinbauern, Ureinwohner und das städtische Proletariat abwälzten. Und noch heute geht ein völlig unverhältnismäßiger Anteil der wirtschaftlichen Vorteile an die Reichen und politisch Einflussreichen (Ayres 1998, 126). Außerdem sind zahllose Menschen durch Entwicklung in die Geldwirtschaft gezogen worden, ein Übergang, der sowohl Armut als auch Reichtum modernisierte (Illich 1971). Dort, wo das Macht- und Prestigegefälle nach der

Kaufkraft bestimmt ist, explodieren gewöhnlich die Erwartungen, während die Möglichkeiten begrenzt bleiben. Angesichts dessen, dass Zufriedenheit in Relation zu Erwartungen steht, dürfte deshalb eine stärkere Integration in die Weltwirtschaft das Gefühl arm zu sein noch steigern. Fernsehgeräte in Hütten sind zu Symbolen für die unüberbrückbare Kluft zwischen Mitteln und Erwartungen geworden.

Verunsicherte Kulturen

Die dramatischste und weitreichendste soziale Veränderung in der Zweiten Hälfte des 20. Jahrhunderts, die die moderne Welt für immer von der Vergangenheit trennt, ist das Sterben des Bauerntums (Hobsbawm 1994, 289). Es markiert das Ende einer mehrere tausend Jahre währenden kulturellen Evolution, in der die überwiegende Mehrheit der menschlichen Rasse von der Landwirtschaft, der Viehzucht oder dem Ausbeuten des Meeres als Fischer lebte. Nachdem die Bauern Japans und des ländlichen Europas in den sechziger Jahren mehr oder weniger aufhörten, das Land zu bestellen, folgten Lateinamerika, weite Teile Asiens und Nordafrikas in den letzten Jahrzehnten dieses Jahrhunderts diesem Beispiel. Lediglich drei Regionen des Globus blieben im Wesentlichen von ihren Dörfern und Feldern bestimmt: Afrika südlich der Sahara, Süd- und das kontinentale Südostasien sowie China. Aber während in den nördlichen Ländern die Bevölkerung einer schrumpfenden agrarischen Welt weitgehend von einer expandierenden industriellen Welt absorbiert wurde, fand in den südlichen Ländern nur eine Minderheit bei diesen Übergang eine würdige Existenz in den Städten und urbanen Zentren. Dennoch hat die Urbanisierung weiterhin die menschlichen Lebensbedingungen in einem immer größeren Maß verändert. Allein in den letzten 25 Jahren stieg der Anteil der Weltbevölkerung, der in städtischen Gebieten lebt, von etwas mehr als einem Drittel auf die Hälfte, eine Zahl, die sich bis 2025 auf zwei Drittel erhöhen dürfte (Weltbank 2000, 46).

Die Entwicklungspolitik hatte es in der Tat darauf angelegt, agrarische Gesellschaften in das städtische-industrielles Zeitalter zu treiben. Sie war bestrebt, den traditionellen durch den modernen Menschen zu ersetzen, ein Bemühen, das jedoch mit einem verheerenden Erfolg endete; während der traditionelle Mensch verschwand, ist der moderne Mensch keineswegs gekommen. Ein Leben im Niemandsland, von der Tradition verbannt und von der Moderne ausgeschlossen, ist seitdem zur Bestimmung für die meisten Erdbewohner geworden.

Nichts weniger als ganze Gesellschaften auf den Kopf zu stellen, war von Anfang an die Absicht der Entwicklungsplaner. Beispielsweise gelangte die 14-köpfige Kolumbien-Mission, die als Erste ihrer Art von der Bank für Wiederaufbau und Entwicklung (später Weltbank) ins Ausland geschickt wurde, 1949 zu folgendem Schluss:

> »Einzelne und sporadische Anstrengungen dürften wenig Eindruck auf das allgemeine Bild machen. Nur mittels eines allgemeinen Angriffs an allen Fronten der Wirtschaft auf Bildung, Gesundheit, Wohnungswesen, Nahrung und Produktivität kann der Teufelskreis der Armut... entscheidend durchbrochen werden. Aber wenn einmal die Wende geschafft ist, kann der Prozess der wirtschaftlichen Entwicklung selbsttragend werden.« (zit. nach Escobar 1995, 24)

Mit dieser technisch bestimmten Geisteshaltung gingen die Experten daran, die aus einer Ansammlung lokal ausgerichteter Gemeinschaften bestehenden Gesellschaften in national integrierte Volkswirtschaften zu verwandeln. Sie zielten darauf ab, soziale Bindungen nach funktionalen Gesichtspunkten umzuorganisieren, wie es das Bestreben erforderte, eine Maschinerie aufzubauen, die wachsende Mengen materiellen Reichtums produziert. Unter dem starren Blick der Experten gerieten altehrwürdige Lebensweisen und Wissensarten in Vergessenheit und wurden zu »Entwicklungshemmnissen« herabgesetzt. Stattdessen wurden aus dem lokalen Kontext herausgenommene Produktionsmodelle, die Menschen und Natur als abstrakte, zu verändernde Objekte sehen, auf unbegrenzt vielfältige menschliche Realitäten projiziert. Menschen kamen in dem Rahmen rationalistischer Planung nur selten als Akteure vor (Hobart 1992); ihre Interessen, Leidenschaften und ihr Wissen zählten kaum vor dem Hintergrund der großen Projekte zur Mobilisierung von Ressourcen. Kein Wunder, dass die auf solchen Modellen basierenden Entwicklungsstrategien immer wieder scheiterten; sie waren in zu großer Dissonanz zu der Dynamik einer bestehenden Gemeinschaft. Aus diesem Grund hat Entwicklung neben Ordnung auch immer Chaos produziert.

Auf jeden Fall war die Entwicklung meist nicht imstande, die reiche Komplexität nicht-ökonomischer Gesellschaften zu begreifen. Sie hatte zum Beispiel keinen Sinn dafür, dass solche Gesellschaften als symbolische Orte betrachtet werden können (Zaoual in Rahnema 1997; Apffel-Marglin 1998), wo Gemeinschaften solcherart von Erzählungen ausleben, die sie mit ihren Göttern in Verbindung bringen, oder in denen soziale

Energie zu allererst in die Pflege eines Netzwerks von Freunden, Verwandten oder Clanmitgliedern investiert wird. In der Tat scheint für nicht-westliche Kulturen das Rationale im Relationalen zu liegen. Unter diesen Umständen wird jede »Modernisierung« schnell auf kommunitäre Beschränkungen stoßen, da Beziehungen zu Gottheiten oder zu Mitbürgern leicht mit den Erfordernissen einer funktionalen Leistungserbringung kollidieren. Allgemein ausgedrückt, zielte Entwicklung darauf ab, jenen entscheidenden Wandel zu erreichen, der die moderne Zivilisation von allen anderen unterscheidet: Vorrang erhalten nicht mehr die Beziehungen zwischen Personen, sondern die Beziehungen zwischen Personen und Dingen (Dumont 1977). Im ersten Fall werden Ereignisse im Licht ihrer Bedeutung in Bezug auf Nachbarn, Verwandte oder Ahnen und Götter bewertet; dagegen werden sie im zweiten Fall danach beurteilt, was sie zu Erwerb und Besitz von Dingen beitragen. Dieses Postulat des Unpersönlichen (Banuri in Apffel-Marglin 1990), demzufolge unpersönliche Beziehungen von Natur aus den persönlichen Beziehung überlegen sind, kann wohl als spezifisch westlich angesehen werden; um es durchzusetzen, darum ging es der als Modernisierung verstandenen Entwicklung.

Man kann sicherlich sagen, dass diese Veränderung für die überwiegende Mehrheit der Weltbevölkerung ein zweischneidiges Schwert war. Auf der einen Seite beförderte sie viele Regionen und sozialen Klassen in die moderne Welt mit ihren Freiheiten und Annehmlichkeiten; andererseits entfremdete sie zahllose Menschen ihren Kulturen, indem sie sie losschickte, sich der globalen Mehrheit der zahlungsschwachen Konsumenten anzuschließen. Solange Kulturen, ob kleine oder große, auf sich selbst begrenzt sind, neigen die Menschen überall dazu, den Teil der Welt, in dem sie leben, als begünstigt und ihre eigene Lebensweise als gut d.h. als durch und durch menschlich anzusehen (Tuan 1986, 1). Aber da alle Kulturen in den Malstrom globaler Interaktion und Assimilation gezogen werden, der durch den grenzüberschreitenden Bilderfluss verstärkt wird, kann dieses Selbstvertrauen kaum aufrechterhalten werden. Da Grenzen den Raum für Vergleiche beschränken, ermöglichten sie eine begrenzte, aber erfüllbare Befriedigung, während eine grenzenlose Welt, die den Raum für Vergleiche explodieren lässt, unbegrenzte, aber meist auch unerfüllbare Befriedigung bietet. Das reicht aus, um zu erklären, warum mit der Globlisierung sowohl Begeisterung als auch Unzufriedenheit zunehmen.

Ökologisches Verhängnis

Nach dem Zweiten Weltkrieg konnten sich die USA mit den anderen Industrieländern noch an der Spitze der sozialen Evolution wähnen. 50 Jahre später ist diese Voraussetzung der Superiorität durch das ökologische Verhängnis erschüttert, wenn nicht gar zerschlagen worden. Nimmt man die Metapher der Rennstrecke, mag Entwicklung ein Rennen gewesen sein, das unfair geführt wurde und das die Mehrheit der Läufer in die völlige Erschöpfung getrieben hat. Am Ende aber wird sie vor dem Tribunal der Geschichte scheitern, weil die gesamte Rennstrecke in die falsche Richtung geführt hat. Von der lokalen bis zur globalen Ebene zeigen viele Erfahrungen, dass Ressourcen (Wasser, Holz, Erdöl, Bodenschätze usw.), Nutzflächen (Gelände für Bauvorhaben, Siedlungen und Infrastruktur) und Senken (Böden, Meere, Atmosphäre) als natürliche Inputs für das Wirtschaftswachstums knapp oder instabil geworden sind. Als eine Folge daraus ist das Versprechen, dass Entwicklung für immer anhalten wird, in sich zusammengefallen. So würden sich, wenn alle Länder dem industriellen Beispiel folgen würden und jährlich pro Kopf durchschnittlich 11,4 Tonnen CO_2 ausstoßen, die Emissionen der sechs Milliarden Menschen auf ungefähr 68,4 Milliarden belaufen, was mehr als fünfmal so viel wäre wie die 13 Milliarden Tonnen, die die Erde absorbieren kann. Mit anderen Worten: wenn man alle Länder auf den jetzigen Lebensstandard der reichen Länder bringen würde, wären fünf Planeten nötig, um als Quelle für die Inputs und als Senken des wirtschaftlichen Fortschritts zu dienen. Vor diesem Hintergrund ist Entwicklung in eine Sackgasse geraten. Mit den sich am Ende des letzten Viertels des 20. Jahrhunderts abzeichnenden bio-physikalischen Grenzen der wirtschaftlichen Expansion, die zwar kaum genau festzumachen und immer in Frage zu stellen, aber dennoch realistisch sind, kann der Norden nicht mehr länger als Modell gelten; die Pistensucher haben keinen Kompass. Das Erkennen der Endlichkeit der Welt ist ein tödlicher Schlag für die Idee der Entwicklung gewesen, wie Truman sie sich vorstellte.

In der Tat sind die ökologischen Begrenzungen nur die halbe Geschichte; sie sind verknüpft mit der Tatsache, dass rund 20 % der Weltbevölkerung 80 % der globalen Ressourcen verbrauchen. Die Mehrheit der globalen Konsumentenklasse, der grob gesehen die angehören, die ein Bankkonto, gewisse berufliche Aufstiegschancen und Zugang zu einem Pkw haben, befindet sich im Norden; sie hat aber in allen Ländern größere oder kleinere Niederlassungen. Es sind jene 20%, die 45% von allem Fleisch und Fisch verzehren, 68% der Elektrizität und 84% allen Papiers verbrauchen sowie 87% aller Autos besitzen (UNDP 1998, 2). Man kann sie als »Allesfresser« (Gadgil-Guha 1995) bezeichnen und zwar gerade jene, die in der Lage sind, Umweltressourcen zu ihren Gunsten auf Kosten anderer Gruppen zu monopolisieren. Im globalen Kontext zapfen die Industrieländer das Naturerbe in einem exzessiven Ausmaß an; sie nutzen die Umwelt weit über ihre nationalen Grenzen hinaus. Der »ökologische Fußabdruck« (Wackernagel-Rees 1996), den sie hinterlassen, ist größer – und in einigen Fällen viel größer – als ihr eigenes Territorium; ein Großteil der von ihnen genutzten Ressourcen und Senken steht anderen Ländern nicht mehr zur Verfügung. Tatsächlich überschreiten die OECD-Länder (bezogen auf Ökologie und Gleichheit) die zulässige Durchschnittsgröße eines solchen Fußabdrucks im Ausmaß von 75 bis 85%; wie die Dinge heute liegen besetzen die 25% Reichen der Weltbevölkerung einen Fußabdruck, der so groß ist wie die gesamte biologisch produktive Oberfläche der Erde. In einem geschlossenen Umweltraum ist die Frage, wie viel hinnehmbar ist, deshalb verwoben mit der Frage, wer wie viel bekommt.

Aber auch innerhalb der Länder, insbesondere in den südlichen Nationen, gelingt es der Konsumentenklasse sich abzuschotten gegenüber Umweltbelastungen, indem sie Lärm, Dreck und die Hässlichkeit des industriellen Umlandes vor den Haustüren der benachteiligten Gruppen abladen. 1994 fehlten 13% der Stadtewohner sogar der Zugang zu sauberem Trinkwasser und zumindest doppelt so vielen standen noch nicht einmal einfachste Latrinen zur Verfügung (Weltbank 2000, 140). Entgegen der Fata Morgana der Entwicklung sind die gesundheitlichen Bedingungen für die Armen in den Großstädten heute schlechter als in ländlichen Gebieten. Zudem lebt die Mittelklasse des Südens genauso wie die Bürger in der industrialisierten Welt über vielfältige Kanäle von der Ressourcenbasis, welche jenen Menschen – ein Drittel der Weltbevölkerung (UNDP 1998, 80) – eine Existenzbasis gibt, die ihren Lebensunterhalt direkt durch den freien Zugang zu Land, Wasser und Wäldern bestreiten. Die Konstruktion von Staudämmen und der Erzabbau, das Bohren von Tiefbrunnen und die kapitalistische Ausrichtung der Landwirtschaft zugunsten städtischer Schichten schwächen häufig die Ökosysteme, von denen sie leben. Da die Aneignung von Ressourcen oft nur erfolgen kann, nachdem den Bewohnern ihre Rechte entzogen worden sind, gehen Menschenrechtsverletzungen häufig mit Ressourcenkonflikten einher (Johnstone 1994). Diese Art von Druck, der zusammen mit dem der ungerechten Landverteilung oder dem der wachsenden Bevölkerung wirksam wird, kann die Angehörigen naturgebundener Gemeinschaften in landlose und entwurzelte Squatters verwandeln, die keine andere Wahl haben, als fragile Böden und Wälder zu übernutzen. Es ist allenfalls leicht übertrieben, wenn man feststellt, dass Entwicklung in diesen Fällen die Armen ihrer Ressourcen beraubt, damit die Reichen über ihren Verhältnissen leben können.

Zusammengefasst geht die ökologische Degradierung auf zwei widersprüchliche Bezugsrahmen zurück – einem von Erfolg und Vorherrschaft und einem anderen von Marginalität und Machtlosigkeit. Im ersten Fall verfügen Konzerne und Konsumenten der reichen Welt über die wirtschaftliche Macht, um, falls notwendig auch über große Distanzen riesige Mengen von Ressourcen zu mobilisieren und produzieren in diesem Prozess Umweltverschmutzung, Zerstörung und Ungleichgewichte. Im zweiten Fall degradieren die armen Menschen ohne Kaufkraft ihren Lebensraum, nachdem sie ihre traditionellen Rechte oder jede andere Art von Anspruch verloren haben, um hinreichende Mittel für ihren Lebensunterhalt zu sichern. Die Degradierung sowohl durch die Reichen als auch durch die Armen kann im Wesentlichen als Ergebnis ein und desselben Prozesses, dem der wirtschaftlichen Entwicklung, betrachtet werden. Der Ressourcenhunger aufseiten der Mächtigen und die Ressourcenknappheit aufseiten der Armen verbinden sich, um den Planeten an den Abgrund zu bringen.

III. Übergang

Nicht nur die eigenen verwelkenden Versprechungen, sondern auch die Veränderung der Weltwirtschaft haben zum Niedergang des Entwicklungszeitalters beigetragen. Seit Mitte der achtziger Jahren hat das beschleunigte Entstehen globaler Märkte mit dem gleichzeitigen Aufstieg der auf Informationstechnik gestützten Ökonomie die internationale Ordnung der Nachkriegszeit tiefgreifend verändert, eine Transformation, die sich erst zu dem Zeitpunkt insgesamt vollzogen hatte, als 1990 die Ost-West-Teilung der Welt hinfällig geworden war. Im Kern hatte sich das Entwicklungsdenken auf den Übergang der Nationalstaaten von agrarischen zu industriellen Gesellschaften konzentriert. Mit der Globalisierung haben sich die Koordinaten der Modernisierung verändert; die Agenda ist jetzt durch die Machtverschiebung von den Nationalstaaten zu transnationalen Märkten und von industriellen zu informationsbezogenen Strukturen bestimmt. Entgrenzung und Entmaterialisierung sind als machtvolle Trends entstanden, die sich den Kategorien von Entwicklung entziehen, ohne aber die dahinter stehenden Erwartungen zu widerrufen. Denn die Hoffnung, die das Entwicklungscredo nährte, sind noch lebendiger als zuvor; es ist die Hoffnung der Armen auf ein Leben in Würde sowie die Hoffnungen aufseiten der Eliten im Süden, endlich mit dem reichen Norden auf gleiche Augenhöhe zu kommen.

Globalisierung statt Entwicklung

Im Zuge der Globalisierung gelangt das, was man als die »Westfälische Konstellation« (Menzel 1998) bezeichnet hat, an sein Ende. Denn nach dem Westfälischen Frieden von 1648, der das Prinzip der territorial bezogenen Souveränität durchsetzte, entstand eine besondere Regierungsform, der europäische Nationalstaat. In seiner idealisierten Version umfasste er ein Territorium, aus dem eine Regierungsform, eine Volkswirtschaft, eine Nation und eine Kultur emporstieg. Wie ein Behälter sollte er die Gesellschaft mit all ihren Schichtungen in einem abgegrenzten Raum zusammenhalten, indem er eine umschlossene Einheit schuf, die ihrerseits auf internationaler Ebene mit anderen ebensolchen Einheiten in Kontakt stand (Beck 1997). Obwohl die Realität diesem Konzept nie so ganz entsprach, brachen die nationalstaatlichen ›Behälter‹ der Gesellschaften mit der Globalisierung auf. Güter, Geld, Informationen, Bilder, Menschen strömen über Grenzen und lassen einen transnationalen sozialen Raum entstehen, in dem Interaktionen über große Distanzen, manchmal sogar in Echtzeit, erfolgen. Als eine Konsequenz fällt die frühere (obwohl immer nur partielle) Integration von Ökonomie, Regierungsform und Kultur innerhalb eines Territoriums auseinander und macht die Staaten zu einem gewöhnlichen Akteur inmitten transnationaler Netzwerke des in vielen Lebensbereichen erfolgenden Austausches.

Vor dem Hintergrund dieser Veränderungen verliert Entwicklung sowohl ihr Objekt als auch ihren Akteur. Selbstverständlich war der Entwicklungsdiskurs auf die Transformation territorial begrenzter Gesellschaften gerichtet. Sie waren gedacht als die Einheiten, über die die soziale Evolution voranschreitet. Staaten waren damit die privilegierten Baustellen der Entwicklung. Da aber nun die Staaten durch grenzüberschreitende Ströme – sei es durch Auslandskapital, Satelliten-Fernsehen oder Migranten – durchlöchert werden, beginnt das Objekt der Entwicklungsplanung sich aufzulösen. Die Aufmerksamkeit im Entwicklungsdiskurs ist nicht mehr auf die Entwicklung nationaler Volkswirtschaften gerichtet, sondern entweder auf den erfolgreichen Anschluss der Eliten an dem Weltmarkt oder auf die Sicherung des Lebensunterhalts für lokale Gemeinschaften. Ebenso verändern sich die Akteure der Entwicklung. Während zuvor der Staat der Entwicklungsmotor sein sollte, reduzieren jetzt mehrere neue Akteure, die sich alle weitgehend ungeachtet der Grenzen bewegen, die Rolle des Staates. Auf diese Weise haben private Auslandsinvestitionen die öffentliche Entwicklungshilfe überholt, Fernsehbilder haben nationale Erzählungen abgelöst und nichtstaatliche Organisationen haben viele Entwicklungsprojekte geschultert. Da der Staat aus dem Focus rückt, sieht das Entwicklungskonzept im Zeitalter der Globalisierung merkwürdig deplatziert aus.

Darüber hinaus war das Entwicklungscredo eingebettet in ein Konzept linearen weltweiten Fortschritts, das im globalen Denkstil weniger einen Platz findet. In der Blütezeit der industriellen Moderne wurde Geschichte als eine zielgerichtete Bewegung verstanden, als ein universeller Prozess, dessen Gradmesser Rationalisierung oder Befreiung genannt wurde (Baumann 1992). Dieser Vorrang der Zeit vor dem Raum beim Ordnen der Weltsichten kehrte sich jedoch durch den mit der Globalisierung verbundenen Bewusstseinswandel um. Denn das, was die Aufmerksamkeit des postmodernen Denkens findet, ist nicht eine klare, universelle Abfolge von sozialem Wandel, sondern das gleichzeitige Auftreten einer Pluralität von Unterschieden in dem gesamten geographischen und virtuellen Raum. So gesehen gewinnt der Raum schrittweise die Oberhand über die Zeit; nicht die Abfolge von Dingen ist wichtig, sondern deren mögliche Kombinationen. Die gegenwärtige Veränderung der leitenden Metapher kann als Illustration dienen; die »Straße des Fortschritts« wird ersetzt durch die »Konnektivität von Netzwerken«. Während mit dem früheren Bild Gesellschaft als auf einer Zeitskala fortschreitend gesehen wird, beschreibt sie das Letztere als sich verändernde Muster von Strömen zwischen nicht aneinander grenzenden Standorten. In der transnationalen und digitalen Welt, in der Erfolg davon abhängig ist, wie man in den relevante, sich ständig verändernde Kreisläufe platziert ist und nicht vorrangig von der Position eines Landes auf der Rennstrecke, kann die Entwicklungsidee heute keine Begeisterung mehr auslösen.

Die neue Kluft

Neben anderem hat die Globalisierung die Tendenz, die soziale Solidarität sowohl national wie international zu unterlaufen. Da die Gesellschaften immer weniger auf Nationalstaaten begrenzt sind, werden die reziproken Beziehungen zwischen sozialen Schichten, die ein Staatswesen ausmachen, schwächer. Immerhin suchte der Nationalstaat, sei es als Wohlfahrtsstaat im Norden oder sei es als entwicklungsorientierter Staat im Süden, die Beziehungen zwischen Arm und Reich auszugleichen. Aber im Sog der transnationalen Volkswirtschaft begann der soziale Kontrakt, der den Kern des redistributiven Staates ausmacht, sich aufzulösen. Da die Eliten danach streben, mit der Vorhut der internationalen Konsumentenklasse gleichzuziehen, schwindet die altmodische Art von Verantwortung für die benachteiligten Gruppen ihrer eigenen Gesellschaft, da sie selbst, statt sich in Bezug auf ihre Landsleute für etwas Besseres zu halten, sich jetzt gegenüber ihrer globalen Bezugsgruppe als minderwertig fühlen. Dieser Tendenz folgend neigen die Regierungen dazu, sich mit den globalisierenden Kräften zu verbünden und zeigen in zunehmendem Maße Missachtung für die Mehrheit der Staatsbürger, die außerhalb des globalen Kreislaufs lebt (Kothari 1993). Darauf festgelegt, die Einführung ihrer Industriebranchen und Mittelschichten in die globalen Märkte zu fördern, ist für sie die nicht konkurrenzfähige soziale Mehrheit eine Belastung statt ein Segen. Als ein Ergebnis tritt in vielen Gesellschaften ein Riss auf zwischen der global ausgerichteten Mittelschicht einerseits und einer in Begriffen des Weltmarktes überflüssigen Bevölkerung andererseits. So beseitigt zwar die Globalisierung die Schranken zwischen Nationen, errichtet aber neue Schranken innerhalb der Nationen.

Ebenso wenig überstand der Sozialkontrakt zwischen reichen und armen Nationen, der trotz aller Gegenkräfte nach dem Zweiten Weltkrieg die Grundlage für die internationale Entwicklungspolitik gelegt hatte, die Attacken des transnationalen Wettbewerbs. Weder innerhalb noch zwischen den Staaten ist viel von dem Bemühen um Umverteilung geblieben. Bereits in den achtziger Jahren hat die Politik der Strukturanpassung weitgehend den Entwicklungskonsens ersetzt, indem der makro-ökonomischen Stabilität Priorität zugunsten eines unbeschränkten, grenzüberschreitenden Kapitalverkehrs gegeben wurde. Deregulierung und Liberalisierung sollten die verschuldeten Ländern auf den Standard eines Freihandelsakteurs bringen – doch in vielen Fällen zwingen sie lediglich die am meisten benachteiligten Schichten auf die Knie. Missachtung sozialer und ökologischer Kosten und Währungstabilität als Eintrittskarte für den Kreislauf transnationaler Kapitalströme wurden das vorrangige Ziel von Währungsfonds und Weltbank. Das implizierte eine Veränderung des Brennpunktes; das Bestreben der bestimmenden Entwicklungsagenturen war jetzt die Schaffung eines stabilen Spielfeldes für transnationale Konzerne und nicht mehr die Steigerung des Wohlstands einer politischen Gemeinschaft. Aber der Prozess, mit dem die Entwicklungsinstitutionen Agenten des Weltmarktes statt Agenten gesellschaftlicher Wohlfahrt werden konnten, wurde erleichtert durch den Erfolg der rund zehn »aufstrebenden Märkte« mit exportgestütztem Wachstum. Im Zuge des früheren Aufstiegs der Erdöl exportierenden Volkswirtschaften und des Zerfalls des Ostblocks löste dieser Erfolg schließlich die Dritte Welt als eine in etwa homogene Gruppe von Nationen auf. Südkorea z.B., das 1960 noch mit Bangladesch vergleichbar war, produzierte 1996 so viel wie das gesamte Afrika südlich der Sahara. Die Globalisierung machte, anders ausgedrückt, eine Reihe von südlichen Volkswirtschaften – oder Regionen darin – zu Akteuren auf dem Weltmarkt, allerdings zu dem Preis eines immer tiefer gehenden Keils zwischen sich und der großen Mehrheit der Länder im Süden.

Je mehr dieser sich verändernde transnationale Raum keine ganzen Länder, sondern nur kleinere oder größere Teile eines Landes umfasst, umso obsoleter wird die Nord-Süd-Unterteilung. Tatsächlich verläuft in der Welt der Globalisierung die Trennlinie, wenn es eine solche denn gibt, nicht mehr zwischen nördlichen und südlichen Ländern, sondern zwischen der globale Mittelschicht auf der einen und der ausgegrenzten sozialen Mehrheit auf der anderen Seite. Die globale Mittelschicht besteht aus der Mehrheit des Nordens und kleineren oder größeren Eliten im Süden; und die Globalisierung beschleunigt und intensiviert die Integration dieser Schicht in den weltweiten Kreislauf von Gütern, Kommunikation und Reisen. Aber eine unsichtbare Grenze trennt in allen Nationen, im Norden wie im Süden, die Reichen von den Armen. Ganze Kategorien von Menschen im Norden, wie Arbeitslose, Alte und Nichtkonkurrenzfähige, genauso wie ganze Regionen im Süden, etwa ländliche Zonen, Stammesgebiete und städtische Siedlungen, sehen sich ausgeschlossen von den Kreisläufen der Weltwirtschaft. Selbst der informationsgestützte Kapitalismus lässt Völker und Territorien, indem er Akteure und Orte über den geografischen Raum hinweg miteinander in Verbindung bringt, in den »schwarzen Löchern des Informationalismus« (Castells 1998, 161) verschwinden.

Auf jeden Fall scheint heute die Hauptkluft zwischen globalisierten Reichen und lokalisierten Armen zu bestehen; die Nord-Süd-Spaltung verläuft, statt die Nationen zu trennen, mitten durch jede Gesellschaft, wenn auch in unterschiedlicher Gestalt.

Sicherheit statt Entwicklung

Mit dem Schwinden des Entwicklungskonsenses sind in seinem Gefolge zwei Themen in den Vordergrund gerückt. Das Erste ist »Globalisierung« und befasst sich mit der Stabilität der transnationalen Ökonomie. Sein Handlungsstrang ist die Ausweitung globaler Märkte, die zu mehr Wohlfahrt führt. Der so genannte *Washington Consensus* von 1986, der die Strukturanpassung zur höchsten Form der Entwicklung erklärt, kann als sein Startplatz und der Internationale Währungsfonds als sein Wächter betrachtet werden. Das zweite Thema sorgt sich um »Sicherheit« und ist auf den Schutz vor Risiken gerichtet. Sein Handlungsstrang ist die Notwendigkeit der Prävention angesichts der Gefahren für Leben und Würde der Menschen. Der UNDP-Bericht über die menschliche Entwicklung, der den Stand der menschlichen Sicherheit untersucht, kann diesen Trend veranschaulichen, auch wenn die Diskussion über »Umweltsicherheit« (Mathews 1989) ebenso zu dieser Denkweise zählt. Im gewissen Maße wird mit den beiden Themen lediglich der Konflikt aus den siebziger Jahren zwischen von-oben-nach-unten und pro-Wachstum auf der einen sowie von-unten-nach-oben und armutsbezogenen Ansätzen auf der anderen Seite wieder belebt. Die Sorge um Sicherheit hat sich in den neunziger Jahren herauskristallisiert, nachdem die Versprechungen der Entwicklung unglaubwürdig geworden waren. Mit dem Dahinschwinden des hochtrabenden Optimismus änderten sich die Begriffe; der Süden war nicht mehr »jung« und »voller Potenzial« wie zu Trumans Zeit, sondern wurde zur Brutstätte sozialer und ökologischer Turbulenzen. Insbesondere hielt niemand mehr an dem Idealbild einer leuchtenden Zukunft für die soziale Mehrheit fest, das nach den Begriffen der globalen Ökonomie überflüssig geworden war. Mehr als ein Überleben mit Anstand kann nicht erreicht werden. Zudem fühlt sich der Norden, da die Globalisierung nicht nur Annehmlichkeiten, sondern auch viele Kümmernisse bereitet, zunehmend bedroht durch Einwanderung, Bürgerkriege und Umweltkonkurrenz. Als eine Folge wird der Süden nicht mehr mit Hoffnung, sondern mit Argwohn betrachtet; die Entwicklungsländer sind zu Risikozonen geworden und ihre weniger begüterten Bürger werden vor allem als Risikofaktoren angesehen. Die Entwicklungspolitik hat sich erneut gehäutet. Sie hat jetzt weitgehend eine Sicherheitsagenda übernommen, bei der Prävention den Fortschritt als Ziel der Entwicklung abgelöst hat. Das Einholen kommt nicht in Frage, Entwicklungshilfe zielt darauf ab, das Eintreten des schlimmsten Szenarios zu verhindern. Die Sicherung des Lebensunterhalts der Menschen ist ein nobles Bemühen, für das Projekte in den Bereichen Trinkwasser, Marktzugang, brennholzsparende Öfen oder Gemeinschaftsorganisationen typische Beispiele sind, was in der Tat etwas ganz anderes ist, als in ein modernes Paradies zu gelangen. Aber auch der Begriff der Sicherheit ist ein umstrittenes Terrain; die Frage, um wessen Sicherheit es geht, spielt eine große Rolle. Ist es die Sicherheit schutzloser Menschen oder die Sicherheit der von der OECD dominierten Ökonomie? Während zum Beispiel viele nichtstaatliche Organisationen daran arbeiten, die Benachteiligten zur Verteidigung ihrer Interessen zu befähigen, sehen auf der diplomatischen Ebene die Ziele meist anders aus. Internationale Verhandlungen – insbesondere Umweltverhandlungen – in einer »Welt-Risiko-Gesellschaft« befassen sich implizit mit der Verteidigung des Stärkeren gegenüber dem von den Schwächeren repräsentierten Risiko. Die Umverteilung von Risiken und nicht mehr die Umverteilung wirtschaftlicher Möglichkeiten ist deren verborgene Agenda. Sowohl für die Graswurzelbewegungen als auch die Regierungen ist Sicherheit damit zu einem Hauptanliegen geworden; sie ist von der Entwicklungsidee übrig geblieben, nachdem der Glauben an den Fortschritt verschwunden ist.

IV. Aussichten

Das Entwicklungszeitalter mag zu Ende gegangen sein, aber seine zentrale Agenda ist noch unerledigt. Für Jahrzehnte hatte Entwicklung die Sprache geliefert, um den Wunsch nach Gerechtigkeit auszudrücken. Doch die Gerechtigkeit in ihren beiden grundlegenden Formen als Umverteilung von Möglichkeiten und als Anerkennung des Anderssein hat nicht viel Erfolg gehabt, zumindest außerhalb der Grenzen der globalen Mittelschicht. Doch die Agenda ist nicht nur unerledigt; sie steht auch neuen Beschränkungen gegenüber. Denn die Bedeutung von Gerechtigkeit muss sich im Zeitalter der bio-physikalischen Grenzen ändern. Solange Begrenzungen nicht am Horizont zu sehen waren, konnte Gerechtigkeit mit Wachstum gleichgesetzt werden. Das berühmte Bild des wachsenden Kuchens, der schließlich jedem ein größeres Stück bietet, ohne jemandem kleinere Stücke aufzuzwingen, illustriert wie die Vorstellung eines unbegrenzten Wachstums den harten Fragen nach der Gleichheit gut ausweichen konnte. Aber in einem geschlossenen Umweltraum kann der Anspruch auf Gerechtigkeit nicht mehr länger, zumindest nicht für die Mehrheit der Weltbevölkerung, mit dem Versprechen eines materialintensiven Wachstums abgegolten werden. Aus diesem Grund wird die Gerechtigkeitsfrage von dem Streben nach Entwicklung mit einem großen »E« abgekoppelt werden müssen.

Schrumpfung und Konvergenz

Unter Bedingungen der Endlichkeit steht jedem Land nur ein begrenzter Teil des globalen Umweltraums zur Verfügung. Deshalb ist das Konzept von Entwicklung als Wettrennen ohne Ziellinie historisch überholt. Um sich Nachhaltigkeitsszenarios für dieses Jahrhundert insbesondere im Kontext des Klimaswandels vorzustellen, ist es hilfreich, zwei Pfade zu unterscheiden, die ihren Anfang an zwei entgegengesetzten Polen nehmen und eine Vielzahl von Ausgangsbedingungen überspannen. Die nördlichen Länder starten ihren Pfad zu einem risikoarmen und gerechten Niveau fossiler Energieströme von hohen Verbrauchsniveaus aus und senken sie im Laufe der Zeit bis sie Niveaus erreichen, die nachhaltig sind in Bezug auf beides, Ökologie und Gleichheit. Dies kann man als Pfad der Schrumpfung bezeichnen. Die südlichen Länder starten andererseits von einem relativ niedrigen Niveau fossiler Energieströme und erhöhen sie im Laufe der Zeit, bis sie sich dem Pfad der Industrieländer auf einem nachhaltigen Niveau an Ressourcendurchsatz nähern. Dies kann man als Pfad der Konvergenz bezeichnen. Beide Pfade stellen aufeinander bezogene, aber unterschiedliche Herausforderungen dar. Für die Industrieländer besteht die Herausforderung darin, den Ressourcenfluss ohne Beeinträchtigung des Wohlstands und der sozialen Gerechtigkeit zu mindern. Für die südlichen Länder aber besteht die Herausforderung darin, den Ressourcenverbrauch mit einer viel niedrigeren Rate, als es die Industrieländer in ihrer Geschichte taten, zu erhöhen und das menschliche Wohlergehen gleichzeitig mit Gleichheit zu steigern.

Eine ähnliche Sichtweise ist auf die Ungleichheit innerhalb der Länder anzuwenden. Da die »Allesfresser« nicht auf den Norden begrenzt sind, muss ein Rückzug aus dem übermäßig besetzten Umweltraum auch von den südlichen Mittelschichten erwartet werden. Schließlich können sich die Eliten in Ländern wie Mexiko, China und Brasilien zahlenmäßig mit der Bevölkerung vieler OECD-Länder messen. Deshalb gelten die Pfade von Schrumpfung und Konvergenz auch für Entwicklungspfade unterschiedlicher sozialer Schichten.

In Richtung ressourcen-leichter Volkswirtschaften

Die mit dem spektakulären Wachstum der OECD-Länder in den fünfziger Jahren entstandenen Wohlstandsmodelle sind strukturell oligarchisch; sie können nicht für die ganze Welt gelten, ohne die Lebenschancen eines jeden zu gefährden. Die chemisierte Landwirtschaft, die automobile Gesellschaften oder die auf Fleisch basierende Ernährung sind anschauliche Beispiele solcher Überentwicklung. Aus diesem Grund ist der Übergang zu einem ressourcen-leichten Wohlstandsstil eine Frage der Gerechtigkeit und nicht bloß der Ökologie. Aber das herkömmliche Entwicklungsdenken definiert implizit Gerechtigkeit als ein Problem der Armen. Indem Entwicklungsexperten Armutsstrategien konzipierten, arbeiteten sie daran, das Niveau der Armen anzuheben anstatt das Niveau der Reichen abzusenken (Goodland-Daly 1993). Nicht auf den Prüfstand kamen die Produktions- und Konsummuster der Wohlhabenden, und die Last des Wandels lud man den Armen auf. Zukünftig aber wird es sich bei Gerechtigkeit viel mehr um die Veränderung der Lebensstile der Reichen als um diejenigen der Armen gehen.

Für den Übergang zu einer ressourcen-leichten Ökonomie lassen sich zwei allgemeine Strategien unterscheiden. Die eine ist der Versuch, die wirtschaftliche Produktion stufenweise vom Ressourcenstrom abzukoppeln. Zum Beispiel ist die Steigerung der ökologischen Effizienz technischer und organisatorischer Strukturen auf die Senkung des pro Produktionseinheit benötigten Ressourceneinsatzes gerichtet. Aller Wahrscheinlichkeit nach lässt sich die Ressourceneffizienz erheblich steigern; Beispiele für öko-intelligente Produktionsformen und Dienstleistungen gibt es zuhauf. Die zweite Strategie ist der Versuch, die Lebensqualität von der wirtschaftlichen Produktion zu entkoppeln. Tatsächlich hat die Lebensqualität jenseits der Kaufkraft viele Quellen; sie beruht ebenso auf nicht-monetärem Kapital wie Zugang zu Natur, Beteiligung an der Gemeinschaft oder dem Reichtum an öffentlichen Gütern. Worum es hier geht, ist also nicht die *Effizienz*, sondern die *Suffizienz* in der Ressourcennutzung. Eine solche Orientierung zielt auf die Kunst ab, einem geringeren Ressourcenaufwand eine höhere Lebensqualität abzuringen; sie wägt ab, wie viel benötigt wird, um Wohlstand und Wert, Schönheit und Sinn zu erreichen. Kurz gesagt, dürfte der Übergang zu einer ressourcenleichten Wirtschaft eine zweigleisige Strategie erfordern: eine Wiedererfindung von Mitteln (Effizienz) sowie eine kluge Mäßigung der Ziele (Suffizienz). Es geht also darum, Dinge richtig und die richtigen Dinge zu tun.

Leapfrogging *ins post-fossile Zeitalter*

Für die südlichen Ländern besteht die Herausforderung darin, auf Wachstumsmuster zu setzen, die sowohl umwelt- wie armenfreundlich sind, und zwar ohne durch all die Stadien der industriellen Evolution zu gehen, wie sie die nördlichen Länder kannten. Denn zu dem historischen Moment, an dem das Zeitalter der fossilen Energie im Niedergang begriffen ist, befinden sich die Volkswirtschaften, von denen einmal behauptet worden war, sie seien zurückgeblieben, in einer günstigen Position. Noch nicht eingesperrt in die konventionelle Industrialisierung haben sie die Aussicht, in das post-fossile Zeitalter zu gelangen, indem sie die ressourcenintensiven Produktions-und Konsumstile der industriellen Welt überspringen. So stehen die südlichen Länder etwa vor wichtigen Entscheidungen über die Einführung und Gestaltung von Infrastrukturen wie Energie-, Verkehrs-, Abwasser- und Kommunikationssysteme und damit der Einführung und Instandhaltung jener Systeme, die im Norden für das Schwinden der Ressourcen des Planeten mitverantwortlich sind. Heute sind viele Länder des Südens noch in der Lage, diesen nicht-nachhaltigen Kurs zu vermeiden, indem sie ohne weite Umwege für Infrastrukturen optieren, die es ihnen erlauben, sich auf einen ressourcenschonende und mit niedrigen Emissionen verbundene Pfad zu begeben. Investitionen in Infrastrukturen wie effiziente Eisenbahnsysteme, dezentrale Energieversorgung, öffentlicher Personennahverkehr, Brauchwassernutzung, regionalisierte Nahrungsysteme, verdichtete städtische Wohnsiedlungen usw. könnten ein Land auf den Weg hin zu saubereren, kostengünstigeren, gerechteren und weniger emmissionsintensiven Entwicklungsmustern führen. Selbstverständlich ist aber eine solche Wahl nicht technischer, sondern kultureller Natur; sie macht es notwendig, sich Reichtumsmodelle vorzustellen, die von denen im Norden abweichen.

Direkt wird die Natur von so unterschiedlichen Gruppen wie den Küstenfischern von Kerala, den Urwaldbewohnern des Amazonas, den Viehzüchtern von Tansania und den Bauern Mexikos als Quelle des Lebensunterhaltes genutzt. Im Laufe der Jahrhunderte hatten viele dieser Gemeinschaften komplexe und ausgeklügelte Systeme von Institutionen und Regeln, die Besitz und Nutzung von Naturressourcen in einer Weise regulierten, dass ein Gleichgewicht zwischen Ressourcenentnahme und Ressourcenerhalt erreicht werden konnte. Aber besonders unter dem Druck der »Allesfresser« und ihres Ressourcenhungers wurde oftmals ihre Lebensbasis unterminiert. Dabei blieb ihre Würde auf der Strecke und sie landeten im Elend. In einem solchen Kontext bedeutet Nachhaltigkeit in erster Linie, die Rechte lokaler Gemeinschaften sowohl auf ihre Ressourcen wie auch auf ihre Kultur zu gewährleisten.

Demokratische Rechte und Ressourcenproduktivität sind besonders dann miteinander verbunden, wenn es um jene Menschen geht, die unmittelbar von den Früchten der Natur abhängig sind. Für ihren Lebensunterhalt müssen solche Gemeinschaften Anstrengungen unternehmen, um die Produktivität aller Komponenten des dörflichen Ökosystems zu erhöhen, von Weideland und Wäldern zu Ackerland, Wassersystemen und Tieren (Agarwal-Narain 1989). Denn sie leiden häufiger an der Knappheit an Biomasse als an der Knappheit an Geld. Aber nur wenn ein beträchtliches Maß an Kontrolle über ihre Ressourcen an lokale Gemeinschaften übertragen wird, ist genügend Teilnahme gegeben, um Wäldern, Feldern und Gewässern nach lokalen Regeln und Gebräuchen zu bewirtschaften. Demokratische Rechte und der Anspruch auf Ressourcen sind somit Voraussetzungen für die Schaffung einer auf Biomasse basierenden, von Kohlenstoff unabhängigen Volkswirtschaft. Die Sicherung eines nachhaltigen Lebensunterhalts, d.h. die Fähigkeit eines Individuums oder einer Familie die eigenen Grundbedürfnisse in einer Weise zu decken, die würdig ist, aber die natürliche Ressourcenbasis nicht in großem Maße aushöhlt, wird deshalb vor allem politische Programme erfordern, die Demokratie, Gleichheit und umweltbezogene Sorgfalt vor die schwärmerische Verfolgung eines monetären Wirtschaftswachstums stellen.

Literatur

Agarwal A. and Narain S. 1989, *Towards Green Villages.* New Delhi: CSE

Anderson B. 1983, *Imagined Communities.* London: Verso

Apffel-Marglin F. and Marglin SA. (eds) 1990, *Dominating Knowledge. Development, Culture, and Resistance.* Oxford: Clarendon

Apffel-Marglin F. 1998, (ed) *The Spirit of Regeneration.Andean Culture Confronting Western Notions of Development.* London: Zed

Arndt HW. 1981, Economic Development: A Semantic History. *Economic Development and Cultural Change,* 26:463-84

Arndt HW. 1987, *Economic Development. The History of an Idea.* Chicago: Chicago University Press

Ayres RU. 1998, *Turning Point. An End to the Growth Paradigm.* London: Earthscan

Banuri T et al. 1994, *Sustainable Human Development.* New York: UNDP

Bauman Z. 1992, *Intimations of Postmodernity.* London: Routledge

Beck U. 1997, *Was ist Globalisierung?* Frankfurt a. M.: Suhrkamp

Castells M. 1998, *End of Millenium.* Oxford: Blackwell

Dumont L. 1977, *From Mandeville to Marx.* Chicago: University of Chicago Press

Di Meglio M. 1997, *Lo sviluppo senza fondamenti.* Trieste: Asterios

Escobar A. 1995, *Encountering Development. The Making and the Unmaking of the Third World.* Princeton: Princeton University Press

Gadgil M. and Guha R. 1995, *Ecology and Equity.* London: Routledge

Goodland R. and Daly H. 1993, Why Northern income growth is not the solution to Southern poverty. *Ecological Economics,* 8:85-101

Hobart M. 1993, (ed) *An Anthropological Critique of Development.* London: Routledge

Hobsbawm E. 1994, *The Age of Extremes. A History of the World, 1914-1991.* New York: Pantheon

Illich I. 1971, *Celebration of Awareness.* London: Boyars

Johnston BR. (ed) 1994, *Who Pays the Price? The Sociocultural Context of Environmental Crisis.* Washington: Island Press

Kothari R. 1993, *Growing Amnesia. An Essay on Poverty and Human Consciousness.* Delhi: Penguin

Lugard F. 1922, *The Dual Mandate in British Tropical Africa.* Edinburgh: Blackwood

Lummis CD. 1996, *Radical Democracy*. Ithaca, N.Y.: Cornell University Press

Mathews JT. 1989, Redefining Security. *Foreign Affairs,* 68:162-77

Menzel U. 1998, *Globalisierung versus Fragmentierung*. Frankfurt a. M.: Suhrkamp

McNamara R. 1973, *Adress to the Board of Governors*. Nairobi

Nandy A. 1983, *The Intimate Enemy. Loss and Recovery of Self under Colonialism*. Delhi: Oxford University Press

Nederveen Pieterse J. 1998, My Paradigm or Yours? Alternative Development, Post-Development, Reflexive Development. *Development and Change,* 29:343-373

Rahnema M., with Bawtree V (eds) 1997, *The Post-Development Reader*. London: Zed

Rist G. 1997, *The History of Development*. London: Zed

Sachs W. (ed) 1992, *The Development Dictionary*. London: Zed

Sachs W. 1999, *Planet Dialectics. Explorations in Environment and Development*. London: Zed

Samuelson P. and Nordhaus W. 1985, *Economics*. New York: McGraw Hill

South Commission 1990, *The Challenge to the South*. Oxford: Oxford University Press

Tenbruck FH. 1989, Der Traum der säkularen Ökumene. Sinn und Grenze der Entwicklungsvision. In: *Die kulturellen Grundlagen der Gesellschaft: der Fall der Moderne*. Opladen: Westdeutscher Verlag, 291-307

Tuan YF. 1986, *The Good Life*. Madison: University of Wisconsin Press

UNDP 1998, *Human Development Report 1998*

UNDP 1999, *Human Development Report 1999*

Wackernagel M. and Rees W. 1996, *Our Ecological Footprint*. Gabriola Island: New Society

Wieland W. 1979, Entwicklung. Brunner O et al *Geschichtliche Grundbegriffe*. Stuttgart: Klett-Cotta, vol II, 199-228

World Bank 1992, *World Development Report 1992*. New York: Oxford University Press

World Bank 2000, *World Development Report 1999/2000*. New York: Oxford University Press

World Commission on Environment and Development (WECD) (1987, *Our Common Future*. Oxford: Oxford University Press

Nachhaltige Entwicklung

Zur politischen Anatomie eines Widerspruchs

Bis weit in die etablierten Kreise hat es sich herumgesprochen, dass die beiden heimlichen Annahmen, welche den Entwicklungshoffnungen zugrunde lagen, heute ihre Geltung verloren haben: die Universalisierbarkeit von »Entwicklung« im Raum sowie ihre Dauerhaftigkeit in der Zeit. Dass Entwicklung im räumlichen wie im zeitlichen Sinne in die Endlichkeitsfalle gefahren ist, konstituiert jenes Dilemma, das seit der Stockholmer Umweltkonferenz der Vereinten Nationen im Jahre 1972 alle einschlägigen Debatten durchzieht: Gerechtigkeits- und Naturkrise stehen, bei gegebenem Begriff von Entwicklung, in einem umgekehrt proportionalen Verhältnis. In anderen Worten: jeder Versuch die Naturkrise zu mildern, droht die Gerechtigkeitskrise zu verschärfen; und umgekehrt: jeder Versuch die Gerechtigkeitskrise zu mildern, droht die Naturkrise zu verschärfen. Wer immer für die Armen mehr Agrarfläche, Energie, Häuser, Medizin- und Schuldienste, kurz: mehr Kaufkraft fordert, setzt sich zu denen in Widerspruch, die Boden, Tiere, Wälder, Atmosphäre oder Gesundheit schützen wollen. Und wer immer um der Natur willen weniger Energie, weniger Transport, keine Waldrodung und keine Intensiv-Landwirtschaft fordert, setzt sich zu denen in Widerspruch, welche auf ihren gerechten Anteil an den Früchten der Entwicklung bestehen. Es ist leicht zu sehen, dass der Entwicklungsbegriff die Basis abgibt, auf der das Dilemma errichtet ist; falls es nämlich eine Entwicklung gäbe, die weniger Natur verbraucht und mehr Menschen einschließt, würde sie einen Ausweg aus dem Dilemma eröffnen. Kein Wunder daher, dass in den letzten Jahren die engagierten Geister aus allen Ecken der Welt nach einem »anderen Entwicklungsmodell« rufen.

Mit dem Begriff *Sustainable Development* schien 1987 der *Weltkommission für Umwelt und Entwicklung (Brundtland-Kommission)* der konzeptuelle Brückenschlag gelungen zu sein. Die in Rio de Janeiro 1992 bei der UNCED versammelten Regierungschefs und Staatsoberhäupter machten sich den Begriff als politische Leitvorstellung zueigen, und seither ist keine Feierstunde mehr vor ihm sicher. Die bereits kanonische Definition lautet: »Dauerhafte Entwicklung ist Entwicklung, die die Bedürfnisse der

Gegenwart befriedigt, ohne zu riskieren, dass künftige Generationen ihre eigenen Bedürfnisse nicht befriedigen können.«

Schon bei flüchtigem Lesen wird klar: maximiert wurde hier nicht die Eindeutigkeit, sondern die Zustimmungsfähigkeit. Wie für jeden anständigen Formelkompromiss ist das ist nicht wenig, denn die Definition wirkt wie ein Alleskleber, von dem kein Teil mehr loskommt, weder Freund noch Feind. Damit waren die Gegner der 70er- und 80er-Jahre wieder auf ein gemeinsames Spielfeld gezwungen, alles dreht sich danach und bis heute um »dauerhafte Entwicklung«, gleichwohl war der Preis für die neue Gemeinsamkeit beträchtlich.

Die Formel wird von einer Zeitachse getragen. Das Wort »dauerhaft« selbst und der empfohlene Ausblick von der Gegenwart auf die Zukunft zieht die Welt von übermorgen in die Verhandlungs- und Konferenzräume von heute hinein. Dazu zwingt offensichtlich die Naturkrise; die Formel bestätigt offiziell, dass die Dauerhaftigkeit der Entwicklung zu einem Weltproblem geworden ist. Angeklagt ist der Egoismus der Gegenwart, der die Natur für kurzfristigen Nutzen verscherbelt; im Tonfall erinnert die Definition an jenen Ausspruch, mit der Gifford Pinchot, der Autor der Naturschutzpolitik von Theodor Roosevelt zu Beginn des Jahrhunderts, die ehrwürdige Losung des Utilitarismus modernisiert hatte: »Naturschutz bedeutet das größte Gut für die größte Zahl über die längste Zeit«.

Doch genau betrachtet, macht die Definition der Brundtland-Kommission keine Anspielung auf die »größte Zahl«; die Rede von den »Bedürfnissen der Gegenwart« und denen der »zukünftigen Generationen« ist hinreichend vage, um einem global halbierten Utilitarismus Tür und Tor zu öffnen. Während die Naturkrise sich in der Konstitution des Begriffs niederschlägt, finden sich von der Gerechtigkeitskrise nur Spuren im Hinweis auf »Entwicklung« und »Bedürfnisse«; die zeitliche Achse ist nicht durch eine sozial-räumliche Achse austariert. Daher ist es kaum übertrieben zu sagen, dass jedenfalls in der klassischen Definition von »nachhaltiger Entwicklung« das Dilemma Gerechtigkeit vs. Natur zugunsten der Natur aufgelöst wird. Denn offen bleiben zwei entscheidende Fragen. Welche Bedürfnisse? Und: wessen Bedürfnisse? (Harbordt 1991, »The Ecologist« 1992). Angesichts der gespaltenen Welt heißt Unentschiedenheit in diesen Fragen, der Gerechtigkeitskrise auszuweichen. Soll Entwicklung sich auf den Wunsch nach Wasser, nach Land, nach Einkommenssicherheit richten oder auf das Verlangen nach Flugreisen und Aktien? Auf Überlebensbedürfnisse oder auf Wohlstandsbedürfnisse? Und weiter: geht es um die Bedürfnisse des unübersehbaren Heers der Habenichtse oder die der globalen, der großstädtischen Mittelklassen? Die Brundtland-Definition suggeriert ein Sowohl-als-auch – und vermeidet damit, sich der Gerechtigkeitskrise wirklich zu stellen.

Aussagen über *Sustainable Development* positionieren sich, implizit oder explizit, in Bezug auf die Gerechtigkeits- und die Naturkrise. Verschiedene soziale Akteure erzeugen unterschiedliche Sichtweisen, indem sie bestimmte Fragen ins Licht rücken und andere im Schatten belassen. Worauf die Aufmerksamkeit gelenkt wird, wie das Problem definiert wird, in welcher Richtung Lösungen gesucht werden und welcher Akteure wichtig sind, ergibt sich aus dem Diskursrahmen, in den das Dilemma der »Nachhaltigkeit« gefasst wird. Gemeinsam ist den Diskursen die Ahnung, dass die Zeiten der unendlichen Entwicklungshoffnungen vorbei sind und fortan mit der Endlichkeit der Wachstumszivilisation zu rechnen ist. Doch sie unterscheiden sich drastisch darin, wie sie diese Endlichkeit verstehen. Auf der einen Seite sind jene, die in ihrer sozialen Praxis an der Unendlichkeit der »Entwicklung« in der Zeit festhalten, aber achselzuckend unterstellen, dass die Wachstumszivilisation fortan auf die nördliche Hälfte des Globus bechränkt bleibt. Auf der anderen Seite indes sind jene, welche anerkennen, dass »Entwicklung« am Ende seiner Zeit angelangt ist, und davon ausgehen, dass diese Grenze der Wachstumszivilisation auch mehr Raum für Gerechtigkeit weltweit schafft. Innerhalb dieser beiden Pole werden im Folgenden drei Diskurse umrissen, die in der aktuellen Auseinandersetzung nicht in jedem Fall in Reinform auftreten müssen, aber Grundorientierungen im Idealtyp darstellen. Die Diskurse unterscheiden sich in ihrer Bewertung von »Entwicklung« und in der Art, wie Gerechtigkeit auf Ökologie bezogen wird.

I. Die Wettkampfperspektive

Angesichts der jüngsten Wellen wirtschaftlicher Globalisierung ist »Wettbewerbsfähigkeit« zum überragenden Imperativ für wirtschaftliche und staatliche Akteure aufgestiegen. Indem die USA, Europa und Japan um die Spitzenpositionen auf dem Weltmarkt kämpfen, noch dazu in Abwehr gegen die zunehmende Stärke der Schwellenländer, und indem die südlichen Länder entweder danach streben, selbst Mitspieler in dieser Arena zu werden oder den Staatsbankrott zu vermeiden, sehen sie sich gezwungen, »Standortsicherung« gleichsam zum Verfassungsrang zu erheben. Unter dem Eindruck dieses Imperativs besteht der Hang, die Ressourcen an Aufmerksamkeit und an Kapital auf die Konkurrenz unter den Reichen zu konzentrieren und dabei die Gerechtigkeitsansprüche der Ärmeren – nicht ohne eine Geste des Bedauerns – über Bord zu werfen. Bewusst oder unbewusst wird »Entwicklung« auf die globale Mittelklasse beschränkt. Mit dieser Einschränkung stellt sich zudem das Problem der zeitlichen Dauer der Wachstumsgesellschaft weniger scharf; ihrer drohenden Endlichkeit scheint sich für die überschaubare Zukunft durch eine ökologische Modernisierung des Wirtschaftsapparats begegnen zu lassen.

Vom Naturschutz zum Entwicklungsschutz

Es war im Laufe der siebziger Jahre, dass die vielstimmige internationale Umweltbewegung, aufgeschreckt vom Schwund der Tier- und Pflanzenarten, irritiert über den Angriff auf die Antarktis, verstört über die Vermüllung der Atmosphäre, empört über die Vergiftung der Flüsse und Meere, verzweifelt über den Raubbau an Wäldern, an das Gewissen der Menschheit appellierten, die Integrität der Schöpfung zu bewahren. Sie reklamierten die Pflicht, das »gemeinsame Erbe der Menschheit« zu erhalten und riefen dazu auf, die Lebensrechte der Natur auch unabhängig von ihrem Nutzen für die Menschen zu achten.

Doch dann hat sich auf globaler Ebene wiederholt, was schon nach der Jahrhundertwende mit der amerikanischen Naturschutzbewegung geschehen war: der Akzent verschob sich vom Schutz der Natur auf den Schutz der Ertragskraft natürlicher Ressourcen (Hays 1959. Diese Konzeption von Naturschutz als rationaler Bewirtschaftung erneuerbarer Ressourcen wiederum geht zurück auf die deutsche Forstwirtschaft des 18. Jahrhunderts. Vgl. Kehr 1993.). Geschlagen wurde der Bogen mit der »World Conservation Strategy« von IUCN, WWF und UNEP aus dem Jahre 1980, hier ist zum ersten Mal von *Sustainable Development* die Rede (McCormick 1986). Im neuen Konzept wird unversehens das Adjektiv *nachhaltig* einem anderen Subjekt zugesprochen. Während vorher der Ertrag von Naturressourcen »nachhaltig« war, konnte es jetzt Entwicklung sein. Mit dieser Verschiebung ändert sich freilich der Wahrnehmungsrahmen: anstelle der Natur wird Entwicklung zum Gegenstand der Sorge und anstelle von Entwicklung wird Natur der kritische Faktor, der im Auge zu behalten ist. Kurz gesagt, die Bedeutung von Nachhaltigkeit verlagerte sich vom Naturschutz zum Entwicklungsschutz. 1992 fasste eine Definition der Weltbank diesen Konsens in eine lakonische Formulierung: »Was heißt nachhaltig? Nachhaltige Entwicklung ist Entwicklung, die andauert.« (World Bank 1992, 34)

Damit ändert sich freilich der Blick auf die Natur. Die Frage lautet jetzt: welche »Dienstleistungen« der Natur sind für weitere Entwicklung unentbehrlich? Oder: auf welche »Dienstleistungen« könnte man verzichten und sie z.b. durch neue Werkstoffe oder Gentechnik ersetzen? In anderen Worten, die Natur wird zu einer kritischen Variable zur Erhaltung von Entwicklung. Auf epistemologischer Ebene drückt sich diese Perspektive im Glauben an die unbegrenzte Substituierbarkeit von Naturleistung durch Menschenleistung aus. Um dieses Argument systematisch ausführen zu können, wird die Natur zum Anlagekapital umgedeutet, das zusammen mit Maschinenkapital und Humankapital jenen Kapitalstock darstellt, auf dem die Wertschöpfung aufruht (El Serafy 1991). Mit dieser konzeptuellen Operation wird es nun möglich, natürliches Kapital mit ökonomischem Kapital zu vergleichen, Kosten und Nutzen einer Substitution von natürlichem durch ökonomisches Kapital zu kalkulieren, und beide Kapitale in ihrer Verwendung optimal zu kombinieren. Die Weltbank sieht *nachhaltige Entwicklung* in diesem Licht:

> »Gesellschaften können sich dafür entscheiden, Humankapital oder technisches Kapital zu akkumulieren, im Ausgleich etwa zu einer Erschöpfung mineralischer Ressourcen oder einer veränderten Flächennutzung. Es kommt nur darauf an, dass die Gesamtproduktivität des akkumulierten Kapitals...mehr als nur für das aufgebrauchte natürliche Kapital kompensiert.« (World Bank 1992, 8)

Entwicklung ist daher nachhaltig, so wäre die Definition, wenn dabei der aggregierte Kapitalstock nicht schrumpft. Naturverbrauch ist also ratsam, wenn er zu einem Netto-Wachstum des ökonomischen Kapitals führt. Absolute Grenzen für den Naturverbrauch – und damit absolute Grenzen für die Größe der Ökonomie – haben in dieser Vorstellung keinen Platz, stattdessen regiert die Erwartung, dass im Wettlauf zwischen dahinschwindender Natur und technischem Fortschritt letzterer immer die Nase vorne behalten wird.

Wachsen für die Umwelt

Im Lichte der Wettkampfperspektive werden Umweltanliegen zu einer Triebkraft für wirtschaftliches Wachstum. Schließlich fordert eine veränderte Konsumentennachfrage Innovationen heraus, reduziert ein verminderter Ressourcenverbrauch die Produktionskosten, und es öffnen sich Investitionsgütermärkte für Umweltschutztechnologien. Ökologie und Ökonomie widersprechen sich folglich nicht, ihre Versöhnung scheint vielmehr unmittelbar bevorzustehen. Denn wer beide Ziele – Ökologie wie auch Ökonomie – verfolgt, kann auf die Früchte, wie die magische Formel heißt, eines Positivsummenspiels hoffen. Wachstum wird in einer solchen Perspektive als Teil der Lösung und nicht mehr als Teil des Problems betrachtet (z.B. Reilly 1990, Fritsch et al. 1993). Seit in den frühen 80er-Jahren aus der OECD heraus eine ökologische Modernisierung der Industriewirtschaften ins Auge gefasst worden war (Hajer 1995), die auf einen veränderten Ressourcenmix, eine andere Strukur des Wachstums und auf Vorsorge statt auf Schutztechnik abhob, hat sich eine Sprache entwickelt, welche Wirtschaftsinteressen und Umweltanliegen zu verbinden sucht. Ihre Pointe liegt in der Redefinition der Naturkrise als einem Problem ineffizienten Ressourceneinsatzes. Man betrachtet da Naturressourcen als chronisch unterbewertet und daher übernutzt, während Humanressourcen und Technologie als relativ überteuert und damit untergenutzt gelten. Diese Balance neu auszutarieren, würde, so wird gesagt, die Sache im Kern lösen. »Öko-Effizenz« zu erhöhen (Schmidheiny 1992), wird deshalb als Schlüsselstrategie für Unternehmen vorgeschlagen, eine Strategie von beträchtlicher Innovationskraft.

In der Wettkampfperspektive geht man jedoch weiter. Das Prinzip »Effizienz« wird von der mikro-ökonomischen auf die makro-politische E-bene übertragen und die Gesellschaft in Kategorien der Unternehmensführung interpretiert. Damit kommen allerdings politische Übereinkünfte, die nicht auf eine Förderung der Effizienz abzielen, leicht in den Geruch, überflüssig oder gar gefährlich zu sein. Fragen wie die eines Verhaltenskodex für transnationale Unternehmen, der Technologiebewertung im öffentlichen Interesse oder einer nachhaltigen Handelsordnung können so von der Tagesordnung genommen werden. Diese Sichtweise wurde zum Beispiel vom Business Council on Sustainable Development, dessen Mitgliederliste sich wie der »Who's Who« der Chemie-, Stahl- und Automobilindustrie liest, mit Vehemenz in die Diskussionen der UNCED in Rio 1992 eingebracht – mit nicht geringem Erfolg. Eine politische Regulierung von Unternehmensaktivitäten blieb ein Tabu, ein Ergebnis freilich, das sich hübsch in die neo-liberale Utopie jener Jahre fügte, welche vorgab, kollektiver Bürgerentscheidungen entraten zu können (Hobsbawm 1994, 565).

Der Süden als Arena ökologischer Anpassung

Der Wettkampfperspektive schwebt insgeheim eine besondere Art internationaler Arbeitsteilung vor: die einen verursachen, die anderen passen sich an. Der Norden erscheint da als Hort eines hohen, von Effizienz getragenen Lebensstandards, der Süden hingegen als ein Ort der Unvernunft und der unkontrollierten Begehrlichkeit. Auch wenn die bitteren Folgen der Produktionsweise des Nordens bis an die Grenzen der Welt streuen, kommt dem Norden dafür keine besondere Verantwortung zu. Es ist das strategische Ziel der Wettkampfperspektive, die Veränderungslasten des Nordens zu minimieren und möglichst viele Anpassungsleistungen vom Süden zu erwarten. Ganz oben auf der globalen Tagesordnung steht in dieser Sicht die Eindämmung der Bevölkerungsentwicklung. Nirgends sonst kann der Süden so bequem in die Pflicht genommen werden, nirgends sonst kann man die Hände so in Unschuld waschen, von nichts sonst fühlt sich der Norden so in seiner Sicherheit bedroht.

Als eine wohlmeinende Variante der Projektion der Probleme auf den Süden kann man die Neigung betrachten, Umweltprobleme so zu definieren,dass ihre »Lösung« nur aus dem Norden kommen kann, während dem Süden die bedürftige Empfängerrolle bleibt. Die dickleibige *Agenda 21* – der von der UNCED verabschiedete Aktionsplan von 800 Seiten – etwa ist größtenteils in diesem Geist entworfen: es teilt sich die Welt auch ökologisch in Defizitländer und in Hochleistungsländer. Umweltprobleme im Süden werden da als das Ergebnis von unzureichender Kapitalausstattung, von veralteter Technologie, von fehlender Expertise und von mangelndem Wirtschaftswachstum interpretiert. So definiert, kann die Lösung nur lauten: der Norden muss seine Investitionen im Süden erhöhen, für Technologietransfer sorgen, öko-technische Kompetenz einfliegen und für den Süden die Wachstumslokomotive spielen. Leicht zu sehen, wie in dieser Sichtweise die Konventionen des Entwicklungsdenkens durchschlagen; wieder einmal erscheint der Süden als der Hort der Unfähigkeit und der Norden als Hochburg der Kompetenz.

II. Die Astronautenperspektive

Viele Umweltschützer beanspruchen nichts weniger als den Planeten retten zu wollen. Der Blaue Planet, jener im schwarzen Weltall schwebende hell schimmernde Ball, mit seinen Wolken, Ozeanen und Kontinenten, ist für sie zur letztgültigen Realität geworden. Seit den siebziger Jahren ist die Welt zunehmend als ein physischer Körper, der von einer Reihe bio-geochemischer Zyklen erhalten wird, wahrgenommen worden und weniger als eine Ansammlung von Staaten und Kulturen. Die bio-physische Konzeption der Erde als ein System [Beispiele wären Clark-Munn (1986), Scientific American (1989), Rambler et al.(1989), Nisbet (1991) und, mit einer anderen Zielrichtung, auch Lovelock (1979)] entwirft einen transnationalen Raum, wo die Existenz von Nationen, die Leidenschaften sozialer Gemeinschaften oder andere menschliche Realitäten gegenüber überwältigenden Gegenwart der natürlichen Erde verschwinden. Getragen vor allem von einer epistemischen Gemeinschaft (Haas 1990) international vernetzter Wissenschaftler hat sich ein Diskurs entwickelt, der den Planeten als ein Objekt von Wissenschaft und Politik konstruiert. Die Protagonisten dieser Sichtweise denken in planetarischen Kategorien; sie konzeptualisieren *nachhhaltige Entwicklung* aus einer Astronautenperspektive.

Der Planet als Managementobjekt

Ohne das Bild von der Erde wäre es kaum möglich gewesen, den Planeten als Managementobjekt zu denken. Allerdings mussten einige weitere Bedingungen dazukommen. Im politischen Bereich hatte sich erst nach 1980 die Erkenntnis verbreitet, dass mit dem sauren Regen, dem Ozonloch und dem Treibhauseffekt die industrielle Umweltverschmutzung den ganzen Globus über alle Grenzen hinweg beeinflusst. Der Planet offenbarte sich als die allumfassende Müllkippe. Auch die wissenschaftliche Ökologie lenkte zur selben Zeit ihre Aufmerksam keit auf das Studium der globalen Lebenshülle; während Ökologen sich vor zwei Jahrzehnten noch vorwiegend um einzelne, isolierte Naturräume gekümmert hatten, wie Wüsten, Tropenwälder, Wattenmeere, haben sie im letzten Jahrzehnt zunehmend die Biosphäre als das allumfassende Ökosystem entdeckt, welches die Biota mit Prozessen in der Atmosphäre, den Ozeanen und der Erdkruste verknüpft. Und schließlich, wie so häufig in der Geschichte der Wissenschaft, schuf erst eine neue Generation von Instrumenten und Apparaturen die Möglichkeit, globale Prozesse messtechnisch zu erfassen. Satelliten, Sensoren und Computer stellten im vergangenen Jahrzehnt die Mittel zur Verfügung, die Biosphäre als Objekt zu vermessen und in Modellen darzustellen. Weil diese Faktoren gleichzeitig wirksam wurden, konnte in den letzten Jahren der Planet Erde in eine Managementperspektive rücken.

Im Zuge dieser Entwicklung wird Nachhaltigkeit zunehmend als Ruf nach globalem Management verstanden. Man trachtet danach, den Ausgleich zwischen der Nutzung der Natur einerseits und ihrer regenerativen Fähigkeiten andererseits im planetarischen Maßstab zu erfassen, und zwar durch Beobachtung und Kartierung, Messung und Berechnung der Ressourcen-Flußgrößen und der globalen bio-geo-chemischen Zyklen. Hierzu *Agenda 21*:

> »Dies ist entscheidend wichtig, um eine exaktere Bestimmung der Tragekapazität des Planeten Erde und seiner Widerstandsfähigkeit unter den verschiedenartigen Belastungen durch die Tätigkeit des Menschen möglich zu machen« (Kap.35.1)

Damit eröffnet sich unter anderem eine weite Arena für die Großforschung, die eine Umordnung von Fachdisziplinen verlangt und zum Einsatz neuer Methoden wie Fernerkundung und Computersystemen einlädt. Dabei fungiert die drohende Katastrophe wie früher die drohende Wachstumslücke: in ihrem Namen werden Datenbanken installiert, Forschungsbereiche umgewidmet, internationale Institutionen eingerichtet und eine neue Generation von Experten tritt an, die nun nicht mehr über Wohlstandsvermehrung, sondern über Katastrophenvermeidung wacht.

Globale Kooperation

Das Bild des Blauen Planet führt eindrücklich vor Augen, dass die Erde eine umgreifende Ganzheit darstellt, innerhalb derer sich alles Geschehen abspielt. Angesichts der kreisrunden Endlichkeit des Planeten wird offenbar, dass es vor den hässlichen Folgen des menschlichen Handelns kein Entrinnen gibt. So bestätigt das Bild bestätigt die Grundeinstellung dieser Art von Ökologie: weil die Wirkungen der Industriezivilisation global streuen, muss auch der Umkreis der Verantwortung des Nordens global sein. Die Rede von der »globalen Verantwortung« markiert am besten den Unterschied zur Wettkampfperspektive; die langfristige Sicherheit des Nordens wird hier in einer möglichst rationalen Planung der Weltverhältnisse gesehen. Dass die Wachstumszivilisation in ihrer Dauer gefährdet ist, diese Bedrohung wird in dieser Perspektive voll anerkannt. Weil aber die Wachstumszivilisation eine international verflochtene Welt hervorgebracht hat, kann ihre Rettung auch nur im Weltmaßstab erfolgen. Doch eine erhöhte Rationalität im Umgang mit der Natur ist weltweit nicht zu haben, ohne gleichzeitig den Gerechtigkeitsansprüchen des Südens entgegenzukommen. Oder genauer gesagt: wenigstens die Ansprüche des industrialisierten Südens, der globalen Mittelklasse also, müssen ernst genommen werden, sonst ist eine Politik der globalen Neugestaltung nicht vorstellbar. Um der Naturkrise zu begegnen, kommt man nicht darum herum, sich auch der Gerechtigkeitskrise zu stellen; ein gewisser sozialer und politischer Ausgleich mit den Regierungen des Südens ist daher ins Auge zu fassen.

Denn die heutige Welt ist mit einem zentralen Dilemma konfrontiert: der konkurrenzgetriebene Wirtschaftsprozess spielt sich im globalen Raum ab, während die Ausübung politischer Autorität an die nationalen Räume gebunden bleibt. Der zunehmenden Globalisierung der Wirtschaft ist kein politischer Ordnungsrahmen nachgewachsen. Doch die – ökologischen und sozialen – Erschütterungen, die von einer ungeregelten Weltmarktkonkurrenz ausgehen, machen sich immer stärker bemerkbar; daher wächst der Ruf nach einem globalen Ordnungsrahmen, nach »global governance« (z.B. Group of Lisbon 1995). Bisher existieren lediglich Ansätze den regulationsfreien Raum politisch zu gestalten, die zudem von geringem Einfluss (z.B. die Vereinten Nationen), von ökonomischer Einseitigkeit (Weltbank, GATT) oder von oligarchischem Charakter (G7) sind. Da die weltweite Naturkrise die politische Impotenz der Weltgesellschaft wiederum in ein grelles Licht rückt, gehören zahlreiche Ökologen zu den lautstärksten Verfechtern globaler Institutionen und Regelwerke. Es ist ihrer Meinung nach höchste Zeit, die Einheit der Menschheit, die als biophysische Tatsache im Bild des Planeten sichtbar geworden ist, zur politischen Tatsache werden zu lassen. Al Gore (vor seiner Zeit als damaliger Vizepräsident) stellt etwa fest:

> »Sich lediglich um die eine oder andere Dimension zu kümmern oder zu versuchen, Lösungen nur in der einen oder anderen Region der Welt umzusetzen, wird am Ende zu einer Garantie für Enttäuschung, Misserfolg und zur Schwächung der Entschlusskraft führen, das Problem in seiner Ganzheit anzugehen. .... Aber wenn eine Weltregierung weder machbar noch wünschenswert ist, wie können wir dann eine globale kooperative Anstrengung zur Rettung der Umwelt zum Erfolg bringen? Darauf gibt es nur eine Antwort: wir müssen internationale Vereinbarungen aushandeln, die globale Randbedingungen für akzeptables Verhalten festsetzen...« (Gore 1992, 295, 302)

Multilaterale Regulation durch kooperative Selbstverpflichtung in einer Bandbreite von Politikbereichen, das ist die strategische Absicht solcher Plädoyers. Weil dabei die Einbindung des Südens ein Kernstück ist, fordert Al Gore einen »globalen Marshallplan«, um die Anstrengungen darauf zu konzentrieren, die Weltbevölkerung zu stabilisieren, umweltgerechte Technologien zu entwickeln, die ökonomischen Spielregeln zu verändern, kollektive Abkommen zu schließen und eine Informationskampagne für die Bürger der Welt zu starten. Am Horizont steht die noble Hoffnung, Ökologie zum Herzstück einer Weltinnenpolitik zu machen, welche sich der rationalen Gestaltung der globalen Angelegenheiten annehmen würde.

III. Die Heimatperspektive

Bei *nachhaltiger Entwicklung* dreht es sich in dieser Perspektive weder um wirtschaftliche Spitzenleistung noch um biosphärische Stabilität, sondern um die Lebensverhältnisse vor Ort. Von diesem Blickwinkel aus ist die herausragende Ursache der Naturkrise in der Überentwicklung zu suchen und nicht im ineffizienten Ressourceneinsatz oder in der Vermehrung der menschlichen Spezies. Im Zentrum der Aufmerksamkeit stehen Ziel und Struktur einer »Entwicklung«, welche im Süden lokale Gemeinschaften an den Rand drängt sowie im Norden die Wohlfahrt untergräbt, und überdies in beiden Fällen naturschädigend daherkommt. *Nachhaltige Entwicklung* steht da unter dem Verdacht, ein Widerspruch in sich selbst zu sein; die praktischen und theoretischen Anstrengungen dieser Perspektive gelten in der einen oder anderen Weise möglichen Alternativen zur wirtschaftlichen Entwicklung. Darüber hinaus nimmt nur in dieser Perspektive die Gerechtigkeitskrise einen prominenten Platz ein. International gesehen hofft man, dass Nachhaltigkeit im Norden Raum freigibt für die Entfaltung der Gesellschaften im Süden, ebenso wie nachhaltige Lebensstile für die städtische Mittelklasse in Südländern den Bauern- und Stammesgemeinschaften mehr Kontrolle über ihre Ressourcen geben würden. Im Hintergrund steht dabei durchweg die Frage, um wessen und um welche Bedürfnisse es bei *nachhaltiger Entwicklung* geht. Wie viel ist genug? Das ist letztlich die Kardinalfrage dieser Perspektive (Durning 1992).

Natur und Lebensunterhalt

Trotz aller Unterschiede, den indigenen und ländlichen Bevölkerungen im Hinterland der globalen Mittelklasse ist häufig gemeinsam, dass sie von den Ansprüchen der städtisch-industriellen Zentren auf ihre Ressourcen bedroht sind. Denn wo die Wälder, Äcker, Weideflächen, Fischgründe die Basis für den Lebensunterhalt darstellen, da zieht Naturzerstörung unmittelbar Verelendung nach sich. Wasser versiegt, Äcker gehen verloren, Tiere ziehen sich zurück, der Wald gibt nichts mehr her, die Erträge lassen zu wünschen übrig und die Menschen sehen sich zum Überleben auf den Markt gestoßen, für den sie keine Kaufkraft haben. Elend ist oft das Ergebnis beschlagnahmter oder zerstörter »commons«. Wo Dorfgemeinschaften ihren Lebensunterhalt auf allgemein zugängliche, erneuerbare Naturressourcen stützen, da stellt die Wachstumsökonomie oft eine Gefahr zugleich für die Natur wie für die Gerechtigkeit dar. Denn zusammen mit der Umwelt wird die Basis des Lebensunterhalts abgetragen (Gadgil-Guha 1992). In der Landnahme durch »Entwicklung« verschränkt sich für große Teile der Weltbevölkerung die Naturkrise mit der Gerechtigkeitskrise. Daher bedeutet für viele Dorfgemeinschaften »Nachhaltigkeit« nichts anderes als Widerstand gegen Entwicklung (Tandon 1994, Grillo 1994). Um sowohl die Rechte der Natur wie die Rechte der Menschen zu schützen, setzt man auf die Einschränkung extraktiver Entwicklung, einen federal organisierten Staat mit einem hohen Grad an Dorfdemokratie (Agarwal-Narain 1989) und einer Wiederbelebung der »moralischen Ökonomie«. Die Suche nachhaltiger Lebensverhältnisse mündet hier in die Suche nach dezentralen, nicht akumulationszentrierten Gesellschaftsformen.

Der Norden als Arena ökologischer Anpassung

Kleinere NROs, soziale Bewegungen und dissidente Intellektuelle machen zumeist die soziale Basis der Heimatperspektive aus. Was die Anstrengungen der südlichen Gruppen mit jenen in den reichen Ländern verbindet, ist die Forderung an den Norden, sich daraus zurückzuziehen, die Naturressourcen anderer Völker zu nützen und den vereinnahmten Umfang an globalem Umweltraum zu reduzieren. Schließlich hinterlassen die nördlichen Länder einen »ökologischen Fußabdruck« (Wackernagel-Rees 1995) in der Welt, der beträchtlich größer ist als ihre eigenen Territorien. Sie belegen fremde Böden, um sich mit Tomaten, Reis, Futtermittel oder Fleisch zu versorgen, sie ziehen alle möglichen Arten von Rohstoffen heraus und sie nutzen die globalen commons – wie Meere und Atmosphäre – weit jenseits ihres Anteils. Der vom Norden vereinnahmte globale Umweltraum ist unverhälnismäßig groß: der Lebens- und Produktionsstil des Notrdens kann nicht quer über den Globus verallgemeinert werden, er ist von seiner Struktur her oligarchisch.

In der Optik der Heimatperspektive steht für den Norden der geordnete Rückzug aus den ökologischen Belastungen, die er dem Süden aufbürdet, und die Bereitschaft zu Reparationen an den Süden an, um ein wenig die die ökologischen Schulden abzugelten, die der Norden im Verlauf der Jahrzehnte und Jahrhunderte durch den einseitigen Gebrauch der Biosphäre angesammelt hat. Der vorrangige Schauplatz der ökologischen Aktion ist daher weder die südliche Hemisphäre noch der ganze Erdball, sondern der Norden selbst. Angesichts der globalen Auswirkungen der nördlichen Wirtschaftsweise geht es in dieser Sicht um den Rückbau dieser Effekte und nicht um die Ausweitung der Verantwortung des Nordens auf die ganze Welt. Nicht die Astronautenperspektive und schon gar nicht die Wettkampfperspektive prägt diese Wahrnehmung, sondern die Perspektive der guten Nachbarschaft. Ein nüchternes Ideal, gewiss, aber doch von gehöriger Sprengkraft: es legt nahe, auf die Heimkehr der Bedrohungen mit einem Rückbau der Fernwirkungen zu antworten, eine Reform der Heimat also aus kosmopolitischem Geist.

Effizienz und rechtes Maß

Doch die Reform der Heimat ist eine gewaltige Herausforderung, gerade in den reichen Ländern. Nach derzeit herumgereichten Faustformeln würde allein eine Minderung des Energie- und Stoffdurchsatzes um 70 bis 90% in den kommenden 40 bis 50 Jahren dieser Herausforderung gerecht werden (Schmidt-Bleek 1994). Angesichts dieser Größenordnung zögert man in der Heimatperspektive, Ökologie auf effizientes Ressourcenmanagement zu verkürzen, und sucht, die soziale Imagination nicht nur auf die Revision der Mittel, sondern auch auf die der Ziele zu konzentrieren. Schließlich werden technische Spareffekte auf die Dauer unweigerlich von Mengeneffekten aufgefressen, wenn nicht die Gesamtdynamik des Verbrauchswachstums gebremst wird. Automotoren zum Beispiel sind heute viel effizienter als vor zwanzig Jahren, aber der Zuwachs an Autos, an Geschwindigkeit und an gefahrenen Kilometern hat den Gewinn schon lange annulliert. Rationalisierungserfolge helfen allenfalls Zeit zu gewinnen, sind aber langfristig nur in einer wachstumsdezenten Gesellschaft wirksam. Worauf es ankommt, ist das absolute physische Verbrauchsvolumen einer Wirtschaft und nicht nur der Einsatz relativ effizienterer Ressourcen (Cobb-Daly 1989).

Mit anderen Worten: die »Effizienzrevolution« bleibt richtungsblind, wenn sie nicht von einer »Suffizienzrevolution« begleitet wird.

Freilich vermehren sich auch die Anzeichen, dass in den Industrieländern das Wachstum des Bruttosozialprodukts nicht mehr mit einem Wachstum der Wohlfahrt einhergeht (Cobb-Cobb 1994). Dieser Trend ist im Sinne der Heimatperspektive eine gute Nachricht, legt er doch nahe, dass eine Schrumpfung der Produktionsleistung keineswegs zu einer Einbuße an Wohlstand führen muss, sondern im Gegenteil sogar mit einem Zuwachs an realem Wohlstand einhergehen könnte. Solch ein Zivilisationsübergang verlangt indes Formen des Wohlstands zu finden, die nicht auf kontinuierlichem Wirtschaftswachstum gebaut sind (Turner 1995). Am Anbeginn des 21. Jahrhunderts wäre es ja, so wird gesagt, vorstellbar, dass die Aspirationen des 19. Jahrhunderts nach dem Muster »schneller, weiter und mehr« an Bedeutung verlieren. Mittlere Geschwindigkeiten, welche auf eine gemächlichere Gesellschaft abzielen, kürzere Entfernungen, welche Regonalwirtschaften stärken, intelligente Dienstleistungen, welche Wegwerfgüter ersetzen, und sclektiver Konsum, welcher mit geringeren Warenmengen auskommt, sind Wegmarken für die Wende zu einer zukunftsfähigen Gesellschaft (BUND-MISEREOR). Das wird, kurz gesagt, eine Gesellschaft sein, die bereit ist, nicht alles zu tun, was sie zu leisten in der Lage wäre. Wie allerdings ein vorsichtiger Rückzug aus der Macht moderner Technik und Organisation mit dem Drang nach individueller Freiheit vereinbar ist, das bleibt der Grundkonflikt der Heimatperspektive. Denn eine Politik der Selbstbegrenzung, daran ist kaum zu zweifeln, bedeutet letztendlich einen Verlust an Macht, auch wenn er im Namen eines neuen Wohlstands souverän in Kauf genommen wird.

Literatur

Agarwal, A./Narain, S. 1989, *Towards Green Villages. A Strategy for Environmentally Sound and Participatory Rural Development*. New Delhi: Centre

Arndt, H.W. 1981, Economic Development: A Semantic History. In: *Economic Development and Cultural Change*, vol. 26 (April), 463-484. Birkhäuser

BUND/MISEREOR (Hrsg.) 1996, *Zukunftsfähiges Deutschland*. Basel-Berlin: Birkhäuser

Clark, W. C./Munn, R.E. (eds) 1986, *Sustainable Development of the Biosphere*. Cambridge: Cambridge University Press

Cobb, C./Cobb, J.B. (eds) 1994, *The Green National Product: A Proposed Index of Sustainable Economic Welfare*. New York: University Press of America

Daly, H. E. and Cobb, J.B. 1989, *For the Common Good*. Boston: Beacon Press

Durning, Alan 1992, *How Much Is Enough?* London: Earthscan

Economics. The Science and Management of Sustainability. New York: Columbia University Press, 168-175

El Serafy, S. 1991, The Environment as Capital. In: Costanza, R. (ed.), *Ecological for Science and Environment*

Fritsch, B./Schmidheiny, S./Seifritz, W. 1993, *Towards an Ecologically Sustainable Growth Society*, Berlin: Springer

Gadgil, M./Guha, R. 1992, *This Fissured Land. An Ecological History of India*. Delhi: Oxford University Press

Gore, A. 1992, *Earth in the Balance. Ecolgy and the Human Spirit*. Boston: Houghton Mifflin

Grillo, E. et al. 1994, *Crianza Andina de la Chacra*. Lima: PRATEC

Group of Lisbon 1995, *Limits to Competition*. Cambridge: MIT Press

Haas P. 1990, Obtaining International Environmental Protection through Epistemic Consensus. In: *Millenium*, 19, 347-363

Hajer, M. A. 1995, *The Politics of Environmental Discourse*. Oxford: Clarendon

Harbordt H.J. 1991, *Dauerhafte Entwicklung statt globaler Selbstzerstörung. Eine Einführung in das Konzept des »Sustainable Development«*. Berlin: Sigma

Hays, S. 1959, *Conservation and the Gospel of Efficiency – The Progressive Conservation Movement 1890-1920*. 1979 edn., New York: Atheneum

Hobsbawm, E. 1994, *The Age of Extremes. A History of the World, 1914-1991*. New York: Pantheon

Kehr, K. 1993, Nachhaltig denken. Zum sprachgeschichtlichen Hintergrund und zur Bedeutungsentwicklung des forstlichen Begriffs der Nachhaltigkeit. In: *Schweizerische Zeitschrift für das Forstwesen*, 144, 595-605

Kothari, R. 1993, *Growing Amnesia. An Essay on Poverty and the Human Consciousness.* Delhi: Viking

Lovelock, J. 1979, *Gaia – A New Look at Planet Earth.* Oxford: Oxford University Press

McCormick, J. 1986, The Origins of the World Conservation Strategy. In: *Environmental Review*, 10 (1986), 177-187

Nisbet, E.G. 1991, *Leaving Eden. To Protect and Manage the Earth.* Cambridge: Cambridge University Press

Rambler, M./Margulis, L./Fester, R. (eds) 1989, *Global Ecology: Towards a Science of the Biosphere.* San Diego: Academic Press

Reilly, W. K. 1990, The Environmental Benefits of Sustainable Growth. In: *Policy Review*, (Fall), 16-21

Sachs, W. (Hrsg.) 1993, *Wie im Westen so auf Erden. Ein polemisches Handbuch zur Entwicklungspolitik.* Reinbek: Rowohlt

Sachs, W. (Hrsg.) 1994, *Der Planet als Patient. Über die Widersprüche globaler Umweltpolitik.* Basel-Berlin: Birkhäuser

Schmidheiny, S. 1992, *Changing Course. A Global Business Perspective on Development and the Environment.* Cambridge: MIT Press

Schmidt-Bleek, F. 1994, *Wie viel Umwelt braucht der Mensch?* Berlin-Basel: Birkhäuser

Scientific American 1990, *Managing Planet Earth: Readings from Scientific American.* New York: Freeman

Tandon, Y. 1994, Dörfliche Widersprüche in Africa. In: Sachs, W. (Hrsg.): *Der Planet als Patient. Über die Widersprüche globaler Umweltpolitik.* Basel-Berlin: *The Ecologist* 1992, Whose Common Future? London: Earthscan

Turner, T. 1995, *The Conserver Society.* London: Zed Books

Wackernagel, M. and Rees, W. 1995, *Our Ecological Footprint: Reducing Human Impact on the Earth.* Gabriola Island (Canada): New Society Publishers

World Bank 1992, *World Development Report 1992.* New York: Oxford University Press

World Commission on Environment and Development 1987, *Our Common Future.* New York: Oxford University Press

Das Kyoto-Protokoll. *Lohnt sich seine Rettung ?*

Es ist das Liebenswürdige an Amerika, dass dort alles und auch das Gegenteil zu allem zu finden ist. Mit George W. Bush zum Beispiel haben die Initiatoren der »Stiftung des Langen Jetzt« wenig gemein. Sie planen nichts weniger als ein Monument an die Zukunft. Ein Monument an die Zukunft? Denkmale an die Vergangenheit gibt es ja zur Genüge, aber worin könnte eine Gedenkstätte für die Zukunft bestehen? Danny Hillis, ihr Erfinder, erklärt sich dazu:

> »Ich glaube, es ist an der Zeit ein langfristiges Projekt zu starten, das die Leute dazu bringt über die mentale Barriere der Jahrtausendwende hinauszudenken. Ich stelle mir eine große (Stichwort Stonehenge) mechanische Uhr vor, die von jahreszeitlichen Tempera-turschwankungen angetrieben wird. Sie tickt einmal im Jahr, schlägt einmal im Jahrhundert, und der Kuckuck kommt nur zum Millenium zum Vorschein«.

So eine Uhr, sie ist Mechanismus und Mythos zugleich (Brand 1999). Vom Mechanismus hat Hillis schon einen Prototyp fertig gestellt. Um sie zu konstruieren, stellen sich den Ingenieuren bislang unbekannte Aufgaben. Wie soll man schon die Zuverlässigkeit des Materials, die Präzision der Laufwerke, ja auch die Kenntnis über Sinn und Zweck des Baus über Jahrtausende hinweg sicherstellen? Und schon enthüllt sich in solchen Fragen auch der Mythos der Uhr. Sie steht für eine neue Zeitrechnung, eine Zeitrechnung der Weitsicht, welche das vorherrschen-de Getümmel der Kurzsichtigkeit hinter sich lässt. In der Tat, eine solche Uhr würde die Zeit fast unerträglich strecken, jedenfalls für die Wahrnehmung von Menschen. Man stelle sich vor: zu Jahren ziehen sich die Sekunden, zu Jahrhunderten die Stunden, und Schlag zwölf ist immer ein Millenium vorbei. Es dehnt sich die Gegenwart, und die Gedanken wandern unwillkürlich von den heutigen zu den künftigen Generationen. Die Uhr ist ein Denkmal für die Nachwelt, ein Memorial für die noch nicht Geborenen. Es handelt sich um die hochtechnische Version jenes Ritus der Irokesen, der ihren Häuptlingen vorschrieb, die Auswirkungen wichtiger Entscheidungen bis in die siebte Generation zu bedenken.

Eine Führungsmacht dankt ab

Kein Zweifel, die Uhr gehörte in Sichtweite des Weißen Hauses aufgestellt. Denn Ende März diesen Jahres, gerade mal sechzig Tage im Amt, hat Präsident Bush jun. der Welt klargemacht, dass Zukunftsvergessenheit das uneingestandene Programm seiner Administration sein wird. Kühler als mit seiner Erklärung vom Tod des Kyoto-Protokolls kann man die Nachwelt nicht aus der Politik verabschieden. Sechs Jahre lang hatte die Staatengemeinschaft mühsam gerungen, um eine kollektive Antwort auf das Verhängnis des Klimawandels zu finden. Das Ringen hatte in der Selbstverpflichtung der Industrieländer von Kyoto im Dezember 1997, ihre Treibhausemissionen bis zu den Jahren 2008/12 gemessen an 1990 um wenigstens 5% abzusenken, ein erstes völkerrechtlich verbindliches Ergebnis gefunden. Doch Zukunft hin, Weltmacht her, Bush der Präsident sah keinen Grund, Bush dem Wahlkämpfer zu widersprechen. Schließlich war er als Repräsentant des religiös-industriellen Komplexes zur Macht gekommen; da war es nur konsequent, die Stärke der amerikanischen Wirtschaft zur Leitschnur präsidialer Amtsführung zu machen. Die beiden für den Ausstieg genannten Gründe – die Kosten des Klimaschutzes für die heimische Industrie und die fehlende Verpflichtung auf Seiten aufsteigender Länder aus dem Süden – waren daher gewichtig genug, um jede Rücksicht auf internationale Loyalität oder gar die Nachwelt aus dem Feld zu schlagen.

Mittlerweile ist deutlich geworden, dass der Rückzug aus dem Kyoto-Protokoll kein außenpolitischer Ausrutscher war, sondern in einer Weltsicht wurzelt, die aus der Vergangenheit in die Gegenwart hineinragt. So hat Bush am 17. Mai den von Vizepräsident Cheney ausgearbeiteten Energieplan für die Nation vorgetragen: dort warnte er vor einer Energielücke, relativierte den Ansatz, die Energienachfrage durch Technik und Organisation zu beeinflussen, und drängte stattdessen auf verstärkte Förderung von Öl und Gas sowie auf den Zubau von 1300-1900 Kraftwerken in den nächsten zwanzig Jahren, atomare eingeschlossen. Die Öffentlichkeit war baff; ein so entschlossenes Bekenntnis zum Glauben an eine immer während Energie-Bonanza hatte man denn doch nicht erwartet. Und es dämmerte vielen, dass die Herkunft von Bush und Cheney zu einem Programm geronnen war: beide waren in der Welt der heldenhaften Ressourcenplünderei aufgewachsen, Bush in der Ölelite von Texas und Cheney bei Öl- und Stromwerken in Wyoming (Lehmann 2001).

Beide machten Karriere in jenen Industrien, die ihre Aktionäre mittels der groß angelegten Umwandlung unbezahlter Naturschätze in Warenwerte zufrieden stellen. Und beide sehen in der Bezähmung von Naturkraft für den Reichtum von Familie und Nation ihre moralische Berufung. Energiesparen, so ließ das Weiße Haus verlauten, ist keine öffentliche Tugend, denn Naturgüter sind ein »Segen«, der den Menschen zur Verwandlung in höhere Werte zugedacht ist. Offenbar ist mit George W. Bush noch einmal der Fordismus des frühen 20. Jahrhunderts zur Macht gekommen, mit seinem Glauben an die übervolle Natur, seiner Wirtschaftsstruktur der Ressourcenausbeute und seinem Sinn für akkumulativen Wohlstand. Kein Wunder, dass einer solchen Weltsicht jede Vorstellung von Grenzen gegen den Strich geht.

Wer Grenzen im Boden leugnet, wird auch von Grenzen im Himmel nichts wissen wollen. Der Glaube in die unbegrenzte Ausbeutbarkeit der Erdkruste geht ja unmittelbar über in den Glauben an die unbegrenzte Deponierbarkeit von Gasen in der Erdatmosphäre. In dieser Subkultur hatte das Kyoto-Protokoll deshalb nie eine Chance. Es war der Aufstieg dieser Kultur mitsamt ihrer ökonomischen Interessenstruktur zur politischen Hegemonie in den USA, was die Klimaverhandlungen blockierte. Bereits während der Präsidentschaft Clintons hatte die republikanische Kongressmehrheit internationale Klimapolitik zur Geisel amerikanischer Innenpolitik gemacht; weil die dominierende Ressourcenindustrie zu hohe Kosten an Geld und Einfluss fürchtete, mussten die Vereinbarungen von Kyoto daran glauben. Auch bei einer Weltmacht schrumpft Außenpolitik weitgehend auf eine Funktion der Innenpolitik. Innenpolitische Machtgruppen hatten schon Clinton an einer internationalen Führerschaft gehindert – ausgenommen jenes Zeitfenster 1995/96, als Clinton sich dank der Schwäche der Republikaner und im Zuge seiner Wiederwahl zu einer völkerrechtlich bindenden Vereinbarung über Zielwerte und Zeitrahmen bereiterklären konnte, jenes Zugeständnis, welches dann zum *Kyoto-Protokoll* führte (Harrison, Missbach 2000). Mit Bush hat sich nun der Einfluss der alten, individualistisch-religiös gefärbten Industriemoderne konsolidiert; ihre Hegemonie in den USA wird bis auf weiteres den Übergang zu einer post-industriellen Umweltpolitik in internationalem Maßstab versperren.

Schlupflöcher wie Scheunentore

Vom Start weg, also schon vor der Klimakonvention des Erdgipfel 1992 in Rio de Janeiro haben die USA das Ansinnen übel genommen, den Kohlendioxidausstoß ihres Produktions- und Konsummodells verringern zu sollen. Sie ahnten, was auf dem Spiel steht; schließlich sind die USA der Welt größter Erzeuger wie Verbraucher fossiler Energien. Gewaltige Kosten – meistens überschätzt, aber immerhin – schienen sich aufzutürmen, umso höher natürlich, je fester einer im Glauben an die Industriemoderne gefügt war. Gepaart mit dem Einfluss utilitaristischer Entscheidungstheorien auf die Rahmung der politischen Diskussion liegt in dieser Energieabhängigkeit der Grund dafür, warum die Verhandlungsführung der USA es für zehn Jahre darauf anlegte, Klimapolitik zu betreiben, ohne eine Veränderung im eigenen Land angehen zu müssen. Kurz- und mittelfristige Kosten für die heimische Ökonomie zu vermeiden, aber dennoch als klimafreundlich dazustehen, war das überragende Ziel der amerikanischen Verhandlungsführung; sämtliche Vorschläge der USA im Laufe von zehn Jahren erklären sich im Lichte dieser Absicht. Letztendlich stand die amerikanische Diplomatie treu zu Rio, doch nicht zur Klimarahmenkonvention, sondern zum Diktum von Präsident Bush sen. damals bei seiner Ankunft zum Erdgipfel, dass der amerikanische Lebenstil nicht verhandelbar sei.

Als erstes Schlupfloch, um eine Verminderung fossilen Energieverbrauchs zu vermeiden, bot sich bereits früh die Einsicht an, dass eine Erwärmung der Erdatmosphäre neben dem CO_2 ebenso auf eine Reihe anderer Gase zurückgeführt werden kann, die nicht unbedingt aus Schloten, Kaminen und Auspuffrohren entweichen. So kommen Methan ebenso wie Lachgas zu einem Teil aus der Landwirtschaft, während ausgewählte Kohlenwasserstoffe sowie verwandte Gase im Wesentlichen der Chemieindustrie entstammen. Wenn nun für den ganzen Korb dieser Treibhausgase ein umfassendes Reduktionsziel vereinbart wird, dann lassen sich CO_2-Reduktionen gegen die möglicherweise bequemere Minderung anderer Gase verrechnen. Diesen Weg ermöglicht das *Kyoto*-Protokoll (s. das Standardwerk in deutscher Sprache Oberthür/Ott 2000), indem es erlaubt, statt Kohlendioxid den Ausstoß anderer Gase zu verringern. Damit rücken weitere Ursachen als lediglich das Verbrennen fossiler Brennstoffe in das Blickfeld, die zwar naturwissenschaftlich, aber nicht historisch für einen Klimawandel verantwortlich sind. Dem Reisbauer in Thailand gilt nun die prüfende Aufmerksamkeit ebenso wie dem Schweinezüchter in Dänemark, obwohl deren Methan-Emissionen schwerlich an der Erwärmung des Klimas schuld sind. Was wahr ist vor dem Tribunal der Wissenschaft, muss noch lange nicht wahr sein vor dem Tribunal der Geschichte. Denn es sind historisch nicht die Emissionen für Grundbedürfnisse der Ernährung, welche einen Klimawandel heraufbeschwören, sondern der quantitative Sprung in der Verbrennung fossiler Reserven. Ist es nicht historisch und sozial abwegig, die Methan-Emissionen des Reisbauern in Thailand gleichzusetzen mit den Kohlendioxid-Emissionen aus den Auspüffen amerikanischer Landrover?

Ein zweites Schlupfloch öffnete sich dank der Eigenschaft des Kohlenstoffs, während seines Kreislaufs durch die Biosphäre zum Aufbau von Bodenorganismen, Pflanzen und Plankton beizutragen. Auf diesem Weg wird Kohlenstoff gespeichert und auf kurze, längere oder sehr lange Zeit in lebendigen oder abgelagerten organischen Stoff verwandelt, um dann bei Zerfall oder Verbrennung wieder freigesetzt zu werden. Was lag also für Diplomaten, die ihr Wirtschaftswachstum schützen wollten, näher als neben Kohlenstoff-Quellen auch Kohlenstoff-Senken in ihre Verhandlungsstrategien einzubeziehen? Wer die Speicherungskapazität der Erde ausweitet, wird da ebenso zum Klimaschützer wie derjenige, welcher seinen Ausstoß an Treibhausgasen senkt: also mehr Wald statt weniger CO_2. Eine Schätzung lautet zum Beispiel, dass eine gigantische Baumplantage von der Größe Australiens alle fossilen Kohlendioxid-Emissionen speichern könnte. In der Tat wurden Senken auf Drängen der USA, Kanadas, Australiens und Neuseelands kurz vor Kyoto zum Verhandlungsgegenstand, und in der letzten Nacht des diplomatischen Tauziehens stimmten übermüdete Delegierte der Regelung in Art. 3.3 zu, dass Aufforstung und Wiederaufforstung positiv auf das CO_2-Budget der Länder angerechnet werden kann. Obendrein sah das Protokoll für einen späteren Termin noch zusätzlich mögliche Aktivitäten wie das Management von Weiden und Ackerflächen als anrechenbar vor – womit der Keim für das Scheitern der Folgekonferenz im November 2000 in Den Haag gelegt war. Denn Den Haag sollte die Modalitäten dafür definieren, wie und in welchem Maße sich die Vertragsparteien durch Waldanbau und Bodenkultivation von ihren Pflichten freikaufen können, Emissionen zu verringern. Weil freilich Naturräume und biologische Vorgänge nicht eindeutig in gerichtsfesten Mengeneinheiten, standardisiert über Klimazonen und Ökosysteme, gemessen werden können, war Verwirrung angesagt. Was denn wo ein Wald sei, wie viel Kohlenstoff dort tatsächlich gespeichert würde, wie lange er dort unter welchen Bedingungen verweile, was es mit Pflanzenbau auf sich habe und wie viel von alledem anrechenbar sei – Zahlen und Hypothesen wurden so willkürlich hin- und hergeschoben, dass die Europäische Union die Bremse zog. Sie fürchtete, dass solche Senkenhuberei die Kyoto-Verpflichtungen zur Emissionsminderung vollends verwässern würde und verweigerte ihre Zustimmung. Damit war der Plan der USA (unterstützt durch Kanada und Japan) zunächst schief gelaufen, Teile der Biosphäre optimal als Kohlenstoff-Senke zu modellieren, um die Lebensspanne des fossilen Industriemodells zu verlängern. Vorläufig jedenfalls wird die überkommene Naturherrschaft der Ressourcenausbeute nicht mithilfe einer neuartigen Naturherrschaft der Senkengestaltung gerettet.

Zu einer dritten Klasse von Schlupflöchern führte die Strategie, Treibhausgase nicht nur zu Hause, sondern auch jenseits der eigenen Grenzen im Osten und im Süden der Welt zu vermindern, und sich solche Investitionen für die eigene Bilanz gutschreiben zu lassen. »Geografische Flexibilität« lautet das Stichwort, was solche Instrumente wie *Emissionshandel, Joint Implementation* und *Clean Development Mechanismus* vereint. Überall geht es darum, im Ausland statt im Inland tätig zu sein, um sich Reduktionsver-pflichtungen zu entledigen. Beim Emissionshandel kaufen Großverschmutzer Emisssions-rechte von Geringverschmutzern, bei Joint Implementation erwirbt ein Land Emissions-gutscheine durch Investition in ein gemeinsames Klimaprojekt im Ausland ebenso wie beim Clean Development Mechanismus, über den Investitionen aus Industrieländer in Südländer zugunsten klimafreundlicher Entwicklung kanalisiert werden. Schon seit Anfang der neunziger Jahre hatten die USA sich dafür eingesetzt, Kapital vornehmlich dort einzusetzen, wo Reduktionen sich mit dem geringsten Aufwand an Geld realisieren ließen – eben im exkommunistischen Osten und in der südlichen Hemisphäre. Ganz wie die wirtschaftliche Globalisierung im Rahmen der Welthandelsorganisation Unternehmen einlädt, die Welt quer über Länder hinweg nach kostengünstigen Investitionsgelegenheiten abzusuchen, so fordern die Flexibilitätsmechanismen des Kyoto-Protokolls politische Akteure auf, die Welt quer über Länder hinweg nach kostengünstigen Klimaschutzgelegenheiten abzusuchen. Die Erde wird zum Anlageraum für ökoeffiziente Investitionen. Ein solcher Transfer geht jedoch auf Kosten des Klimaschutzes im eigenen Land. Reiche Länder könnten sich von ihren Verpflichtungen freikaufen: das Verursacherprinzip wäre zwar gewahrt, aber abgedankt hätte das Reformprinzip. Denn die Industrieländer wären vom Druck entlastet, langfristige strukturelle Umbauten auf eine post-fossile Ökonomie hin vorzunehmen, ohne die allerdings von Nachhaltigkeit kaum die Rede sein kann. Deshalb hatte auf Betreiben der Europäer schon Kyoto festgelegt (Art. 6,1d), dass jeglicher Emissionshandel nur ergänzend zu Klimaschutz zuhause erlaubt sei. Doch als in Den Haag die USA eine quantifizierte Obergrenze für geografische Flexibilität ablehnte, sah die Europäische Union den Rubikon als überschritten an. Europa suchte die Identität des Kyoto-Protokolls durch das Scheitern von Den Haag zu erhalten (zur Klimavertragsstaatenkonferenz in Den Haag s. Ott 2001).

Es waren vor allem diese »Flexibilitätsmechanismen«, welche die Klimaverhandlungen in eine Komplexitätsfalle geführt haben. Etwa wie bei Abrüstungsgesprächen: von einem klaren Ergebnis keine Spur. Bei genauerem Hinsehen entpuppten sich selbst quantifizierte Minderungsziele als fiktive Größen, unterhöhlt von zusätzlichen Abmachungen, entwertet durch Ausweichstrategien und insgesamt verwickelt aufgrund undurchsichtiger Berechnungsverfahren. Aber die Verwirrung hatte Methode: hinter dem Nebelvorhang der Verhandlungen ging die Aufrüstung weiter. Ähnliches hätte sich angebahnt, wenn Den Haag nach dem Willen der Amerikaner (und ihrer Freunde) verlaufen wäre. Klimaschutz, und ein kosten-effektiver noch dazu, wäre in einem Vertragswerk vorgeschrieben worden, doch die Emissionen in wichtigen Industrieländern hätten munter weitergehen können. Denn falls alle Flexibilitätsmechanismen voll ausgeschöpft würden, dürften dennoch die Emissionen in USA, Kanada und Australien bis zu 20% steigen, ohne den Buchstaben des Kyoto-Protokolls zu verletzen (Grubb et al. 1999). Nimmt man überdies hinzu, dass Südländer bisher zu keinerlei Begrenzungen verpflichtet sind, ergibt sich das paradoxe Resultat, dass weltweit die Kohlenstoffemissionen weiterhin so ansteigen könnten wie bisher – trotz Kyoto.

Vor der Hürde der Gerechtigkeit

Präsident Bush, wie schon die amerikanische Regierung zuvor, besteht auf einer vernünftigen Teilnahme der Entwicklungsländer an Klimaschutzverpflichtungen. Angesichts der steil ansteigenden Emissionen besonders in Schwellenländer hat er Recht, im Prinzip wenigstens; denn es besteht die Gefahr, dass über kurz oder lang Emissionen aus dem Süden

den Reduktionsgewinn im Norden zunichte machen. Mittel- und langfristig kann man sich daher kein globales Klimaregime ohne Beteiligung der südlichen Länder vorstellen. Eine klima-freundliche Welt braucht die volle Kooperation des Südens. Doch keine Mitarbeit ohne Gerechtigkeit. Denn bislang steigen Kohlenstoffemissionen bis zu einem postindustriellen Entwicklungsstadium parallel mit dem Wachstum der Wirtschaft an; jegliche Einschränkung an Emissionen wird daher besonders im Süden als Einschränkung des Wachstums verstanden. Und es bricht die ganze Unrechtsgeschichte der Welt seit Kolumbus in die Klimapolitik ein: die Südländer sehen sich zum zigsten Mal in ihrem Verlangen nach Anerkennung und Gleichheit frustriert, verweigern sich und fordern gerechte Behandlung. Die Ungleichheit zwischen Nord und Süd zeichnet sich daher am Horizont – weit jenseits amerikanischer Sorgen über die Kosten des Klimaschutzes – als das größte Hindernis für eine erfolgreiche Klimapolitik ab. Erst wenn der Süden sich in seinem Wunsch nach Gerechtigkeit ernst genommen fühlt, gibt es Hoffnung für einen Ausweg aus dem Klimaverhängnis. Auch hier gilt: ohne Gerechtigkeit keine Ökologie.

Dem Erfordernis der Gerechtigkeit trägt die Klimarahmenkonvention von Rio durchaus Rechnung. Sie fordert in Artikel 3.1, dass die Vertragsparteien das Klimasystem auf der Basis von Fairness und in Übereinstimmung mit ihren gemeinsamen, aber unterschiedlichen Verantwortlichkeiten und Fähigkeiten schützen sollen. Und zieht daraus die Schlussfolgerung, dass die Industrieländer im Kampf gegen den Klimawandel und seinen Auswirkungen vorangehen müssen. Folgerichtig wurden Reduktionsverpflichtungen bisher nur für die Industrieländer festgelegt; sind sie es doch, die für über 80% der seit 1800 zusätzlich akkumulierten Emissionen und für 61% der gegenwärtig ausgestossenen Emissionen verantwortlich sind. Weil aber das Ringen um Kosteneffektivität seit bald zehn Jahren die beiden anderen Ziele der Rahmenkonvention – Gerechtigkeit und Nachhaltigkeit – an den Rand drängt, sind diese Paragrafen bisher weitgehend Makulatur geblieben. Der Norden hat nicht ernstlich angefangen, seine ökologische Schuld abzubauen, und nicht einmal Kyoto ist bislang ratifiziert. Kein Wunder, dass der Süden sich reserviert zeigt und die Zeit noch nicht gekommen sieht, für sich selbst Verpflichtungen in Betracht zu ziehen. Erst wenn der Norden seiner Verantwortung gemäß Taten zeigt, ist fairerweise die Vorleistung gegeben, um den Süden mit an Bord zu bringen. Über Kyoto hinaus wird sich die

Frage der Gerechtigkeit als der wahre Flaschenhals der Klimaverhandlungen erweisen.

Wer soll welchen Anteil am global begrenzten Umweltraum für Emissionen bekommen? Dies ist die Schlüsselfrage, welche die Verhandlungen jenseits von Kyoto bestimmen wird. Denn nur wenn die Verteilung der erlaubten Emissionsanteile auf die Länder als einigermaßen fair empfunden wird, werden alle Teilnehmer bereit sein zusammenzuarbeiten, um die notwen-digen Obergrenzen für Emissionen einzuhalten. Das wird schwerlich das in Kyoto praktizierte Schema sein können. Dort nämlich wurde de facto nach dem »grandfathering« verfahren, d.h. das 1990 erreichte Emissionsniveau wurde zum Ausgangspunkt für prozentuale Reduktionen genommen. Weil damit aber die Überverschmutzer belohnt und die Geringverschmutzer bestraft werden, ist dieses Schema als globaler Ordnungsrahmen nicht tragfähig. Letztendlich wird ein langfristiges, faires Abkommen die Zuteilung erlaubter Emissionen im Rahmen gleicher Mengen pro Kopf vornehmen müssen. Schließlich ist die Atmosphäre ein gemeinschaftliches Gut, auf das niemand Eigentumsrechte anmelden kann, obwohl ein jeder an ihr teilhat. Alle Erdenbürger haben daher im Prinzip das gleiche Recht, die Atmosphäre zu nutzen. Jedes andere Schema würde die exzessive Aneignung von Energiequellen durch den Norden juristisch festschreiben (Baer 2000). Im Übrigen stellen selbst gleiche Rechte pro Kopf schon einen Kompromiss dar, weil die Industrieländer nicht für die in der Vergangenheit angesammelten Emissionen aufkommen müssten. Mit gleichen Rechten als Zielpunkt kann man dann ein Emissionspfad für Industrieländer ins Auge fassen, der über die Jahrzehnte die Emissionen so schrumpfen lässt, bis sie ein global verträgliches Niveau erreichen, während Entwicklungsländer sich an einem Pfad orientieren würden, der einen Anstieg der Emissionen erlaubt, aber nur bis zu jenem Niveau, das global verträglich ist. Dieser Ansatz – in der Fachwelt »contraction & convergence« genannt (Meyer 2000, Ott/Sachs 2000) – würde alle drei Ziele in seinem Rahmenwerk integrieren: die Nachhaltigkeit durch die langfristig absinkende Obergrenze für Emissionen, die Gerechtigkeit durch perspektivisch gleiche Nutzungsrechte und die Kosteneffektivität durch handelbare Emissionszertifikate.

Freilich gibt es keinen Grund für die südlichen Länder, weiter nur als Zuschauer an der Seitenlinie zu stehen und zu warten, bis der Norden sich aussortiert. Denn viele Länder des Südens sind durch den einsetzenden Klimawandel von einer ganz anderen Gerechtigkeits-tragödie bedroht als nur ungleiche Anteile am Wachstumskuchen. Fluten und Dürren, Veränderungen in der Vegetation und im Wasserzyklus, sowie Malaria und Denguefieber werden in erster Linie die südliche Hemisphäre treffen, und dort die Verwundbarsten, nämlich jenes Drittel der Menschheit, das direkt von der Natur lebt. Fischer in Kerala, Viehzüchter in Tansania, Reisbauern in Bangladesh werden in ihrem Lebensunterhalt, ja manchmal in ihrem Überleben bedroht. Wiederum droht koloniale Zerstörung, diesmal jedoch ferngesteuert über Atmosphärenchemie. Vor diesem Hintergrund muten selbst Verhandlungen über gleiche Emissionsrechte an wie eine Zänkerei innerhalb der globalen Mittelklasse um mehr Rechte an der Raubökonomie. Fixiert auf den Kampf um wirtschaftliche und politische Macht scheinen die Eliten im Norden wie im Süden gewillt, ungezählte Überlebenswirtschaften in den ärmeren Teilen der Welt ihrem Schicksal zu überlassen. Von diesem Standpunkt aus gesehen schlägt die Haltung des passiven Zuwartens, wie sie die Regierungen aus dem Süden pflegen, leicht in Verantwortungslosigkeit um; deren Sorge um den gerechten Anteil am Weltbruttosozialprodukt kollidiert mit der Sorge der Armen um das Überleben. Von daher werden die Südländer in Zukunft fordernder bei den Klimaverhandlungen auftreten müssen, wenn sie die Mehrheiten ihrer Länder repräsentieren wollen. Nicht um mehr für sich herauszuholen, sondern um die Lebensrechte ihrer Einwohner zu wahren.

Was taugt Europa?

Aller warten auf Europa. Die Südländer sehen in Europa die menschenfreundliche Großmacht, das andere Amerika wünscht sich Druck für Bush aus der Ferne, klimabesorgte Zeitgenossen in aller Herren Länder hoffen auf mutige Führerschaft, und Europa selbst, ja Europa selbst hatte sich nach dem Affront durch Bush in Positur geworfen und Zukunftsverantworung angemahnt. Kein Regierungschef – kein Schröder, kein Chirac und auch kein Prodi – schien zurückstehen zu wollen, als es im März darum ging, dem Neu-Präsidenten Bush mit einer Mischung aus Empörung und Naserümpfen die Leviten zu lesen. Für einen Moment zeichnete sich gar ab, dass nach ökologischer Agrarwende mit der Klimafrage ein zweites Umweltthema zu einem Stück europäischer Identität gegenüber Amerika verhelfen könnte. Gewiss, einzig ist die Chance, nachdem die alleinigeWeltmacht sich abgemeldet hat, internationale Führerschaft bei einem Menschheitsthema zu zeigen. Und selten hat die Welt so darauf gewartet, dass jemand die Initiative zum Durchbruch ergreift. Freilich kann Europa nicht alleine agieren. Es braucht die Ratifizierung in Russland und Japan, um das Quorum für die völkerrechtliche Verbindlichkeit des Protokolls zu erreichen. Falls allerdings die dazu nötigen Kompromisse die Integrität des Vertragswerks von Kyoto untergraben, wird es an der Zeit sein, das Projekt eines global beschlossenen und universal verbindlichen Klimavertrags zurückzustellen. Europa könnte stattdessen auf eine Klimallianz mit Südländern setzen. Warum soll es nicht, analog zum europäischen Einigungsprozess, auch im Klimaprozess unterschiedliche Geschwindigkeiten geben (siehe die GRACE-Strategie des Global Commons Institute ‹http://www.gci.org.uk/papers/fedtrust› und Layton 2001? Ganz wie in den fünfziger Jahren die kontinentweite Dynamik Europas von der Kerngruppe der Sechs in Gang gesetzt worden war, so könnte eine Allianz von ausgewählten Ländern zur Kerngruppe für ein ökologisches und gerechtes Klimaregime in der Zukunft werden.

Und ganz wie die Sechs damals die Kluft zwischen Kriegsgewinner und Kriegsverlierer überbrückt haben, so könnte eine solche Allianz die Kluft zwischen Nord und Süd überbrücken. So eine Pioniergruppe würde eine Architektur der Solidarität aufbauen, die auf drei Fundamenten ruht: erstens, die Selbstverpflichtung, Emissionen auf ein nachhaltiges Niveau zurückzuführen; zweitens, dies in langfristiger Konvergenz hin auf gleiche Emissionen pro Kopf der Bevölkerung zu tun; und drittens, diesen Pakt durch enge Zusammenarbeit abzustützen, was finanzielle Reparationen einschließt. Es könnte sich eine Art »ökologischer Commonwealth« formen, der als Schrittmacher auf dem Weg zur Nachhaltigkeit wirkt und dabei für Neuzugänge jederzeit offen ist. Eine solche Initiative braucht entschiedene Führerschaft, aber könnte es nicht sein, dass die Berufung Europas im 21. Jahrhundert weder im Wirtschaftlichen noch im Militärischen, sondern in einer Ökologie aus kosmopolitischem Geist liegt?

Auch wenn Bush nicht mitmacht, könnte eine solche Allianz sich ihr mythisches Emblem aus Amerika holen: die Uhr der langen Dauer von Danny Hillis – das Denkmal an die Zukunft. Vor dreißig Jahren, da hatten die Farbaufnahmen von der Erde aus dem All nahe gelegt, was die Menschheit vereint, nämlich dass sie einen endlichen Planeten teilt. Diese Bilder haben das Bewusstsein für das »Große Hier« geschärft. Vielleicht könnte das Projekt von Danny Hillis und seinen Freunden von der Uhr, welche die Jahre, Jahrhunderte und Jahrtausende zählt, das Bewusstsein vom »langen Jetzt« schärfen. Der Blaue Planet wie auch die Jahrhundertuhr, beide halb Technik, halb Mythos, entprovinzialisieren den Blick. Im Bild von der Erde wurde die »eine Welt« sichtbar; seither ist es möglich geworden, sich eine transnationale Gesellschaft, eine Gesellschaft über Nationen hinweg, vorzustellen. Mit der Errichtung der Uhr wird der »langen Zeit« ein Denkmal gesetzt; von jetzt ab wird es möglicherweise leichter, sich eine transgenerationelle Gesellschaft, eine Gesellschaft über Generationen hinweg, vorzustellen. In jedem Fall, die zeitüberdauernde Uhr, langsam tickend im fernen Arizona, kann gewiss als das geheime Symbol einer Pionierallianz für das Klima herhalten: als Symbol für eine Politik auf lange Dauer.

Literatur

Adriaanse, A. et al. 1997, *Resource Flows: The Material Basis of Industrial Economies.* Washington: World Resources Institute

Baer, P. et al., Equity and Greenhouse Gas Responsibility. In: *Science*, vol 289, 29 September 2000, 2287

Brand, S. 1999, *Das Ticken des langen Jetzt.* Frankfurt a. M.: Suhrkamp

Grubb, M. et al. 1999, *The Kyoto Protocol. A Guide and Assessment.* London: Earthscan/RIIA, 181

Harrison, N. E., From the Inside Out: Domestic Influences on Global Environmental Policy. In: Paul G. Harris (ed.) 2000, *Climate Change and American Foreign Policy*, New York: St. Martin's Press, 89-109. Weiter im selben Band auch: Andreas Missbach, Regulation Theory and Climate Change Policy, 131-149

Layton, C. 2001, *A Climate Community. A European Initiative With the South.* London: Federal Trust for Edicationa and Research

Lehmann, N. 2001, The Quiet Man. Dick Cheney's Discreet Rise to Unprecedented Power. In: *The New Yorker*, May 7, 2001

Lohmann, L., *The Dyson Effect. Carbon »Offset« Forestry and the Privatization of the Atmosphere.* The CornerHouse Briefing No. 15, July 1999 ‹http://www.icaap.org/Cornerhouse›

Meyer, A. 2000, *Contraction and Convergence. A Global Solution to Climate Change.* Dartington: Green Books.

Oberthür, S./Ott, H. E. 2000, *Das Kyoto-Protokoll. Internationale Klimapolitik für das 21. Jahrhundert*, Leverkusen: Leske & Budrich

Ott, H. E. 2001, Chlimate Change: An Important Foreign Policy Issue. In: *International Affairs*, 77, 277-296, 2001 ‹http://www.wupperinst.org›

Ott, H. E./Sachs, W. 2000, *Ethical Aspects of Emissions Trading*, Wuppertal Papers 110, verfügbar auch unter ‹http://www.wupperinst.org›

DER BLAUE PLANET

Der Blaue Planet
Zur Zweideutigkeit einer modernen Ikone

Die Entdeckung der Erde ereignete sich auf der Fahrt zum Mond. Als sich Neil Armstrong im Juli 1969 von seinem Raumschiff Apollo loskoppelte und mit der Landefähre auf unserem Nachbarplaneten aufsetzte, da fand er nur Öde und Leere und eisige Stille. Doch als er seinen Blick zurückwandte, brach er in Entzücken aus. Wie anders zeigte sich die Erde! Blau schimmernd schwebte sie wie ein kreisrunder Juwel im pechschwarzen Weltraum. Ein Gespinst von Wolken hüllte sie in weiße Wirbel, darunter leuchteten Kontinente und Ozeane, sanft bräunlich und tiefblau. Seit diese Missionen zum ersten Mal das Bild von der am Mondhimmel aufgehenden Erde in unsere Wohnzimmer zurückgefunkt hatten, wurde die Neuentdeckung der Erde zur eigentlichen Offenbarung der amerikanischen Raumfahrt. Inmitten der trostlosen Weite des Universums enthüllte sich die alte Erde als der bewohnbare, als der ganz besondere, als der heimatliche Stern. Dieses Bild von der Erde im All hat sich in der zeitgenössischen Bilderwelt einen Spitzenplatz erobert; es ziert die Umschlagdeckel gewichtiger Umweltreporte ebenso wie T-Shirts aller Größen, es verleiht Fernsehnachrichten die globale Weihe und springt einen aus Werbespots heraus an. Überall kann es einem begegnen; fast wie früher das Kreuz scheint heute die kreisrunde Erde zu einem Gütezeichen für alles und jedes zu werden. Es ist nicht zu viel gesagt: das Bild vom Blauen Planeten ist zur Ikone unseres Zeitalters geworden.

Während die plötzliche Ahnung von der Einzigartigkeit der Erde die Gefühle schwellen ließ, bedeutete die erstmalige Ansicht der Erde in ihrer Ganzheit einen Sprung in der Geschichte der menschlichen Selbstwahrnehmung. Peter Sloterdijk:

>»Die Satellitenoptik ermöglicht uns eine kopernikanische Revolution des Blicks. Für alle früheren Menschen war der Blick zum Himmel so etwas wie eine naive Vorstufe des philosophischen Über-die-Welt-Hinausdenkens und eine unwillkürliche Erhebung zur Anschauung einer Unendlichkeit. Seit dem Oktober 1957 jedoch ist etwas in den Gang gekommen, was zur Umkehrung des ältesten Menscheitsblicks führte: der erste Satellit wurde über der Erde ausgesetzt. Bald danach wimmelte es im erdnahen

Weltraum von Satellitenaugen, die das uralte Phantasma des göttlichen Herabschauens von sehr weit oben technisch realisieren. Seit den frühen sechziger Jahren ist somit eine eine umgekehrte Astronomie entstanden, die nicht mehr den Blick vom Erdboden zum Himmel richtet, sondern einen Blick vom Weltraum aus auf die Erde wirft.« (Sloterdijk 1990, 57)

Die Herstellung der Erde im Bild

Sicherlich, seit langem hatten die Menschen versucht, sich in ihrem Geist die Gestalt der Erde vorzustellen. Vor zweitausendfünfhundert Jahren schon argumentierte Pythagoras, dass die Erde von vollkommener Gestalt, also eine Kugel sein müsste. Vor zweitausend Jahren hatte Eratosthenes diese Vermutung mathematisch zu belegen versucht, indem er den Schatten der Sonne an verschiedenen Orten verglich. Und vor vierhundert Jahren war es schließlich Magellan gelungen, die Welt zu umsegeln; ihr Ausmaß ist seither kein Geheimnis mehr. Als dann Mercator vermittels eines Netzwerks von Längen- und Breitengraden eine Weltkarte konstruiert hatte, wurden maßstäbliche und damit geometrisch konsistente Darstellungen der Erde gang und gäbe. Spätestens seit Martin Behaims Globus aus dem Jahre 1492 konnte man Kugelmodelle in Augenschein nehmen und die Erde wurde durch die Verbreitung von Globen, groß und klein, zu einem alltäglichen Objekt in Schule und Haushalt. Doch der Globus konnte nicht beanspruchen, Abbild einer physischen Realität zu sein; nichts konnte über seine Herkunft vom Zeichenbrett hinwegtäuschen, er war ein Modell der Erde, aber zeigte nicht die Wirklichkeit der Erde selbst.

Sichtbar

Die Erde, und das ist das fundamental Neue, rückte nun mit dem Satellitenfoto in den Kreis der sichtbaren Dinge ein. Die Gestalt der Erde ist keine wissenschaftliche Schlussfolgerung mehr, sondern eine augenfällige Realität, von der ein jeder sich durch einen Blick auf ein Stück Papier überzeugen kann. Zum ersten Mal in der Geschichte kann die Erde gesehen werden, sie liegt vor unseren Augen wie jeder andere beliebige Gegenstand, wenn auch vermittelt durch die Fotografie. Nie zuvor war sie für ihre Bewohner eine sinnenfällige Realität. Zwar war ihre Existenz eine empirische Gewissheit, aber eben keine empirische Größe, denn der

Erdball überstieg mit seiner riesigen Masse alles, was mit einem Blick erfasst werden konnte. Erst jetzt wurde die Erde wahrhaftig zu einem Gegen-stand; durch das Foto aus dem All wurde der Planet erst als Objekt hergestellt. Das Foto, es verleiht der Erde Evidenz und schafft damit nichts anderes als eine neue Realität.

Dabei ist es wichtig, dass es sich um ein Foto handelt; denn nur die Fotografie – unter all den verschiedenen Abbildungen wie Gemälden, Plastiken, Karten oder Modelle – beansprucht, nicht nur dem dargestellten Gegenstand ähnlich, sondern ihm gewissermassen gleich zu sein. »Weil eine Fotografie«, erläutert Susan Sontag den Unterschied zwischen Bild und Fotografie,« nicht nur ein Bild ist (so wie ein Gemälde ein Bild ist), eine Interpretation des Wirklichen, sonder zugleich eine Spur..., wie ein Fußabdruck oder eine Totenmaske. Während ein gemaltes Bild...niemals mehr als eine Interpretation bietet, ist eine Forografie nie weniger als die Aufzeichnung einer Emanation (Lichtwellen, die von Gegenständen reflektiert werden) – eine materielle Spur ihres Gegenstands wie es ein Gemälde niemals sein kann.« (Sontag 1978, 142) Obwohl ein Foto immer selektiert, kommt es doch als Zeuge für eine Tatsache daher. Das Foto aus dem All demonstriert die Realität der Erde und die Reproduzierbarkeit des Fotos macht diese Realität allgegenwärtig. Damit ist die Basis für viele zeitgenössische Varianten globalen Bewusstseins geschaffen.

Abgegrenzt

Nichts sticht auf dem Bild so deutlich hervor, wie die Grenzen, welche die leuchtende Erde vom kalt-schwarzen Weltraum absetzen. So berichtete der Astronaut Loren Acton:

> »Als ich in die Schwärze des Alls mit seiner Glorie von Lichtpunkten hinausschaute ... da sah ich Majestät – aber keine Gastfreundschaft. Der gastfreundliche Planet, der war unter mir. Dort unten, eingeschlossen in der dünnen, sich bewegenden, unglaublich verletzlichen Hülle der Biosphäre, da ist alles, was dir lieb und teuer ist, das gesamte menschliche Drama und die gesamte menschliche Komödie. Dort ist das Leben, all die guten Dinge befinden sich da unten.« (Kelly 1989, 21)

Der Rand der Erdkugel markiert einen überwältigenden Kontrast, er trennt nichts weniger als die Sphäre des Lebens von der Sphäre des tödlichen Schweigens. Vor dem Hintergrund des lebensfeindlichen Alls erscheint die beleuchtete, blaue Erde als ein freundlicher, bergender Ort.

Die so augenfälligen Grenzen der Erde lassen ein neues Gefühl für Innen und Aussen entstehen; was da abgegrenzt wird, ist unser Wohnort vor dem Nichts des Weltalls.

Was den Mond anlangt, so hatte sich weitgehend Ernüchterung eingestellt: kein Leben weit und breit, allenthalben nur abgrundtiefe Kälte, Gesteinswüsten und eine lebensfeindliche Atmosphäre. Die Erde dagegen erschien einer Oase gleich in der Wüste des Alls. Hell und freundlich, grün und fruchtbar, hebt sie sich ab aus der unendlichen Schwärze. Ist sie nicht einzigartig, wie sie da einladend im Raum schwebt? Die Perspektive aus dem Weltraum rückte nachdrücklich ins Bewusstsein, was den Planeten Erde vor allen anderen bekannten Planeten auszeichnet. Es ist jene dünne Schicht von Luft und Wasser, von Boden und Organismen, welche Lebewesen gedeihen lässt und ihnen eine Heimstatt gibt. Nicht dicker als 17 000 Meter oder ein Vierhundertstel des Erdradius umschließt jene atmosphärische Hülle, die alles Leben trägt, die Erde. Daher drängt sich mit dem Blick aus dem All die Erde als Biosphäre ins Bewusstsein; sie enthüllt sich im wörtlichen Sinn als – »Lebens-Kugel«.

Klein

Entfernung verkleinert. Der vielleicht erstaunlichste Effekt des Blickes aus dem Weltraum, wieder und wieder von Astronauten besungen, war das Schrumpfen der Erde. James Irwin, der 1971 mit APOLLO 15 flog, fing diese Erfahrung in poetischen Formulierungen ein:

> »Die Erde erinnerte uns an eine in der Schwärze des Weltraums aufgehängte Christbaumkugel. Mit größerer Entfernung wurde sie immer kleiner. Schliesslich schrumpfte sie auf die Größe einer Murmel, der schönsten Murmel, die du dir vorstellen kannst.« (Kelly 1989, 38)

Ein dramatischer Bruch in der Wahrnehmung: die Erde, einst unermesslich groß, liegt nun als ein kleiner Ball vor aller Augen. Wahrlich eine Umkehr der Perspektive! Während sich die Menschen bisher von der Erde – im Guten oder Bösen – umgeben sahen, umfangen sie nun selbst die Erde – wenigstens mit ihren Blicken.

Die Umkehr in der Perspektive ist offensichtlich die Frucht des ungeheuren Abstands, in den die Astronauten katapultiert worden sind. Die raketengetriebene Entfernung von der Erde verrückt den Maßstab, welcher bisher im begrenzten Vermögen der menschlichen Kräfte und Sinne gegründet war. Wahrnehmungen sind jetzt zugänglich, eine Wirklichkeit ist geschaffen, die in keinem Verhältnis mehr zu den menschlichen Sinnen steht. Die Proportion von Mensch und Erde wird geradezu auf den Kopf gestellt. Der Astronaut Buzz Aldrin brachte die mirakulös-unheimliche Verkehrung der Verhältnisse auf den Punkt:

> »Die Erde wurde schließlich so klein, dass ich sie einfach dadurch aus dem Weltraum verschwinden lassen konnte, indem ich meinen Daumen vor sie hielt.« (Kelly 1989, 37)

Was heißt es, wenn – über Fernsehen und Fotografie verbreitet – die verkleinerte, aus dem menschlichen Maß ausgekoppelte Erde zur herrschenden Vorstellung wird? Zwei Reaktionen sind gegenwärtig sichtbar. Auf der einen Seite wird über die Erde in einer Sprache sentimentaler Trivialisierung gesprochen: seht her, wie winzig und zerbrechlich sie ist, sie braucht unsere Zuwendung und Pflege! Auf der anderen Seite machen sich Stimmen von menschlicher Selbstvergrößerung und Omnipotenz bemerkbar, die sagen: seht her, wie überschaubar und handhabbar die Erde ist, sie lässt sich beherrschen und unter Kontrolle halten! Natürlich ist nicht ausgeschlossen, dass die Motive »Sorge« und »Kontrolle« zusammenfließen. Etwa in jener vom »Patienten Erde« scheinen beide Sprechweisen übereinzukommen.

Freilich nicht alle Bilder sind von Mondfahrten geschossen; jene aus den Erdumlaufbahnen lassen die Erde zwar als Objekt, jedoch hübsch riesengroß erscheinen. Dennoch prägt die Verzerrung der Proportionen auch hier noch die Wahrnehmung. Die Verkleinerung, die der Planet durch die Auskopplung des menschlichen Maßes erfährt, bringt es mit sich, dass Menschliches der Irrelevanz anheim fällt. Jene Erde, die da im Bild erscheint, ist im Wesentlichen ein physisches Objekt, mit Ozeanen, Landmassen und Wolkenwirbeln, versteht sich, aber nicht die Wohnstatt von Menschen. Was die Lebensrealität von Menschen ausmacht, verflüchtigt sich in diesem Bild von der Erde; weder sind Kulturen noch Rassen oder Nationen zu sehen. Unterstützt wird dieser Sachverhalt noch vom Charakter der Fotografie: ein Foto fixiert immer die Zeit und schneidet daher jedes Verständnis für Geschichte und Kontext des Dargestellten ab. So erscheint die Erde überdeutlich als physische Einheit, und zwar als eine physische Einheit, die unmittelbar soziale Einheit unterstellt, weil die konflikthafte Realität der Menschen gegenüber der grandiosen tatsächlichkeit der Erde ganz verblasst. Deshalb haben wohl so viele Astronauten betont, wie freundlich und friedlich die Erde aussieht, und immer wieder unterstrichen, dass Grenzen, Differenzen und Konflikte für den Blick vom All wie weggewischt sind. Die stärkste Botschaft des Bildes ist daher eine naturalistische Reformulierung der Menschheits-Idee: was die Einheit der Menschen stiftet, ist ihr gemeinsames Schicksal, auf diesem Erdkörper im All zu schweben. Oder wie es auf einem Poster des Blauen Planeten lapidar heisst: »All one people«.

Synoptisch

Höhe beschert Überblick. Je höher einer steigt, desto weniger Hindernisse stellen sich seinem Blick in den Weg; je größer der Abstand zum Boden, desto weiter schiebt sich der Horizont in die Ferne. Der Mond aber stellt die höchste Aussichtsplattform dar, die der Mensch jemals erreicht hat. Vom Raumschiff wie vom Satelliten bietet sich die gesamte Erde (oder große Teile von ihr) im Draufblick dar, eine Synopse der Welt, die umspannender nicht sein kann. Ein einziger Blick erfasst mehr als jemals zuvor und die Zusammenschau über Meere und Kontinente hinweg enthüllt weiträumige Felder von Wechselbeziehungen, die vorher der menschlichen Anschauung verborgen waren. Wolkenformationen und Algenteppiche, Erdfalten und Siedlungsmuster formieren sich zu Gestalten höherer Ordnung, die nachdrücklich nahe legen, dass scheinbar geografisch verstreute Phänomene in Wahrheit oft Teilstücke größerer Zusammenhänge darstellen.

Kein Zweifel, eine solche Gesamtschau gibt integrierendem Denken, in welchen Varianten auch immer, einen starken Auftrieb, weil nunmehr auch übergeordnete Muster, in denen die einzelnen Teile zusammenspielen, sich dem Auge aufdrängen. Noch verstärkt wird die synoptische Kraft des Satellitenblicks durch die Umlaufbewegung: in knapp 90 Minuten etwa, in denen der Raumtransporter Columbia die Erde umkreist, zieht das ganze Erdenrund weit unten vorbei. Nimmt man hinzu, dass im Laufe der Tage die Umlaufbahn sich Abschnitt um Abschnitt über der Erdoberfläche versetzt, dann wird klar, dass nicht nur Zusammenschau, sondern Allessicht das der Satellitenfahrt technisch eingeborene Programm darstellt. Kein toter Winkel mehr und auch kein weißer Fleck, stattdessen totale Einsehbarkeit: Satellitenaugen sind in ihrer Weise allgegenwärtig und allwissend.

Von einem Horizont kann man im Draufblick vom Weltraum auf die Erde kaum mehr sprechen; er entschwindet jedenfalls mit der Aufwärts- oder Umlaufbewegung des Satelliten, bis er mit dem Rand der Erdkugel zusammenfällt. Ohne Grenzen ist der Blick und nichts bleibt ihm verborgen, ein Modus des Sehens, der kein »jenseits«, »danach« oder »dahinter« mehr kennt. Die Totalität des Satellitenblicks lässt Unterscheidungen wie hier/dort, innen/aussen und auch jetzt/später in sich zusammenfallen. Damit hat das Bild von der blauen Erde die Grenzen des perspektivischen wie auch des panoramatischen Blicks hinter sich gelassen. Während die klassische Zentralperspektive die Tiefe des Raumes betont, ist hier die Unterscheidung von »davor« und »dahinter« in der makroskopischen Gesamtschau aufgehoben. Und während das panoramatische Blickfeld auf ein »jenseits« des Horizonts verweist, ist hier der Rundblick in keinem Horizont mehr gefangen ist, sondern reicht hinter alle Horizonte. Perspektive und Panorama, beiden Sehweisen wohnte eine Bewegung, eine innere Dynamik, ja ein Antrieb zur Transzendenz in Fläche, Höhe und Zeit inne: immer weiter, von einem immer höheren Standpunkt, also morgen sehr viel mehr zu sehen (siehe Koschorke 1989). Während diese beiden Sehweisen dem Fortschrittsdenken analog sind, wo es um die sukzessive Überwindung von Horizonten geht, zeigt die Makroskopie des Planeten eine deutliche Verwandtschaft zu einem nach-fortschrittlichen Denken, wo die Gleichgegenwärtigkeit von Allem fasziniert. In anderen Worten, das Satellitenbild stützt eine systemische Wahrnehmung, in der die Aufmerksamkeit den simultanen Interaktionen in einem Netz von weiträumigen Beziehungen gilt, und nicht mehr eine fortschrittsgeprägte Wahrnehmung, die auf eine kontinuierliche Entdeckung neuer Möglichkeitsräume in der Zukunft drängt.

Durchleuchtet

»Hinter der Vorstellung, dass alles auf der Welt ›Material‹ für die Kamera ist stehen zwei unterschiedliche Grundhaltungen. Die eine davon äußert sich in der Überzeugung, dass ein Auge, wenn es nur scharf genug ist, in allem Schönheit oder zumindest Interessantheit entdeckt... Die andere findet ihren Niederschlag in der Neigung, in allem etwas zu sehen, was sofort oder später seinen Nutzwert haben kann, etwas, das zur Bewertung, Entscheidung und Prognose herausfordert. Für die eine Grundeinstellung gibt es nichts auf der Welt, was nicht gesehen werden sollte; für die andere gibt es nichts, was nicht notiert werden sollte.« (Sontag 1978, 162f)

Was das Foto aus dem Weltraum angeht, so hat hier der ästhetisierende Blick einen grandiosen Gegenstand gefunden; die ruhige Majestät der Erde, derer man da ansichtig wird, hat die Menschheit zum Staunen gebracht. Der andere Blick freilich, der instrumentelle, der erfassende, bekommt ebenfalls seine Chance, ja viel mehr noch, ihm werden historisch beispiellose Möglichkeiten zur Erkundung und Aufzeichnung eröffnet.

Der Krieg war auch hier der Vater aller Dinge. Während des Zweiten Weltkriegs versuchte man ein Grundproblem der Feindaufklärung mit neuer Technologie anzugehen: wie kann man sehen, was sich hinter geschickter Tarnung verbirgt? Als Antwort wurde die Infrarotfotografie entwickelt, die Wärmeausstrahlung aufzeichnet. Zwar kam sie kaum mehr zum Einsatz, doch verstärkte sich von da an die Suche nach Aufzeichnungsinstrumenten, die mehr erfassen können, als das menschliche Auge je zu sehen vermag. Denn sichtbares Licht stellt nur einen Teil des Spektrums von elektromagnetischen Wellen dar, die von einem Objekt reflektiert, absorbiert oder ausgesandt werden. Alle Objekte, seien es Felsen Pflanzen oder Bauten, haben eine spezifische Strahlung, die jenseits des sichtbaren Lichts für das Auge unsichtbar bleibt, aber durch entsprechende Sensoren registriert werden kann.

Diese Erkundung des Unsichtbaren durch hoch entwickelte Sensorentechnik, welche seit den frühen sechziger Jahren unter dem Sammelbegriff »remote sensing« vorangetrieben wird, ist seit dem Einsatz eines Multispektral-Scanners auf Landsat 1972 zum herausragenden Kennzeichen der Erdbeobachtung durch Satelliten geworden (Mack 1990). Allerdings steht die umfassende Umzingelung der Erde mit Satellitenaugen noch bevor; erst das von der NASA geplante »Earth Observing System« soll in den nächsten zehn bis zwanzig Jahren zu einer Art umgekehrten Panopticum führen, wo von der Peripherie her das Zentrum unter dauernder Überwachung gehalten werden kann (»The Economist«, 15.6.1991).

Satelliten, mit Sensoren bestückt, sind wahre Himmelsspione, welche die Erdoberfläche bestreichen, um Informationen zu sammeln, die selbst den Akteuren vor Ort verborgen sind. Es verbindet sich da der synoptische Blick mit der Durchleuchtung der Dinge: von großer Höhe werden weiträumige Muster einer Realität erfassbar, welche unterhalb der sichtbaren Oberfläche der Objektwelt liegt. Waldgebiete etwa können nicht nur nach den vorhandenen Baumarten erschlossen werden, sondern sie lassen sich auch nach ihrer Temperatur, ihrem Chlorophyllgehalt oder ihrer Feuchtigkeit durchleuchten, alles Zustandsbeschreibungen, welche nichts mit der konkreten Dinghaftigkeit der Bäume zu tun haben, sondern einer abstrakten »Biomasse« gelten. Offensichtlich ist der Durchleuchtungscharakter der Fernerkundung etwa beim Einsatz von Magnetometern, mit denen sich verborgene Lagerstätten von Mineralien aufspüren lassen oder beim Einsatz von Radarsatelliten, denen auch dunkle Nacht und dicke Wolkendecken nichts anhaben können. Was das Satellitenauge aufstöbert, erscheint dann als Buntflächen auf thematischen Karten oder als Verlaufsmodell auf dem Computerschirm; in jedem Fall handelt es sich um die Herstellung einer bis dahin nicht vorhandenen Realität. Die bio-geo-chemischen Zustände und Flüsse, welche hinter den Erscheinungen liegen, werden zur eigentlichen, »wissenschaftlich erwiesenen« Wirklichkeit des Planeten; maßgeblich ist nicht die sinnliche, sondern die durchleuchtete Realität. Millionenfach reproduziert auf Fotos und Bildschirmen, wandern diese Phantombilder der Erde ins Bewusstsein.

Es mag ratsam sein, von »Phantombildern« zu sprechen, um die Aufmerksamkeit auf den besonderen ikonografischen Status dieser Bilder zu lenken. Denn in ihrer fortgeschrittenen Form bringt die Fernerkundung weder ein Abbild noch eine Fotografie ihres Objektfelds hervor, sondern zu Bildern synthetisierte Messungen. Von »sehen« kann keine Rede sein und auch nicht von »sensing«; bei beiden Worten handelt es sich, genau betrachtet, um metaphorischen Unterschleif. Im Allgemeinen liefern die Sensoren, indem sie ein Gebiet abtasten, einen Strom von digitalisierten Signalen, die aufbereitet, geeicht, mit anderen Daten integriert und mittels Techniken der Bildverarbeitung anschaulich gemacht werden. Bei alledem spielt maschinelle Datenverarbeitung eine entscheidende Rolle; remote sensing, bei einem heutigen Datenfluss von 100 Megabit pro Sekunde, wurde erst durch die Ankunft von Hochleistungscomputern möglich. »Beobachten« hat sich hier schon längst in Messen, Aufzeichnen, Berechnen, Verschneiden, Modellieren und Darstellen von Daten verwandelt. Was sind diese »Bilder« von der Erde mehr als Kollagen von Millionen von elektromagnetischen Messresultaten? »Sehen ist«, so stellt Barbara Duden fest, »kein Kriterium für Wirklichkeit mehr. Wir haben uns daran gewöhnt, Kollagen den Status von Wirklichkeit zu verleihen.« (Duden 1990, 30)

Die Erfindung der Biosphäre

Im September 1970, gerade zwei Jahre, nachdem die blaue Erde zum gefeierten Foto-Objekt aufgestiegen war, veröffentlichte der »Scientific American« ein Themenheft mit dem Titel »The Biosphere«. Das Vorwort, geschrieben von den Herausgebern der Zeitschrift, beginnt mit folgenden Sätzen: »Fotos der Erde zeigen, dass sie eine grün-blaue Farbe hat...Die Biosphäre – jene dünne Schicht von Luft und Wasser und Boden und Leben, die nicht tiefer als zehn Meilen ist, also ein Vierhundertstel des Erdradius – stellt jetzt den Hintergrund für die ungewisse Geschichte der Menschen dar.«

Die Wissenschaftler in dem fraglichen Heft nehmen sich als Gegenstand ihrer Forschung jene biogeochemischen Großzyklen vor, die auch auf planetarischer Ebene das Zusammenspiel zwischen der lebenden und der nicht-lebenden Welt prägen: die Kreisläufe von Energie, Wasser, Kohlenstoff, Sauerstoff, Nitrat, Mineralien. Und ihr Forschungsinteresse richtet sich insbesondere auf die Veränderungen in den Stoffkreisläufen, welche von der menschlichen Produktion von Nahrung, Energie und Materialien herrühren. Erst mit diesem Gegenstand – die Großzyklen, welche Atmosphäre, Gestein, Wasser und Organismen in der Lebenshülle der Erde verbinden – wie mit diesem Erkenntnisinteresse – die Gefährdungen der Stabiliät dieser Kreisläufe durch den Menschen analytisch und quantitativ zu beschrieben – erhält der Begriff der Biosphäre sein Profil.

Vereinzelt war der Begriff bereits schon früher aufgetaucht, aber im Wesentlichen als Klassifikationskategoric, um auf globaler Ebene die Sphäre der Lebewesen von den a-biotischen Sphären des Gesteins und des Wassers oder auch des Geistes abzusetzen. Der österreichische Geologe Eduard Süß, als er 1875 zum ersten Mal von der »Biosphäre« sprach, wie auch der französische Theologe Teilhard de Chardin in den zwanziger und dreißiger Jahren zielten zwar auf ein ganzheitliches, planetarisches Verständnis des Lebensphänomens, beschränkten sich aber darauf, die Biosphäre mit der Litho-, Hydro-und Atmosphäre bzw. (im Falle Teilhards vgl. Artikel Biosphäre/Noosphäre in Ritter 1971) mit der Noosphäre zu kontrastieren. Einzig Vladimir I. Vernadsky (in »La biosphere«, Paris 1929) rückte die Beziehungen zwischen den geochemischen Faktoren und den biota in den Mittelpunkt der Aufmerksamkeit, wobei er dem Leben – in Nachbarschaft zum Vitalismus – einen überragenden Platz in der Gesamtgeschehen zuwies. Doch erst unter dem Einfluss der Ökosystem-Theorie wurde es möglich, die Beziehungen zwischen dem Organischen und Anorganischen als quantifizierbare Stoffkreisläufe darzustellen, die durch Rückkopplungsprozesse auch gegen Störungen von aussen auf ein Gleichgewicht hin zustreben. G. Evelyn

Hutchinson brachte nach dem Krieg die Inspiration Vernadskys mit der von Tansley und Lindemann entwickelten Ökosystemtheorie zusammen; er verstand die Natur in der Metapher der sich selbstregulierenden Maschine und regte an, jene Regelungsmechanismen zu untersuchen, welche bei widrigen Einwirkungen von aussen für die Selbsterhaltung des jeweiligen Systems verantwortlich sind. Es war dann vor allem im Rahmen des Internationalen Biologischen Programms 1964-74, dass der Systemansatz gegenüber anderen Ansätzen in der Ökologie die Oberhand gewann, weil er in der Wahrnehmung der Öffentlichkeit gut mit dem Sozialingenieursdenken dieser Jahre zusammenklang. Dass dieser Klärungsprozess gegen Ende der sechziger Jahre zu einem gewissen Abschluss gekommen war, lässt sich an der Tatsache ablesen, dass »Nature« 1969 eine terminologische Notiz veröffentlichte, welche unterstrich, dass »die Biosphäre besteht aus lebenden und nicht-lebenden Bestandteilen. Es ist das umfassende Miteinander von Boden, Wasser, Luft und lebenden Organismen, welches ein vollständiges Ökosystem ausmacht.« (»Nature«, Bd. 223, 500f) Und es war justament Hutchinson, der im besagten Heft des »Scientific American« den Eröffnungsaufsatz (Titel: »The Biosphere«) schrieb, so dass sich die Schlussfolgerung ziehen lässt: im Konzept der Biosphäre wird das planetarische Ganze als das größtmögliche Ökosystem begriffen, das durch kybernetische Mechanismen zu einer Stabilitätslage tendiert, die zunehmend durch menschliche Aktivitäten gefährdet ist.

Das Konzept der Biosphäre ist während der letzten beiden Jahrzehnte besonders unter dem Einfluss der so genannten Gaia-Hypothese weiterentwickelt worden (Lovelock 1979, 1988; Margulis/Sogan 1986). Die Hypothese besagt, dass unter den Komponenten, welche das globale Ökosystem konstituieren, den lebenden Organismen in ihrer Gesamtheit die vorherrschende Rolle zukommt. Während in der herkömmlichen Sichtweise die geophysikalischen und geochemischen Tatbestände (Land, Ozeane, Atmosphäre) die limitierenden Faktoren für die Welt der Organismen darstellen, die durch deren Aktivität allenfalls modifiziert werden, besteht die Gaia-Hypothese darauf, dass die Organismen – vom Plankton bis zu den Pappeln und von den Viren bis zu den Walen – in ihrer Gesamtaktivität entscheidende Merkmale der Lithosphäre, der Ozeane und der Atmosphäre regulieren. Indem die Lebewesen etwa die Temperatur auf der Erde, den Sauerstoffgehalt der Atmosphäre oder den Salzgehalt der Meere kontrollieren, schafften (im Verlauf der Evolution) und schaffen sie selbst sich eine Umwelt, in der Leben gedeihen kann. Es ist folglich die nimmermüde Wirksamkeit ihrer organischen Hülle, welche die Erde für das Leben gastlich macht. Die Erde hat daher nicht einfach eine Biosphäre, sondern sie ist eine Biosphäre. Denn ohne das planetarische Zusammenwirken der Lebewesen würde weder einzelnes Leben existieren noch die Erde, wie wir sie kennen; wüst wäre sie und leer wie die anderen Planeten.

Es ist kaum ein Zufall, dass James Lovelock in den sechziger Jahren für die NASA gearbeitet hatte, als er die Fährte zu dem, was später die Gaia-Hypothese werden sollte, aufnahm. Er war mit der Frage konfrontiert, wonach und mit welchen Instrumenten man nach Leben auf fremden Planeten Ausschau halten sollte. Die Frage nach den Bedingungen für Leben dort erzwang logischerweise die Frage nach den Bedingungen des Lebens hier; erst durch die Weltraumfahrt drängte es sich auf, verschiedene Planeten in einem einheitlichen Vergleichsraum zu sehen und sich eine zu den Planeten externe Beobachtungsposition (oder auch nur eine Sonde) vorzustellen, von der aus sie verglichen werden können. Das Weltraumprogramm mit seinen Ausflügen jenseits der Schwerkraft der Erde realisierte den extra-terrestrischen Blickwinkel; Raumsonde, Satellit und Raumschiff erschließen erstmals Zonen, die ganz anders als die Erde sind. Aus der radikalen Distanz fällt dann der Blick zurück auf die Erde, eine Lawine von Fragen auslösend, was denn die spezifische Differenz des Planeten Erde sei und was sie begründe.

Lovelock, der in den sechziger Jahren diese Suchbewegung durchmachte, um dann 1969 zum ersten Mal die Gaia-Hypothese in ihren Anfängen zu formulieren, bestätigte mehrfach diesen Entdeckungszusammenhang:

> »Es ist häufig schwer, die größere Einheit, von der wir ein Teil sind, zu begreifen...So war es auch mit der Erde, bis wir mit den Austronauten jenen verblüffenden und Ehrfurcht gebietenden Anblick teilten...Dieses Geschenk, diese Fähigkeit, die Erde von großer Distanz zu sehen, war wie eine Offenbarung. Danach konnte die planetarische Biologie nicht anders, als einem neuartigen Ansatz zu folgen, der vom Ganzen ausgeht.« (Lovelock 1988)

Die These von der Globalität des Lebens und die von seiner Priorität über nicht-organische Kreisläufe sind die beiden Ecksteine des modernen Verständnisses von der Biosphäre; beide Thesen verdanken ihre Entstehung der Weltraumperspektive auf die Erde.

»Für mich stellt nicht neue Technologie das herausragende Nebenergebnis der Weltraumforschung dar. Der wirkliche Gewinn liegt darin, dass wir zum ersten Mal in der Geschichte die Möglichkeit hatten, die Erde aus großer Entfernung zu sehen. Die Informationen, welche wir durch diese Sicht auf unseren blau-grünen Planeten in all seiner Schönheit erhielten, haben eine ganz neue Klassew von Fragen und Antworten aufgeworfen.« (Lovelock 1979)

In der Tat verdichten sich diese »Fragen und Antworten« zu nichts weniger als zur Reorganisation einer ganzen Reihe von Wissenschaften um ein neues Forschungsparadigma und eine neue Forschungsmethodologie herum. »Lovelocks ›Gaia‹-Hypothese bleibt umstritten. Doch was immer ihr Schicksal in den Einzelheiten, ›Gaia‹ bietet ein umfassendes Konzept, das eine ganze Reihe von spannenden interdisziplinären Forschungen von Chemikern, Biologen, Geophysikern, Ozeanografen, Geografen und anderen vereinigt.« (Clark 1986) Das Bild vom Blauen Planeten hat so die Erde als ein wissenschaftliches Objekt konstituiert, das zur Umordnung von Fachdisziplinen zwingt, zum Einsatz neuer Methoden wie Fernerkundung und Computersystemen einlädt und eine weite Arena für interdisziplinäre Großforschung eröffnet. Da die Biosphäre als ein System interaktiver Komponenten konzipiert ist, in dem kein einzelnes Teil – Ozeane, Atmosphäre, Gestein, Vegetation, Tierwelt, Menschen – in Isolation vom anderen angemessen verstanden werden kann, sind die Wissenschaften, insbesondere die Biowissenschaften auf der einen und die Geowissenschaften auf der anderen Seite, zu einem Integrationsschub herausgefordert. Da gleichzeitig mit der Satellitentechnik eine neue Generation von Untersuchungsinstrumenten zur Verfügung steht, die eine Unmenge neuer Daten hervorbringt, bildet sich auch eine gerätetechnische Infrastruktur heraus, auf deren Basis sich die neuen wissenschaftlichen Aktivitäten institutionalisieren lassen. Und schließlich mangelt es auch nicht an der sozialen Nachfrage für eine Wissenschaft von der Biosphäre, im Gegenteil: »Es kann keinen Zweifel geben: die neue Wissenschaft der Biosphäre ist notwendig für unser Überleben...Ohne ein solides wissenschaftliches Fundament können wir weder die einzelnen noch die kumulierten globalen Effekte unserer lokalen, regionalen und globalen Aktionen verstehen.« (Botkin et al. 1985) Kein Wunder also, dass seit einigen Jahren, von den USA ausgehend, ein wahres Gründungsfieber für globale

Geo-Forschung zu verzeichnen ist. Die National Science Foundation hat zum Beispiel ein Programm »Global Geosciences« eingerichtet, um die akademischen Disziplinen zum Einreißen einiger ihrer Fachgrenzen zu bewegen; das International Council of Scientific Unions, immer schon rührig seit dem denkwürdigen *International Geophysical Year* 1957/58 an der Schwelle zur Weltraumfahrt, setzt auf ein »International Geosphere-Biosphere Programme«, UNESCO reorientiert sein »Man and the Biosphere Programme« und Morgenluft wittert auch jene seit langem schlingernde Großinstitution, der wir die Ikone des Blauen Planeten verdanken: die NASA hat bereits, ein Programm »Earth System Science« aufgebaut. Die Biosphäre wird zum wissenschaftliches Objekt der Großforschung.

Das Bild und die sentimentale Ökologie

Während Lovelock mit seiner Hypothese bei der Wissenschaftlergemeinde noch auf taube Ohren stieß, hatte er mit dem Gedankenblitz, seine Erde »Gaia« zu nennen, schon in das Gemüt eines breiten Publikums getroffen. Bei einem Spaziergang mit Lovelock war William Golding, dem Schriftsteller und Nobelpreisträger, der Einfall gekommen, in der lebendigen Erde Lovelocks eine Verkörperung Gaias, der griechischen Göttin und Erdmutter, zu sehen. Das sollte sich als ein Griff von bewusstseinsgestaltender Kraft herausstellen; der seltene Fall trat ein, dass ein wissenschaftliches Theorem diesmal nicht vom Labor langsam ins allgemeine Bewusstsein wanderte, sondern vom Publikum den Forschern aufgedrängt wurde. Denn mit dem Erscheinen von »Gaia« als Buch begab sich eine neuerliche Epiphanie Gaias in der Geschichte: für Teile der Ökologiebewegung wurde da der tiefe Grund und das hohe Ziel ihrer Sorge offenbar. Die Auswürfe der Industriegesellschaft, sie bedrohen schließlich nicht nur die Anrainer des Erie-Sees oder Asthmatiker in Smoggebieten, sondern in ihrer Summe nichts weniger als den Gesamtorganismus der Erde, von dem letztlich alles Leben abhängt. »Rettet die Erde« wäre vorher ein absurd-komischer Schlachtruf gewesen; nachdem aber das Wesen der Erde in ihrer dünnen Lebenshülle identifiziert ist, erscheint sie gegen die Angriffe des Menschen verletzlich. Das Bild vom Blauen Planeten stieg zum Symbol für die lebensspendende Natur auf; von einem Poster mit dem Foto der Erde ruft es einem entgegen: »Love your Mother«.

Das Foto aus dem Weltraum wurde in den USA freilich schon von Anbeginn mit den Ahnungen und Hoffnungen des ökologischen Zeitgeists aufgeladen. Carl Sagan, als Weltraum-Autor freilich nicht ohne Eigennutz, merkte schon wenige Jahre nach der Mondlandung an, dass »viele Führer der Umweltbewegung in den Vereinigten Staaten ursprünglich von den Weltraumfotos der Erde beeinflusst waren, von jenen Bildern, welche eine winzige, zarte und zerbrechliche Welt zeigen, die außerordentlich anfällig für die Raubereien des Menschen ist – eine Wiese mitten im Universum« (vgl. Malone 1986). Man kann sich fragen, ob »Earth Day« 1970, jene erste nationale Manifestation der Umweltbewegung in den USA, ohne das Satellitenfoto diesen Namen erhalten hätte; sicher ist jedenfalls, dass aus Anlass des (zweiten) Earth Day 1990 die Erde als Devotionalienmotiv auf Wimpel, Plakaten, Postkarten übers Land schwappte. Die Erde, sie ist zu einem Gegenstand post-moderner Volksfrömmigkeit geworden.

Offensichtlich zeichnen das Bild eine Reihe von Eigenschaften aus, die in Resonanz mit ökologischer Sensibilität stehen. In erster Linie gibt das Foto den Blick frei auf die Erde als ganzen physikalischen Körper; unmittelbar wird vor Augen geführt, dass die Erde jene umgreifende Ganzheit darstellt, innerhalb derer sich alles Geschehen abspielt. Muss ein solches Bild nicht zu einem machtvollen Trumph für eine Bewegung werden, die nicht müde wird, immer und immer wieder auf dem Vorrang des Ganzen vor der Perfektionierung der Teile zu bestehen? Schließlich geht es an vielen Fronten darum, die verdrängten Folgen von Einzelentscheidungen für das Ganze aufzuspüren; das Foto, welches die Erde als die größte Ganzheit zeigt, bringt daher die letzte und fundamentale Bezugseinheit ökologischen Engagements ins Bild. So prägt sich der Planet, wie er da schimmernd im Weltall schwebt, dem zeitgenössischen Bewusstsein als Wunschobjekt kollektiver Rationalität ein. Verstärkt wird diese Vorstellungsweise durch die augenfällige Tatsache, dass nichts auf dem Bild so deutlich zu sehen ist, wie die Grenzen, welche die leuchtende Erde vom kalt-schwarzen Weltraum absetzen. Damit ist der optische Beweis erbracht, dass die Erde endlich ist. Eine solche Evidenz kreisrunder Endlichkeit gibt der Botschaft der Umweltschützer, dass die Natur nicht unbegrenzt vernutzbar sei, fotografische Glaubwürdigkeit. Spätestens vor dieser Grenze muss offensichtlich der Hochmut des Menschen vor den Fall kommen.

Darüber hinaus schneidet das Erdenrund aus dem feindlichen All einen heimeligen Binnenraum heraus, der die Erde als unseren Wohnort, ja als unsere Heimat hervorstechen lässt. Die Grenzen schaffen einen Ort, der

Ort schafft Zugehörigkeit; das Bild konstituiert ein »Wir« aller Menschen. »Home« steht lapidar auf manchen Postkarten mit dem Bild des Blauen Planeten geschrieben. Gewiss, die Einheit des Menschengeschlechts ist damit nicht mehr als kulturelle Verstehensleistung, sondern als bio-physische Tatsache bestimmt; doch eine solche Naturalisierung verleiht der Menschheits-Idee die Weihe der Faktizität. Das Bild schafft so eine neue Vorstellung von globaler Interdependenz: weltweite Verflechtung mag auch eine Sache von Geldströmen oder Fernsehnachrichten sein, aber zuallererst ist sie unhintergehbar durch die gemeinsame Lebenshülle gestiftet. Darüber hinaus hat sich der Umkreis der Interdependenz radikal erweitert; sie bleibt nicht auf die Menschheit beschränkt, sondern umfasst nichts weniger als alle Lebewesen. Während früher die Natur den Hintergrund abgab, vor dem die Menschen in ihrer Gemeinsamkeit hervortraten, stellt jetzt das Weltall den Hintergrund dar, vor dem die Einheit der Natur – unter Einschluss des Menschen, versteht sich – sich gebieterisch aufdrängt. Der Mensch erscheint in erster Linie als Naturwesen, dessen Schicksal und dessen Herausforderung es ist, im planetarischen Lebensgewebe verflochten zu sein. Von daher wächst dem Ruf der Umweltfreunde nach ökologische Verantwortung so etwas wie eine ontologische Rechtfertigung zu: im Frieden mit der Natur zu leben, diese Sollensforderung ist nicht aus der dünnen Luft der Beliebigkeit geholt, sondern wurzelt, so stellt es sich dar, in der Ordnung des Seins.

Aber »Gaia«, der geniale Name, ruft noch weit mehr auf als die Vernunft. Er appelliert an die Suche nach dem Letztgültigen, dem Heiligen. Lovelock selbst öffnete den Weg:

> »Als ich mir zum ersten Mal Gaia vorstellte, kam ich mir wie ein Astronaut auf dem Mond vor, der auf unsere Heimat, die Erde, zurückblickt. Dieses Gefühl verstärkte sich, als Theorie und Empirie die Idee zu bestätigten, dass die Erde ein lebendiger Organismus sein könnte. Der Gedanke, dass die Erde lebendig ist, gibt einem den Eindruck, an einem glücklichen Tag und am rechten Ort, dass der gesamte Planet eine heilige Feier zelebriert.« (Lovelock 1988)

Erstaunen, Ehrfurcht und ein Gefühl der Unfassbarkeit erweckt das Bild vom Blauen Planeten; eine übergroße Wirklichkeit wird einsehbar, die alles Erdgeschehen trägt und umfasst. »Deshalb ist Gaia für mich ein wissenschaftliches ebenso wie ein religiöses Konzept.« Lovelock äußert tiefe Genugtuung darüber, dass seine religiöse Intuition in seiner wissenschaftlichen Arbeit ihre Bestätigung erfuhr und zu einer Sprache fand, welche diese persönliche Erfahrung in einer säkularisierten Welt mitteilbar macht. Diese Genugtuung wird von vielen geteilt, besonders im angelsächsischen Publikum. Denn ökologisches Engagement steht damit für einen Umbruch im Welt- und Lebensverständnis, der auf eine holistische Perspektive setzen kann, die Empirie und Ethik, Wissenschaft und Religion vereint. Die für das ökologische Weltgefühl zentrale Pointe liegt darin, dass der Mensch in diesem Entwurf keinen privilegierten Ort im Universum beanspruchen kann; aus der Krone der Schöpfung ist eine besonders komplexe Manifestation des globalen Lebensprozesses geworden. Die Herkunft des Menschen lässt sich mit der Geschichte der planetarischen Evolution des Lebendigen erzählen, seine Gegenwart wird durch seine Einbettung im globalen Gewebe allen Lebens getragen und seine Zukunft wird davon abhängen, wie er sich in den Prozess Gaias einfügt. Eine ökologische Grundstimmung findet damit Ausdruck in einem religiösen Entwurf, der weder menschen- noch gottzentriert, sondern, wie es nahe liegt, erdzentriert daherkommt. Die Erde, oder genauer: die Biosphäre, steigt zu einem Objekt der Verehrung auf.

Das Bild vom Blauen Planeten kann so auch im strengeren Sinne als Ikone betrachtet werden: es ist nicht einfach ein Abbild, sondern gilt für manche als Symbol für die Lebensmacht Gaias. Wo verehrt wird, da ergibt sich Gebet und Anrufung von selbst; in einer New-Age-Publikation, die Übungen zur Meditation Gaias gewidmet ist, findet sich folgende Anrufung:

> »Wir bitten für die Gegenwart Gaias und beten darum, dass der Lebenshauch weiterhin den Heimatplaneten liebkost. Mögen wir in ein wahres Verstehen hineinwachsen – ein tiefes Verstehen, das uns anspornt, den Baum zu schützen, auf dem wir sprießen, und das Wasser und den Boden und die Atmosphäre, ohne die wir nicht existierten...Wir bitten für die Gegenwart Gaias, hier mit uns zu sein. Damit uns all das offenbar werde, was wir sehen müssen, für unser eigenes höchstes Gut und für das höchste Gut aller.« (Seed 1988)

Das Bild und die technokratische Ökologie

Fast zwanzig Jahre nachdem der »Scientific American« die Biosphäre zu einem neuen Gegenstand wissenschaftlicher Forschung ausgerufen hatte, wies er wiederum den Weg zu neuen Ufern: das Sonderheft vom September 1989 zeigt auf dem Titelblatt Amerika und Europa aus der Satellitenperspektive und setzt über die Umrisse der Kontinente und Meere den Imperativ »Managing Planet Earth«. Im Titelaufsatz findet sich gleich zu Beginn eine Synthese der neuen Blickrichtung:

>»Unsere Fähigkeit, auf uns selbst zurückzuschauen, symbolisiert die besondere Perspektive, die wir auf unsere Umwelt richten können und darauf, wohin wir als Spezies unterwegs sind. Mit diesem Wissen kommt auch die Verantwortung...: die Verantwortung, den Gebrauch des Planeten durch den Menschen zu organisieren...Änderungen im individuellen Verhalten sind sicher notwendig, aber nicht ausreichend. Als eine globale Spezies transformieren wir den Planeten. Nur als eine globale Spezies, die ihr Wissen zusammenführt, ihre Handlungen koordiniert und unter sich teilt, was der Planet bietet, haben wir irgendeine Aussicht, die Transformation des Planeten entlang eines umweltverträglichen Entwicklungspfades gestalten zu können. Das selbstbewusste, intelligente Management der Erde ist eine der großen Herausforderungen für die Menschheit im Übergang zum 21. Jahrhundert.«

Hochfliegende Worte, gewiss, und auch ein gutes Stück Selbstüberschätzung, doch eine solche Rhetorik, was immer ihre Realisierungschancen angeht, schafft eine neue Wirklichkeit, die sich in die Köpfe senkt. Das ist unübersehbar in einer Epoche, in der Umweltthemen die Kommandohöhen internationaler Politik erreicht haben und zum Gegenstand weltweiter Kampagnen geworden sind. Die neue Wahrnehmung beginnt die Sprache der internationalen Debatte zu färben, ihre Echo wird mit Großereignissen wie der UN-Konferenz für Umwelt und Entwicklung in Rio de Janeiro immer deutlicher auch jenseits akademischer Betrachtungen zu hören sein.

Ohne das Bild von der Erde wäre es kaum möglich, den Planeten als Managementobjekt zu denken. Allerdings mussten einige weitere Bedingungen hinzukommen, um gegen Ende der achtziger Jahre den Horizont ökologischer Managementstrategien global auszuweiten. Noch Anfang der siebziger Jahre war die Rede von globaler Verantwortung hauptsächlich ein moralischer Appell, um auf lokale oder bestenfalls nationale Aktion im Namen der Umwelt zu drängen. »Global denken, lokal handeln« war der Slogan jener Jahre; Umweltpolitik bedeutete regional bezogene Ressourcenplanung oder sorgte sich um mehr Lebensqualität vor Ort. Erst im Laufe der achtziger Jahre schoben sich mit Ozonloch, saurem Regen und Treibhauseffekt die grenzüberschreitenden, globalen Auswirkungen industriegesellschaftlicher Verschmutzung in den Vordergrund; der Planet offenbarte sich als die allumfassende Müllkippe.

Auch die wissenschaftliche Ökologie lenkte zur selben Zeit ihre Aufmerksamkeit auf das Studium der globalen Lebenshülle; während Ökologen sich vor zwei Jahrzehnten noch vorwiegend um einzelne, isolierte Naturräume gekümmert hatten, wie Wüsten, Tropenwälder, Wattenmeere, haben sie in den letzten Jahren zunehmend die Biosphäre als das allumfassende Ökosystem entdeckt, welches die Biota mit Prozessen in der Atmosphäre, den Ozeanen und der Erdkruste verknüpft. Und schließlich, wie so häufig in der Geschichte der Wissenschaft, schuf erst eine neue Generation von Instrumenten und Apparaturen die Möglichkeit, globale Prozesse messtechnisch zu erfassen. Satelliten, Sensoren und Computer stellten im vergangenen Jahrzehnt die Mittel zur Verfügung, die Biosphäre als Objekt zu vermessen und in Modellen darzustellen. Während also die Umweltkrise für die Relevanz planetarischer Fragestellungen gesorgt hat, verspricht die Ökologie, die kognitiven Grundlagen bereitzustellen und die Technologie, mit der instrumentellen Ausrüstung aufwarten zu können. Weil diese Faktoren gleichzeitig wirksam wurden, konnte in den letzten Jahren der Planet Erde in eine Managementperspektive rücken.

Nach der heroischen Phase der Auffahrt zum Mond und anderer bemannter Missionen scheint die Raumfahrttechnik sich mit Dienstleistungen zur Verwaltung der Erde zu konsolidieren. Neben Kommunikationstechnik richten sich die Hoffnung zukünftiger Expansion auf die Beobachtung der Erde. Seit einer Reihe von Jahren werden die Entwicklungsarbeiten dazu bei der NASA unter dem Programm »Mission to Planet Earth« zusammengefasst, wie auch das französische SPOT-Programm, die europäische Mission ERS-1 und die zu erwartende japanische Weltraumaktivität in hohem Maße auf eine Nachfrage für Erdbeobachtung setzen. Satelliten dienen dabei als wahre »Umweltspione im All« (Titelthema vom »Bild der Wissenschaften«, September 1990), welche die großräumlichen Veränderungen auf der Lebenshaut des Planeten registrieren. Von großer Höhe lassen sich die Verletzungen der Natur kartieren: Waldrodungen und Ver-Wüstung, Giftwolken und Ölteppiche, sogar Truppenübungsplätze bleiben dem Späherblick des Satelliten nicht verborgen. ERS-1 etwa befindet sich seit dem Frühsommer 1991 über dem Nord- und Südpol in einer 800 km hohen Kreisbahn, die ihn täglich 16-mal um den Erdball führt, wobei die Erde sich unter ihm wegdreht und nach und nach ihre gesamte Fläche zur Einsichtnahme anbietet. Mittels Sensorentechnik kommt zum synoptischen auch der durchleuchtende Blick, um den Zustand der Vegetation, die Bewegungen der Meere und die Schichten der Lufthülle aufzuzeichnen. Abgesehen von solchen Zustandsanalysen liefern Satelliten im Verbund mit Hochleistungscomputern über die Zeit einen Strom von Verlaufsdaten, mit denen man hofft, sogar so komplexe Naturerscheinungen wie Golfströme oder Klimawandel, in Modellen darstellen und validieren zu können. Dabei liegt der Sinn der Modellbildung darin, auf dem Bildschirm großräumige und höchst verwickelte Naturprozesse für je unterschiedliche Anfangsbedingungen in ihrem Verlauf simulieren zu können. Zum Beispiel versuchten sich Wissenschaftler an einem Modell der Ölausbreitung im Persischen Golf, um Voraussagen über Ablauf und Wirkungen der Katastrophe treffen zu können. Oder es lassen sich die Auswirkungen von unterschiedlichen Schutzmaßnahmen an den Fluss-Systemen, welche die Nordsee speisen, auf die Gesamtverschmutzung dieser Meeresregion vorhersagen. Auch wenn oft noch in den Sternen steht, welche Erwartungen sich tatsächlich einlösen lassen werden, so zeichnet sich doch ab, dass mit der Verkopplung von Raumfahrt, Sensorentechnik und Datenverarbeitung die Macht drastisch wächst, das Naturgeschehen im kontinentalen und planetarischen Maßstab kontinuierlich zu beobachten, vom Menschen verursachte Einflüsse zu erkennen und Prognosen anzustellen. Ähnlich wie ein Patient auf der Intensivstation, das ist die verborgenen Absicht dieser Programme, soll der Patient Erde unter Dauerbeobachtung gestellt werden, um rasch Therapien zum Einsatz zubringen, bevor er kollabiert.

Als Fernziel für die nächsten zehn bis zwanzig Jahre wird projektiert, eine von überall her zugängliche »Global Resource Information Database« aufzubauen, die es den so genannten Entscheidungsträgern erlaubt, die Umweltauswirkungen ihrer Handlungen vom lokalen zum planetarischen Masstab abzuschätzen (Gwynne/Mooneyham 1989). Alle Daten, die dezentral aus der ganzen Welt eingegeben werden, sollen nach ihrem Ort auf der Erdoberfläche (und fallweise auch in der Dimension der Zeit) gekennzeichnet sein, ein Verfahren, dass wenigstens im Prinzip die Aussicht eröffnet, an jedem Punkt der Erde jeden anderen Punkt in seinem Naturprofil abrufen zu können. Ähnlich wie sich die Staaten seit dem Zweiten Weltkrieg eine ausgefeilte Wirtschaftsstatistik zugelegt haben, welche den wirtschaftlich-sozialen Zustand der Gesellschaft spiegeln soll, so ist heute eine – in der Tendenz allerdings weltweite – Datenbank im Entstehen begriffen, welche den Zustand der Biosphäre unter Beobachtung halten soll.

Allumfassend und auch durchdringend ist der Blick des Satelliten in ökologischer Mission. Das Naturkleid des Planeten breitet sich unter ihm aus und jede Region kann mittels dreidimensionaler Computergrafik auf dem Bildschirm geholt und Testläufen unterworfen werden. Das Potential an Wissen und vergleichender Simulation lässt Erwartungen wachsen, zukünftig in der Lage zu sein, die Veränderung der Natur auf dem Planeten im Stile rationaler Planung bewusst gestalten zu können. Ein dringender Bedarf scheint dafür in der Tat zu bestehen; denn führt die Umweltkrise nicht deutlich vor Augen, dass die Herrschaft des Menschen über die Natur noch viel zu wünschen übrig lässt? Naturwissenschaft und Technik, so wird gesagt, haben zwar die Natur gewaltig verändert, doch bislang in unkontrollierter Weise. Für eine technokratische Ökologie steht daher die Rationalisierung des Natureingriffs an. In dieser Perspektive liegt daher die Herausforderung der gegenwärtigen Phase industriegesellschaftlicher Entwicklung darin, die Herrschaft des Menschen über die Natur nach einer Epoche der Blindheit in eine Epoche der Aufklärung überzuführen. In der Tat, erst die bewusste Kontrolle der ungewollten Folgen der Naturausbeutung würde es erlauben, von gelungener Naturbeherrschung zu sprechen. Weit davon entfernt, den Naturverbrauch der Industriegesellschaft generell zurückzunehmen, sucht eine solche Politik ihr Heil darin, die Umformung der Natur optimal zu steuern. Das Bild vom Blauen Planeten – ist er nicht klein und überschaubar? – suggeriert die Planbarkeit eines Geschehens, das bisher der menschlichen Existenz vorgegeben war. Nur unter dem Eindruck dieses Bildes kann der »Scientific American« Fragen dieser Art zu Schlüsselthemen erheben:

»Es geht um zwei Kernfragen: welche Art von Planet wollen wir? Welche Art von Planet können wir bekommen?...Wie viel Artenvielfalt sollte in der Welt erhalten bleiben? Sollte die Größe der Bevölkerung oder ihre Wachstumsrate beschränkt werden..? Welches Ausmaß an Klimawandel ist akzeptabel?«

Die Bilder aus dem All dokumentieren auf kaum überbietbare Weise eine Art von Erkenntnis, die auf Entfernung beruht. Eine solche Art von Erkenntnis hat aber eine eher unselige Geschichte hinter sich, denn unsere Herrschaft über die Natur beruht auf ihr. Eine abhebende Weltraumrakete illustriert recht anschaulich, womit Naturbeherrschung immer zu tun hatte: nämlich den Menschen aus der gelebten Natur herauszulösen und ihr so gegenüberzustellen, dass ihm als neutrales Interventionsfeld erscheint, was vorher seine eigene Mitwelt war. Die Betrachtung der Erde aus dem Weltraum setzt diese Tradition fort; deshalb kann sich an ihr das Verlangen nach erweiterter Herrschaft festmachen. Eine Raumkapsel ins All zu schießen, ist vielleicht die radikalste Weise, jene Entfernung aus der Mitwelt realisieren. Schon aufgrund ihrer visuellen Eigenschaften laden daher Satellitenbilder zu Großplanungsphantasien ein.

Unterstrichen wird diese heimliche Aufforderung von der Tatsache, dass auf dem Bildmaterial jegliche menschliche Realität sich in Nichts aufgelöst hat und nur Naturgegebenheiten zu sehen sind. Keine Traditionen, keine Institutionen, keine Geschichte, die Welt hat sich zur Erde verflüchtigt. Die Bahn ist damit frei, die konflikthafte Realität der Menschen zu überspielen und das Soziale ins Biologische hinein aufzulösen. Der heimliche Traum eines Planers, in seinen Interventionsvorschlägen nicht von den widersprüchlichen und widerborstigen Vorstellungen der betroffenen Menschen gestört zu werden, geht am Objekt des Planeten in Erfüllung. Daher ist es alles andere als ein Zufall, wenn in der internationalen Debatte sich zunehmend biologisierende Redeweisen häufen: aus Menschen werden »Populationen«, aus Bürgern »Spezies«, Lebensqualität degeneriert zu »Überleben«, »Tragekapazität« nimmt die Stelle von Gemeinwohl ein und »Evolution« die von Geschichte. Die aufsteigenden Begriffe deuten stattdessen auf eine Wahrnehmung, die man biosphärischen Utilitarismus nennen könnte. Neue Worte wie »Biomasse«, »Biodiversität« oder »Bioreservate« verraten dieselbe Neigung, nämlich jene, den Planeten und seine Dynamik zum vorrangigen Bezugswert der Politik zu erklären (ausführliche Analyse vgl. Beney 1993).

Genau das scheint jedoch die Perspektive, welche die Weltkommission für Umwelt und Entwicklung (Brundtland-Report) für eine globale Umweltpolitik der neunziger Jahre vorgab. In seinen ersten Sätzen feiert der Bericht das Bild des Blauen Planeten, funkelnd schwebend im schwarzen All, klein und verletzlich. Dann stellt er fest, dass »das Unvermögen der Menschheit, ihre Taten diesem Rahmen einzupassen dabei ist, planetarische Systeme in fundamentaler Weise zu verändern«, um dann den Absatz mit der programmatischen Aussage zu schließen:»Diese neue Wirklichkeit, der man nicht entfliehen kann, ruft nach Anerkennung und nach – Management«. (World Commission Environment and Devlopment)

Literatur

Beney, G. 1993, »Gaia. The Globaritarian Temptation«. In: Wolfgang Sachs (Hg.), *Global Ecology: Conflicts and Contradictions*, London: Zed Books

Botkin, D. B. 1985, »The Need for a Science of the Biosphere«. In: *Interdisciplinary Science Reviews*, Bd. 10

Clark, W. 1986, »Sustainable Development of the Biosphere: Themes for a Research Program«. In: W. C. Clark/R. E. Munn (Hg.) 1986, *Sustainable Development of the Biosphere*, Cambridge: Cambridge University Press

Duden, B. 1990, *Der Frauenleib als öffentlicher Ort. Vom Missbrauch des Begriffs Leben*, Hamburg, Barbara Duden hat diese Feststellung auf jenes dem blauen Planeten diametral entgegengesetzte, aber doch zutiefst verwandte »Bild« des Fötus auf dem Monitor gemünzt. Dem Gespräch mit ihr verdanke ich zahlreiche Einsichten. Das Zitat stammt aus ihrem Essay.

Grinevald, J. 1988, »Sketch for a History of the Idea of the Biosphere«. In: Peter Bunyard/Edward Goldsmith (Hg.), *Gaia, the Thesis, the Mechanisms and the Implications*, Camelford: Wadebridge Ecological Centre

Gwynne, M./Mooneyhan, W. D. 1989, »The Global Environmental Monitoring System and the Need for a Global Resource Database«. In: Daniel Botkin et al. (Hg.), *Changing the Global Environment*, San Diego: Academic Press

Kelly, W. (Hg.) 1989, *Der Heimatplanet*, Frankfurt a. M.

Koschorke, A. 1989, *Die Geschichte des Horizonts*, Frankfurt a. M.

Lovelock, J. 1979, *Gaia. A new Look on Life on Earth*, Oxford: Oxford University Press

Lovelock, J. 1988, *The Ages of Gaia*, New York: Norton

Mack, P. 1990, *Viewing the Earth. The Social Construction of the Landsat Satellite System*, Cambridge: MIT Press

Malone, T. F. 1986, »Mission to Planet Earth. Integrating Studies of Global Change«. In: *Environment*, vol. 28

Margulis, L./Sagan, D. 1986, *Microcosmos*, New York: Simon & Schuster

Ritter, J. (Hg.) 1971, *Historisches Wörterbuch der Philosophie*, Bd. 1, Basel

Sachs, W. 1991/92, »Natur als System. Vorläufiges zur Kritik der Ökologie«. In: *Scheidewege*, Bd. 21

Sagan, C. 1975, *The Cosmic Connection*, New Yok: Dell Books

Seed, J. et al. 1988, *Thinking Like a Mountain*, Philadelphia: New Society Publishers

Sloterdijk, P. 1990, *Versprechen auf Deutsch*, Frankfurt a. M.

Sontag, S. 1978, *Über Fotografie*, München

World Commission on Environment and Development 1987, *Our Common Future*, Oxford: Oxford University Press

Eine Welt – viele Welten?

Von den etwa 5 100 Sprachen, die heute auf der Welt gesprochen werden, sind nur etwa 1 % in Europa beheimatet, die anderen 99 % haben ihren Ort in Asien, Afrika, im pazifischen Raum und auf den beiden amerikanischen Kontinenten. Allein in Nigeria sind mehr als 400 Sprachen gezählt worden, in Indien sind es 1 682, und selbst das geografisch kleine Zentralamerika bringt es auf stolze 260 Sprachen (Pörksen 1988). Viele dieser Sprachen sind an entlegene Orte gebunden, sie verbergen sich in abgeschiedenen Bergtälern, auf fernen Inseln oder in unzugänglichen Wüstengebieten. Andere beherrschen einen ganzen Kontinent oder binden verschiedene Völker in einen neuen größeren Zusammenhang ein. Eine Vielzahl kleiner und großer Sprachwelten also, eine linguistische Flickendecke, die die Erde bedeckt – doch vieles deutet darauf hin, dass, in ein oder zwei Generationen, nicht viel mehr als einige Hundert dieser Sprachen übrig sein werden.

Die Sprachen sterben ebenso schnell aus wie die Arten, und so wie Pflanzen und Tiere für immer aus der Geschichte der Natur verschwinden, so bedeutet das Ende von Sprachen, dass ganze Kulturen endgültig aus der Geschichte der Zivilisation getilgt sind. Denn jede Art des Sprechens bedeutet eine eigene Sicht auf den Menschen und die Natur, eine besondere Weise, Trauer und Freude zu empfinden und einen Sinn im Gang der Ereignisse zu entdecken. Es macht einen Unterschied, ob man auf Deutsch, Farsi oder Zapotekisch betet, liebt, träumt oder nachdenkt. Die Erhaltung großer Ökosysteme hängt oft von einzelnen Pflanzen und Tieren ab, wenn diese Arten verschwinden, bricht das System zusammen. In ähnlicher Weise kann auch die Sprache das zarte Gewebe einer Kultur über die Zeiten erhalten, und wenn sie abstirbt, vergeht auch die Kultur.

Im Verlauf der Entwicklungsdekaden, seit 1950, sind nicht nur Sprachen verloren gegangen, mit ihnen haben sich menschliche Vorstellungswelten und Lebensweisen aufgelöst. Das Sprachensterben ist nur ein besonders deutliches Zeichen für das weltweite Verschwinden der Kulturen. Nach den Gesetzes des Marktes und im Takt der Uhrzeit, getragen von Landwirtschaftsexperten und Krankenschwestern, von *Dallas* und Transistorradios, vollzieht sich ein beispielloser Wandel. Es dürfte kein Zufall sein, dass auf Europa, die Wiege des Alphabets und des Nationalstaats, nur noch ein Prozent der existierenden Sprachen entfallen. Was immer man davon halten mag, die Homogenisierung der Welt ist in vollem Gang, wie ein Ölteppich breitet sich die globale Monokultur aus.

Die eine Menschheit

Am Eingang des Fairmont Hotels am Union Square in San Francisco erinnert ein Messingschild die Vorübergehenden daran, dass an diesem Ort eine Hoffnung für die Menschheit gestiftet wurde. Im Zimmer 210 einigten sich am 4. Mai 1945 Delegierte aus 46 Ländern auf eine Charta der Vereinten Nationen. Hitlerdeutschland war geschlagen, der Sieg über Japan nur noch eine Frage der Zeit. Die Charta verkündete Grundsätze, die ein neues Zeitalter des Friedens einleiten sollten: Schluss mit den Kriegen und der nationalen Selbstsucht – nun stand die internationale Verständigung und die Einheit der Menschheit auf dem Programm! Nach den verheerenden Auseinandersetzungen verhieß die Charta den weltweiten Frieden, sie erneuerte das Versprechen des Völkerbunds von 1919, aber sie wollte zugleich mehr sein als ein Sicherheitssystem.

Der Frieden wird in der Charta nicht als gewaltlose Regelung von Konflikten dargestellt, sondern als das Ergebnis einer weltweiten Vorwärtsentwicklung. In der Vergangenheit hatte die wirtschaftliche Depression zum Totalitarismus geführt – die Siegermächte zogen daraus den Schluss, dass es zum Ausbruch von Gewalt kommt, wenn der Fortschritt behindert wird. Darum versicherten die Vereinten Nationen, in der Präambel zur Charta, ihre Entschlossenheit, »den sozialen Fortschritt aller Völker zu fördern« (1979, 19). Falsche Zurückhaltung war den Delegierten in Zimmer 210 offenbar fremd: Ihr Blick in die Zukunft sah Albaner und Australier, Zulus und Zapotheken allesamt auf dem gleichen Weg zum »sozialen Fortschritt und besseren Lebensstandard in größerer Freiheit«. Man unterstellte, dass die geschichtlichen Entwicklungen in aller Welt in die gleiche Richtung gingen und sich zur Geschichte zusammenfügten; die UN sollten den zurückgebliebenen Ländern nur den nötigen Auftrieb zur Weiterentwicklung geben. Ganz offensichtlich war das Vorhaben, Krieg und Gewalt aus der Welt zu schaffen, eng verknüpft mit der Wunschvorstellung, dass die Menschheit auf dem Weg des Fortschritts voranschreiten und immer neue Gipfel erreichen möge. Einheit der Menschheit, Fortschritt und Frieden sind die begrifflichen Grundpfeiler, auf denen das weitläufige Gebäude der UN-Organisation von Anfang an ruhte. Ihre gesamte Struktur ist ausgerichtet auf die Gewissheit, dass sich die Einheit der Menschheit und der Frieden durch Fortschritt und Entwicklung herstellen werden. Der Auftrag der Vereinten Nationen hat seinen Dreh- und Angelpunkt im Fortschrittsglauben.

Die Vorstellungen, auf die sich die Charta der Vereinten Nationen beruft, waren in der europäischen Aufklärung formuliert worden. Zu Lebzeiten Voltaires hatte das Christentum seine allumfassende und einende Macht bereits verloren, ›Menschheit‹ wurde zum entscheidenden neuen Gemeinschaftsbegriff. Auf den Apostel Paulus geht die Überzeugung zurück, dass alle Unterschiede in dieser Welt nichtig sind angesichts der Erlösung durch die göttliche Gnade. Damit war die Vorstellung gestiftet, dass alle Menschen auf einer Stufe stehen; die Aufklärung säkularisierte diesen Gedanken und formulierte daraus ein humanistisches Bekenntnis: Wie einst vor Gott, so sollten nun alle Unterschiede angesichts der einen menschlichen Natur nichts gelten – weder Rasse noch Geschlecht, weder Stand noch Religion. In der Form der allgemeinen Menschenwürde wird die Vorstellung neu gefasst, dass wir alle Kinder Gottes sind. Seither gilt für alle Völker der gemeinsame Nenner ›Menschengeschlecht‹, die Unterschiede in Hautfarbe, Religion und sozialen Gebräuchen treten demgegenüber zurück.

Die Aufklärung sprach von ›Menschheit‹ allerdings nicht nur im empirischen Sinne. Der Begriff bezeichnete die Gesamtheit der Erdenbewohner, aber er hatte zugleich eine innere Ausrichtung: er wies in die Zukunft. ›Menschheit‹ war eigentlich etwas Künftiges, eine Aufgabe, die der Mensch zu erfüllen hatte, indem er den Weg des Fortschritts ging, nach und nach die Fesseln des Aberglaubens und der Obrigkeiten abstreifte, bis schließlich Vernunft und Selbstbestimmung triumphieren würden. Soziale Bindungen und Glaubensgemeinschaften galten den Aufklärern wenig. Ihre Utopie war eine Welt von Individuen, die einzig der Stimme der Vernunft folgen. So besehen konnte die ideale Menschheit nur aus Menschen bestehen, die von ihren alten Geschichten Abstand genommen haben, aus dem Rahmen ihrer Orte getreten sind und keine Bindung an ihre Gemeinschaften mehr kennen – um sich dann unter dem Regime von Wissenschaft, Markt und Staat zu vereinen. Für Hume wie für Kant war die Menschlichkeit ein Ziel, das nur zu erreichen schien, indem die allgemeinen Werte der Zivilisation verbreitet und immer mehr Menschen auf den Weg des Fortschritts gebracht würden: Der Aufbruch in die Moderne musste zuletzt die eine Menschheit zur Folge haben. Die Vorstellung der Aufklärung von der Einheit ist untrennbar verbunden mit der Annahme, dass die Herrschaft der Vernunft das Ziel der Geschichte sei – eine Idee, die eine grenzenlose Zukunft in sich barg, wie so viele Ideen jener Zeit.

Die wachsende Bedeutung des Menschheitsbegriffs verdrängte allerdings im europäischen Denken nicht die Vorstellungen vom Anderen. Was für die Christen die Heiden, waren die Wilden für die Philosophen der Aufklärung. In diesen Gestalten verkörperte sich jeweils das Gegenteil des gesellschaftlichen Selbstbildes. Wie die Heiden außerhalb des göttlichen Heils, so lebten die Wilden außerhalb der Segnungen der Zivilisation. Ein wichtiger Unterschied bestand jedoch: Das Christentum sah die Heiden als Bewohner ferner Weltgegenden, aus der Sicht der Aufklärung befanden sich die Wilden auf einer frühen Stufe der geschichtlichen Entwicklung. Im Europa der Aufklärung wurde die Distanz zum Anderen also nicht mehr räumlich definiert, sondern zeitlich. Dass es an den Rändern der (europäischen) Zivilisation so fremde Völker wie die Irokesen, die Aschanti oder die Bengalen gab, widersprach der Vorstellung von der einen Menschheit, der Widerspruch ließ sich aber auflösen, indem man das räumliche Nebeneinander einer Vielfalt von Kulturen als Gleichzeitigkeit verschiedener Stufen der Entwicklung auffasste. Der ›Wilde‹ lebte in der Gegenwart, aber in einem frühen Stadium der Menschheitsgeschichte; man besah ihn wie ein unreifes Kind, das die starke väterliche Hand braucht, um erwachsen zu werden und die Stufe des zivilisierten Menschen zu erreichen.

In der Präambel der UN-Charta ist der Wunsch nach Frieden an die Hoffnung geknüpft, dass sich die Lage aller Völker der Erde verbessern werde. Die traditionelle Vorstellung, der Frieden sei durch Gerechtigkeit zu bewirken, war schon seit Ende des 18. Jahrhunderts verblasst, nun begann man darauf zu hoffen, dass die Menschheit unter dem Dach der Zivilisation zusammenfinden werde. Hatten erst Freiheit und Vernunft den Sieg über Vorurteil und Engstirnigkeit davongetragen, dann würde das Zeitalter der Eintracht anbrechen. Der Aufklärung erschienen Frieden, Fortschritt und Menschheitsideal nur als verschiedene Aspekte einer Zukunft, auf die sich eschatologische Erwartungen richteten. Von Voltaire bis in unsere Tage war politisches Handeln von der Überzeugung getragen, dass man die Menschheit bessern könne.

Die Grundidee der UN-Charta wird nur verständlich, wenn man davon ausgeht, dass es einen geschichtlichen Königsweg zum Fortschritt gibt, den alle Völker gemeinsam gehen müssen. Wie einseitig diese Vorstellung von Evolution ist, zeigt sich in der Strategie, weltweit den Fortschritt in Gang zu setzen, um auf diese Weise die ›eine Welt‹ herzustellen: Damit werden zwangsläufig die Unterschiede aus der Welt geschafft, aufgelöst in eine Welteinheitlichkeit europäischen Ursprungs, die keine anderen geschichtlichen und örtlichen Bestimmungen mehr kennt. Die Einheit der Welt wird durch Verwestlichung erreicht. In der Mitte des 20. Jahrhunderts ist der Begriff des ›Wilden‹ durch den der ›Unterentwicklung‹ abgelöst worden. Dass der Mensch nun nicht mehr an seiner Vernunft, sondern an seiner Wirtschaftskraft gemessen wird, ändert nichts an der Grundkonzeption: Die Weltgesellschaft entsteht, indem die Zurückgebliebenen Fortschritte machen. Und weil alle Hoffnung auf Frieden unauflöslich an dieses welterschütternde Unterfangen gebunden sein soll, ergibt sich die tragische Situation, dass Frieden nur durch Auslöschung von Vielfalt zu erreichen ist, jedes Streben nach Mannigfaltigkeit aber den Ausbruch von Gewalt bedeutet. Auswege aus diesem Dilemma werden wohl erst gangbar, wenn der Gedanke des Friedens von der Idee der Entwicklung getrennt wird.

Der eine Markt

So seltsam es heute erscheinen mag, die Gründerväter der Vereinten Nationen und die Planer der internationalen Entwicklungspolitik ließen sich von der Vorstellung leiten, dass ein System weltumspannender Marktbeziehungen als Garant des Weltfriedens dienen könne. Wirtschaftsbeziehungen, so wurde argumentiert, schaffen Wohlstand und begründen gemeinsame Interessen, die wiederum aggressionshemmend wirken. Der Geist des Handels, nicht der Gewalt sollte allenthalben regieren, der Wettstreit der Nationen durch Wirtschaftskraft statt Feuerkraft entschieden werden. Nur durch ein weit gespanntes und eng geknüpftes Netz von Wirtschaftsbeziehungen schien der Einheit der Welt zu sichern – wo Warenverkehr stattfand, würden die Waffen schweigen.

Mit einer an Selbsttäuschung grenzenden Naivität machten sich die Propheten der Entwicklung daran, eine Utopie des 18. Jahrhunderts aufzupolieren, als habe es weder Kapitalismus noch Imperialismus je gegeben. Die Aufklärung hatte, mit Montesquieu, den Handelsverkehr als ein Mittel zur Verfeinerung der Sitten entdeckt: Man glaubte, wo die berechnende Vernunft und der kalte Eigennutz des Handels regiere, da werde die Kriegsleidenschaft und die Tyrannenwillkür bald als unnütz verworfen werden. Handel schafft Abhängigkeiten und Abhängigkeit macht zahm – diese Logik hat seit Montesquieu Bestand, sie beherrschte die UN und zeigt sich noch in der gegenwärtigen Integration der osteuropäischen Staaten und der ehemaligen UdSSR nach dem Zusammenbruch des bürokratischen Sozialismus. Wie man nach dem Zweiten Weltkrieg an der Pax Americana und an der Europäischen Gemeinschaft sehen konnte, ist die militärische Kolonisierung weithin abgelöst worden von ökonomischen Formen der Oberherrschaft. An die Stelle kriegslüsterner Staaten, die fremdes Territorium erobern, sind profithungrige Industrieunternehmen getreten, die fremde Märkte erobern. Die neue Weltordnung nach dem Zweiten Weltkrieg wurde mit Blick auf die künftige Einheit des Weltmarkts entworfen.

Die Zunahme der wechselseitigen Abhängigkeit ist häufig als ein besonderer Vorzug des Weltmarkts gepriesen worden, wobei man unterstellt, dass die Nationen, ob gut oder schlecht, durch das entsprechende Interessengeflecht aneinander gebunden werden. In diesem Sinne erinnerte der *Pearson-Bericht* 1969 die Industrienationen:

»Dazu kommt noch als Beweggrund das wohlverstandene und konstruktive Eigeninteresse. Es bildet eine durchaus akzeptable und respektable Basis für internationale Maßnahmen. Eine möglichst vollkommene Ausnützung aller Ressourcen der Welt, der menschlichen wie der materiellen, die nur durch internationale Zusammenarbeit zu erreichen ist, hilft nicht nur den wirtschaftlich schwachen Ländern, sondern auch denjenigen, die stark und wohlhabend sind.« (1969, 27f)

Zehn Jahre später wurde dieses Vertrauen in die einende Kraft der gemeinsamen Interessen erneut beschworen; im Bericht der *Nord-Süd-Kommission (Brandt-Bericht)* heißt es:

»Wer einen größeren Anteil am ökonomischen ›Kuchen‹ erstrebt, kann nicht ernsthaft wollen, dass der Kuchen kleiner wird. Die Entwicklungsländer können am wirtschaftlichen Wohlergehen der Industrieländer nicht uninteressiert sein…« (1980, 29)

Allerdings ließ sich die entscheidende Schwachstelle dieser Ideologie vom beiderseitigen Interesse nicht lange kaschieren: Der Wettstreit der Interessen findet nicht zu gleichen Bedingungen statt. Nach der wirtschaftswissenschaftlichen Doktrin des Wettbewerbsvorteils sollte es allen zum Vorteil dienen, wenn jede Nation sich auf das spezialisierte, wozu sie durch natürliche und geschichtliche Umstände besonders befähigt schien – so wäre also zum Beispiel der Tausch von Rohzucker aus Costa Rica gegen Medikamente aus Holland sinnvoll. Der Haken an dieser Argumentation ist allerdings, dass auf lange Sicht stets nur die Länder ihre Position stärken können, die komplexere Produkte verkaufen, weil sie den »spin-off«-Effekt hoch entwickelter Produktionsverfahren für sich nutzen können. In der pharmazeutischen Industrie wird Forschung betrieben und eine Vielzahl von Technologien erprobt, Zuckerrohranbau hat solche Wirkungen nicht. Am Ende bleibt vom angeblich beiderseitigen Interesse am freien Handel nur der Effekt, dass die eine Seite immer stärker und die andere immer schwächer wird. Und wenn das reichere Land schließlich ein neues High-Tech-Verfahren einführt, das die Erzeugnisse des schwächeren Landes rückständig erscheinen lässt – zum Beispiel einen biochemischen Ersatzstoff für den Naturzucker –, dann bleibt gar nichts mehr von der Interessenpartnerschaft, und das schwächere Land wird insgesamt überflüssig.

Doch auch wenn man von dieser inhärenten Tendenz zur Ungleichheit und Benachteiligung absieht, führt das zwanghafte Beharren auf dem Markt als einzigem Mittel, die Welt zu einen, die Länder allesamt schon rasch in eine heikle Lage. Der Weltmarkt, einst als Wunderwaffe gegen die Willkürherrschaft gepriesen, übt nämlich inzwischen selbst eine heimliche Tyrannei, vor der die armen wie die reichen Ländern zittern. Im Norden wie im Süden, im Osten wie im Osten sind die Regierungen verzweifelt darum bemüht, ihre Länder im internationalen Wettbewerb nicht ins Hintertreffen geraten zu lassen, eine zwanghafte, wirtschaftliche Kampfhandlung, die bis zur Lokalpolitik hinunterreichen kann. Die Entwicklungsländer greifen zum Mittel verstärkter Selbstausbeutung, nur um ihre Exportquoten in die Höhe zu treiben, die Industrieländer lassen sich auf den verhängnisvollen Aberwitz ein, die Produktion immer weiter zu steigern, nur um ihre Märkte zu schützen.

Für eine Politik der Selbstbestimmung bleibt in diesem Drunter und Drüber kein Raum. Kreative Versuche, andere, abweichende Modelle gesellschaftlicher Organisation zu verwirklichen, werden immer wieder im Ansatz erstickt, es herrscht der kategorische Imperativ der Weltmarktkonkurrenz. Um ein Land für diesen Wettbewerb zu rüsten, muss es insgesamt auf Linie gebracht werden, Mannigfaltigkeit wird zum Hindernis, das es auszuräumen gilt. Um mithalten zu können, opfern manche Länder immer größere Teile des Bodens als Anbauflächen für den Agrarexport, andere Länder können aus dem High-Tech-Rennen nicht mehr aussteigen – kaum ein Land scheint heute noch in der Lage, sein Schicksal selbst zu bestimmen. Natürlich gibt es Unterschiede, aber sie sind relativ: Im Vergleich zu Indien genießen die USA einen großen Spielraum, zugleich fühlen sie sich aber von Japan heftig unter Druck gesetzt. Die Zwänge des Weltmarktes sind für alle zum Alptraum geworden, für die Gewinner wie die Verlierer.

Die eine Erde

Seit Ende der sechziger Jahre hat in unserem Bewusstsein allmählich ein anderes Bild der Erde Gestalt angenommen: das Bild des Erdballs in seiner physischen Endlichkeit. Wir fühlen uns als Teil der ›Menschheit‹, wir sind verbunden durch den ›Weltmarkt‹, aber als Bewohner des einen Planeten sind wir zum gemeinsamen Schicksal verurteilt. Diese Botschaft kann man aus jenem ersten Foto der ›einen Welt‹ herauslesen, das aus dem Weltraum aufgenommen wurde – es hat sich bald als Symbol unseres Zeitalters etabliert. Deutlich wird uns vor Augen geführt, dass die Erde ein Ganzes ist: Das Bild zeigt den Planeten schwebend in der Unendlichkeit des Alls, aus der endlosen Dunkelheit hebt sich der Erdkreis hervor, bietet sich dar als ein begrenzter Ort, eine Wohnstatt. Der Betrachter spürt unmittelbar, was es heißt, auf dieser Welt und in ihr zu sein, die Einheit der Welt ist dokumentiert. Und sie ist augenfällig geworden: Überall trifft der Blick auf dieses Bild, es ziert Briefumschläge und T-Shirts und findet Verwendung in Werbespots. Im Fernsehzeitalter sind die fotografierten Bilder unsere Augenzeugen. Zum ersten Mal in der Geschichte wird uns der Planet in seiner Abgeschlossenheit vor Augen geführt, von nun an bedeutet ›eine Welt‹ auch physische Einheit; die ›eine Erde‹ ist gemeint. Und die ›Einheit der Menschheit‹ ist nicht länger eine Idee der Aufklärung oder das Resultat des Handels, sondern herrscht sich den Völkern als biophysikalische Tatsache auf.

Vor diesem Hintergrund der physischen Verflechtung treten die ständig zunehmenden Gefährdungen umso drastischer hervor. Überall Alarmzeichen, von der allmählichen Ausbreitung der Wüstengebiete bis zur drohenden Klimakatastrophe; die Biosphäre scheint den Belastungen nicht mehr lange standhalten zu können. Einzelne Handlungen, wie Autofahren oder Waldrodung, bewirken, indem sie vielfach auftreten, Störungen des globalen Gleichgewichts. Nützliche Kreisläufe verwandeln sich in schädliche Prozesse, bis zuletzt auf die Natur nicht mehr Verlass ist. Angesichts der unabsehbaren Katastrophen, die uns drohen, mehren sich die besorgten Stimmen, die einen weltweiten politischen Zusammenhalt fordern, der den übergreifenden biophysikalischen Zusammenhängen gerecht wird. »Die Erde ist ein Ganzes, aber die Welt ist es nicht. Wir alle sind für die Erhaltung unseres Lebens abhängig von unserer Biosphäre.« Im Anschluss an dieses Leitmotiv macht der »Brundtland-Bericht« deutlich, in welcher neuen, schicksalhaften Form der Einheit wir leben:

> »Heute wächst das Ausmaß unserer Eingriffe in die Natur, und die Folgen unserer Entscheidungen sprengen oft nationale Grenzen. Das Wachstum wirtschaftlicher Zusammenarbeit zwischen den Nationen vervielfältigt die weitreichenden Konsequenzen nationaler Entscheidungen. Wirtschaft und Ökologie verbinden uns in einem zunehmend engen Netzwerk. Heute sehen viele Regionen Risiken von irreversiblem Schaden für die menschliche Umwelt ins Auge, die die Basis für menschlichen Fortschritt gefährden.« (1987, 31)

Der *Brundlandt-Bericht*, das wichtigste entwicklungspolitische Dokument der späten achtziger Jahre, geht selbstverständlich von der einen Welt aus – eine Einheit allerdings, die durch die gemeinsame Bedrohung hergestellt wird.

Es hat sich einiges verändert, seit die UN-Charta verkündet wurde: Vom ethischen Anspruch auf die Einigung der Menschheit durch Fortschritt und Vernunft, über das wirtschaftliche Ideal, die Länder durch Handelsbeziehungen eng aneinander zu binden, sind wir schließlich bei der gespenstischen Vorstellung angelangt, dass die Einheit der Menschheit sich in der globalen Selbstzerstörung verwirklichen könnte. Was einst als historische Aufgabe begriffen wurde, erweist sich nun als drohendes Schicksal. An die Stelle der hoffnungsfrohen Appelle sind düstere Warnungen getreten. ›Eine Welt oder keine Welt‹ lautet der aktuelle Slogan. So betrachtet, erscheint die Menschheit als eine große Gruppe von Individuen, die der Zufall zusammengeführt hat, und die nun aufeinander angewiesen sind, weil das Überleben jedes Einzelnen von allen anderen abhängt. Sobald einer das Boot zum Schaukeln bringt, sind wir alle vereint – im Untergang. Der alte Begriff des Erdenlebens hat eine neue Bedeutung erhalten: Wir sind nicht länger auf irdischer Wanderschaft und voller Verlangen nach der Ewigkeit, sondern wir suchen Rettung, wie verzweifelte Passagiere auf einem leckgeschlagenen Schiff. Es hat einen düstern Beiklang, wenn von Einheit die Rede ist, man denkt nicht mehr an Hoffnungen. Mit ›der Bombe‹ wurde es bereits deutlich: In unserem Zeitalter ist Einheit zu einem Anspruch geworden, der vielleicht nur noch in der Katastrophe eingelöst werden kann.

Überall heulende Sirenen und Rettungsaktionen im Geiste irgendeiner Notstandsmoral – die Länder und Völker werden sich den entsprechenden Notverordnungen kaum entziehen können. Wenn erst die weltweiten Strategien wirksam werden, die das ›gemeinsame Boot‹ vor dem Kentern bewahren sollen, dürften solche Dinge wie politische Autonomie oder kulturelle Vielfalt als ein Luxus gelten, den man sich nicht mehr leisten kann. »Das Überleben der Planeten sichern!« lautet das unabweisbare Gebot; da wird Autonomie rasch zur antisozialen Bestrebung und der Anspruch auf Verschiedenheit zum Hindernis für kollektives Handeln. Kann man sich ein zwingenderes Motiv für weltweite Gleichschaltung vorstellen als die Rettung der Erde? Für die vielfältigen kulturellen Muster der Welt bedeutet der Öko-Imperialismus eine weitere Bedrohung.

Angesichts zunehmender Belastung des Bodens, des Wassers, der Wälder und der Atmosphäre können übergreifende Maßnahmen zur weltweiten Reduzierung der Entnahmen aus der Natur und der Verringerung von Abfallmengen durchaus notwendig werden. Man hat bereits Satelliten entwickelt, die eine globale Überwachung des Ressourcenabbaus ermöglichen, man arbeitet an Computerprogrammen, die im Simulationsmodell zeigen, welche Folgen wodurch bewirkt werden, und eine kommende Generation von Experten wird die vielfältigen sozialen Lebensäußerungen im Blick behalten und aufeinander abstimmen. Leitfigur dieser neuen Epoche wird nicht, wie in den Anfängen der Entwicklungspolitik, der Ingenieur sein, der Brücken baut oder die Energieversorgung installiert, sondern der Systemanalytiker.

So hat zum Beispiel die NASA bereits eigene Vorstellungen von der ›einen Erde‹ entwickelt:

> »Das Ziel der Globalsystemwissenschaft ist die wissenschaftliche Erfassung des Gesamtsystems Erde durch Beschreibung seiner Bestandteile in ihrer Entwicklung und ihrem Zusammenwirken, ihrer Funktion und ihrer voraussichtlichen Weiterentwicklung innerhalb verschiedener Zeiträume. Unsere Aufgabe ist es, ... zu Voraussagen über die Veränderungen zu

kommen, die innerhalb des nächsten Jahrzehnts bis nächsten Jahrhunderts sowohl aus natürlichen Gründen als infolge menschlicher Entwicklung eintreten können.« (zit. n. Finger 1989)

In dieser Sichtweise wird die Ganzheitlichkeit der Erde in Systemkategorien gefasst und ihre Einheit als das Zusammenwirken von Bestandteilen begriffen; die historische Aufgabe besteht demnach darin, irreparable Störungen lebenswichtiger Prozesse zu verhindern. Nicht durch das Band der Zivilisation oder das freie Spiel von Angebot und Nachfrage sind die Völker nun verknüpft, sondern durch die gemeinsame Abhängigkeit von lebenserhaltenden biophysikalischen Systemen. Die Metapher vom ›Raumschiff Erde‹ umschreibt den Kern dieser Auffassung recht genau. Folglich setzt man auch nicht länger auf die Ausbreitung des Fortschritts oder die Förderung der Produktivität – Einheit muss heute hergestellt werden durch die Sicherung der notwendigen Systemvoraussetzungen.

Die Versuche, der Bodenerosion Einhalt zu gebieten und die Artenvielfalt zu erhalten, der Emissionsschutz, die Regelung des Wasserverbrauchs, all diese gut gemeinten Anstrengungen führen auch dazu, dass neue kritische Maßstäbe an die alltäglichen Handlungen der Menschen angelegt werden. Das Sammeln von Brennholz und die Benutzung von Spraydosen ist nicht mehr selbstverständlich; wie man heizt oder seine Mahlzeiten kocht, wird zu einer Angelegenheit von globaler Bedeutung. Die Welt erscheint aus dieser Perspektive als ein ungeteilter homogener Raum, der nun nicht mehr durch die Vernunft oder die Preisschwankungen bestimmt wird, sondern durch geophysiologische Makrokreisläufe.

Die Folgen allerdings unterscheiden sich offenbar kaum von den schon bekannten Auswirkungen der Weltgeltung des Marktes und der Vernunft: Immer noch ist das allmähliche Verschwinden von Gebräuchen und Kulturen zu beobachten. Dass in der Entwicklungspolitik inzwischen von ›Bevölkerungen‹ statt von ›Völkern‹, von ›Systemerfordernissen‹ statt ›Bedürfnissen‹ und vom ›Überleben‹ statt vom ›Wohlstand‹ die Rede ist, zeigt an, dass die Kulturen immer mehr in den Hintergrund gedrängt werden: Es geht jetzt um die bloße Existenz. Was den Aufstieg des Industrialismus überdauert hat, droht nun im Mahlstrom seines Untergangs zu verschwinden.

Aber die Fragwürdigkeit eines globalen Öko-Managements zu erkennen, befreit nicht von jenem Dilemma, das uns noch Jahrzehnte beschäftigen wird: Ob man in den Kategorien der einen Welt denkt oder sie ablehnt – beides ist selbstzerstörerisch. Einerseits ist es in unserem Zeitalter der Kulturverdampfung ein Sakrileg, den globalen Raum als eine vereinigte, hochintegrierte Welt zu entwerfen. Andererseits kommt selbst eine Vision, die den globalen Raum als eine Vielzahl verschiedener und nur lose verbundener Welten sieht, angesichts lauernder Gewalt und Naturzerstörung nicht ohne eine Idee von Ökumene aus. Aufrufe zum globalen Bewusstsein gibt es heute jede Menge. Weil das Geschehen an einem Ort die Lebensbedingungen an anderen, weit entfernten Orten beeinflusst, ist die Reichweite unserer Verantwortung auf die Reichweite unserer Wirkungen auszudehnen. Dieser Drang, globale Verantwortung zu übernehmen, führt aber wieder in das genannte Dilemma: Man hofft auf eine weltumfassende Lösung der gegenwärtigen Probleme, aber gerade die universalistischen Konzepte waren es doch, die uns in die missliche Lage gebracht haben. Es steht zu befürchten, dass hier der Teufel mit dem Beelzebub ausgetrieben werden soll.

Ort oder Raum

Seit Jahrhunderten schon bekämpft der Universalismus die Vielfalt und Verschiedenheit. Wissenschaft, Staat und Markt behielten die Oberhand in diesem Feldzug, die unzähligen Gemeinschaften mit ihren unterschiedlichen Sprachen, Sitten und Kosmologien leisteten wohl manchmal Widerstand, sammelten ihre Kräfte und schlugen zurück – aber letztlich haben sie verloren. Es war ein ungleicher Kampf, nicht nur weil die universalistischen Mächte mit ihren Waffen und Dollars häufig klar überlegen waren, sondern wegen ihrer kognitiven Übermacht.

Wissenschaft, Staat und Markt beruhen auf einem systematischen Wissen über den Menschen, die Natur und die Gesellschaft, das allgemeine Gültigkeit beansprucht und überall und auf jeden anwendbar sein soll. Dieses Wissen trägt keine Spuren seines Ursprungs mehr, nichts weist auf den Ort und den Kontext seiner Entstehung hin; und gerade weil es nirgendwohin gehört, kann es überall eindringen. Die mechanistische Kausalität, die bürokratische Rationalität und das Gesetz von Angebot und Nachfrage sind gewissermaßen Regeln, die jede Bindung an eine bestimmte Gesellschaft oder Kultur abgestreift haben. Gerade weil sie aus allgemeineren Ordnungs- und Bedeutungszusammenhängen herausgelöst sind, entwickeln sie die Kraft, jede soziale Wirklichkeit nach ihrer begrenzten, aber präzisen Logik umzugestalten. Sie können folglich all die verschiedenen Kulturen aus dem Gleichgewicht bringen, die in ihrer je eigenen Vorstellungswelt befangen sind. Gerade wegen ihrer Bindung an bestimmte Orte und die dort lokalisierten Menschen, Erinnerungen und Kosmologien erweisen sich diese Kulturen als wehrlos gegenüber einer Denkweise, die keinen Ort hat, sondern auf dem Begriff des Raumes beruht. Denn die grundlegende Verschiedenheit von Universalismus und Lokalismus lässt sich unter anderem aus der Dichotomie von Raum und Ort erklären. Universalistische Bestrebungen sind in der Regel raumorientiert, während die lokalistische Weltsicht vor allem ortsbezogen ist. Das erklärt sowohl den Aufstieg des Universalismus als auch sein gegenwärtiges Spannungsverhältnis zur Diversität.

Wenn im Mittelalter von der ›ganzen Welt‹ die Rede war, hatte man nicht das Bild des Planeten mit seinen Bewohnern vor Augen, sondern das Bild einer Erde, über die sich, in ständiger Drehung, die verschiedenen Himmelssphären spannen. Die winzige Erde bildete den Mittelpunkt, aber sie stand nicht im Zentrum der Aufmerksamkeit – diese richtete sich vor allem auf die Beziehungen zwischen den irdischen Gefilden, die der Zufall regiert, und den ewigen, unwandelbaren Mächten des Himmels. Die mittelalterliche Weltordnung gliederte sich um eine vertikale Achse, die qualitativ verschiedene Schichten in ihrer Rangfolge verband. Diese ›Welt‹ war von gewaltiger Weite, aber sie war endlich und hatte eine feste Form – wie die hoch aufstrebenden Bögen und Pfeiler der gotischen Kathedralen den Blick nach oben lenkten, so blickten die Menschen auf ins Himmelsgewölbe, um den Bau des Kosmos zu begreifen.

Am Beginn der Neuzeit wurde das Bild des geschichteten und geschlossenen Kosmos allmählich durch die Vorstellung eines Universums von unendlicher räumlicher Ausdehnung ersetzt. Die vertikale Achse wurde gleichsam gekippt und in die Horizontale gelegt, nicht mehr nach oben, sondern in die Ferne sollte sich der Blick nun richten. Mit dem Bedeutungsverlust der Vertikale verblasste auch die Vorstellung von den qualitativen Unterschieden zwischen niederen und höheren Schichten der Wirklichkeit; an ihre Stelle trat die Idee einer homogenen Wirklichkeit, deren Gliederung nur in quantitativen Unterschieden erfassbar und geometrisch messbar ist. Die horizontale Ebene bestimmt nun das Denken: Die Welt erscheint nicht mehr als begrenzt und nach oben strebend, sondern als grenzenlos in immer weiteren Kreisen sich ausdehnend. Folglich gilt die Aufmerksamkeit der Menschen auch nicht mehr dem Auf und Ab, sondern dem Hin und Her, der geografischen Bewegung zu Nah- und

Fernzielen. ›Welt‹ meint nun die Oberfläche des Erdballs, nicht die Größe des Kosmos.

Nur durch die Aufklärung der geschichteten Weltordnung konnte also der ›Raum‹ seinen entscheidenden Stellenwert im modernen Bewusstsein erhalten. Und erst mit der Durchsetzung der raumorientierten Sichtweise konnte die Vorstellung von der ›einen Welt‹ entstehen – einer Welt auf gleichem Niveau, die sich als zweidimensionale Fläche darstellt, in der sich einzelne Punkte allein durch ihren geometrischen Ort unterscheiden. Die Kartografie zeigt diese raumorientierte Betrachtungsweise in aller Klarheit: Auf den Landkarten ist die Welt völlig eingeebnet, die Orte sind definiert durch ihre Lage im Gitternetz der Längen und Breiten.

Niemand kann jedoch nur ›im Raum‹ leben, jeder lebt auch ›am Ort‹. Denn trotz aller Versuche, es zu leugnen, bedeutet Menschsein, einen Körper zu haben, und dieser physische Körper braucht seinen Platz. Das menschliche Leben vollzieht sich daher unter bestimmten örtlichen Gegebenheiten, und folglich werden den Menschen jene Orte im Raum, die mit individuellen und kollektiven Handlungen und Vorstellungen verknüpft sind, stets wichtiger sein als andere. Um sich zu erinnern, zu anderen in Beziehung zu treten, Teil eines größeren Zusammenhangs zu werden, muss man sich einlassen, man muss anwesend sein. Diese Präsenz wird natürlich in einem konkreten physischen Raum erlebt, auf öffentlichen Plätzen und in den Straßen, in den Bergen oder an der See. Und diese Orte sind wiederum erfüllt von vergangenen und gegenwärtigen Erfahrungen, die ihnen Gewicht und Tiefe verleihen. Für manche Menschen haben darum bestimmte Orte eine besondere ›Dichte‹ – wo schon ihre Vorfahren lebten und wo die wichtigsten Erinnerungen zugegen sind, wo man eingebunden wird in ein Geflecht sozialer Verpflichtungen, wo man die anderen kennt und gekannt wird, dort gibt es den je besonderen gemeinsamen Ausgangspunkt: Sprache, Gewohnheiten und Anschauungen bilden zusammen eine eigene Lebensweise. Wo das Denken ortsbestimmt ist, geht man davon aus, dass ein Ort nicht der Schnittpunkt zweier Linien auf der Landkarte ist, sondern durch die Bündelung sinnvoller menschlicher Tätigkeit seine besondere Qualität, seine Aura erhält.

Seit den Tagen, als in Mexiko die Tempel von Tenochtitlan zerstört wurden, um aus ihren Steinen eine spanische Kathedrale zu bauen, hat der europäische Kolonialismus nicht aufgehört, die ortsgebundenen Kulturen zu verwüsten und ihnen seine raumorientierten Werte aufzuzwingen. Auf allen fünf Kontinenten zeigten die Kolonialisten immer aufs Neue entsetzliches Geschick darin, den Völkern ihre Götter, ihre Institutionen und ihre natürlichen Reichtümer zu rauben. Die Gründung von Universitäten in Nueva España, die Einführung des angelsächsischen Rechts in Indien, die erpresserische Durchsetzung des Pelzhandels bei den nordamerikanischen Indianern – Beispiele aus der Geschichte, die zeigen, auf welche Weise Wissenschaft, Staat und Markt zur weltweiten Verbreitung verholfen wurde.

In der Entwicklungspolitik nach dem Zweiten Weltkrieg setzt sich diese Geschichte fort. Dem geübten westlichen Blick bot sich die Erde als gewaltiger einheitlicher Raum, den es durch Einsatz universeller Programme und Technologien zu ordnen galt; zahlreiche Kulturen erschienen aus dieser Perspektive rückständig, mängelbehaftet und unerheblich. Die Verfechter der Entwicklung zögerten nicht; sie machten sich daran, das westliche Modell der Gesellschaft auf Länder verschiedenster Kultur zu übertragen.

Die ortsgebundenen Anschauungen sind aber durchaus nicht Vergangenheit. Im Gegenteil: gerade die Vorherrschaft des Universalismus gibt dem Partikularismus Auftrieb. Tatsächlich ist der Vormarsch der raumorientierten Vorstellungen in den vergangenen Jahrhunderten ebenso erfolgreich wie erfolglos gewesen. Der Universalismus hat sich zwar durchgesetzt, aber gleichzeitig konnten sich die lokalen Bestrebungen immer wieder neu behaupten. In zahllosen Aufständen gegen den Kolonialismus hat sich der Überlebenswille des Partikularen bewiesen; die Unabhängigkeitsbewegungen forderten die alten Rechte der Einheimischen ein.

Die letzten Jahrzehnte der Entwicklungsära zeigen ein ähnliches Bild: überall nationalistische Ansprache, ethnische Konflikte und Stammesfehden; man darf auch nicht vergessen, dass der Misserfolg universalistischer Entwicklungsplanung weitgehend darauf zurückgeht, dass die Menschen hartnäckig an den alten Sitten festhalten, die den jeweiligen Orten angepasst sind. Natürlich bleiben auch die lokalistischen Vorstellungen nicht, wie sie waren, sie werden ständig neu formuliert, geändert und neu erfunden, in unablässigem Dialog und Widerstreit. Und zugleich werden die universalistischen Vorstellungen, die sich ja weiterhin machtvoll ausbreiten, ständig ausgehöhlt, verkürzt und angepasst – zum dauernden Schrecken der westlichen Wohltäter. Und immer wieder, von den Orientalisten des frühen 19. Jahrhunderts bis zu den Alternativreisenden unserer Tage, geschieht es, dass Eliten, die der raumintensiven Weltsicht ganz und gar verpflichtet waren, abtrünnig werden, die ortsgebundenen Traditionen entdecken und sie gegen die europäische Zivilisation ins Feld führen.

Kosmopolitischer Lokalismus

Mehr als je zuvor ist der Universalismus heute in die Defensive geraten. Zwar geht der Siegeszug von Wissenschaft, Markt und Staat immer weiter, aber bei den Zuschauern will keine rechte Begeisterung mehr aufkommen. Kaum jemand glaubt noch daran, dass der lange Weg zu Frieden und Ordnung führen wird. Die jahrhundertealte Bewegung, die selbst in die entlegensten Winkel der Welt die Fackel des Fortschritts und der Vernunft tragen wollte, kommt allmählich zum Stillstand. Wo sie noch weitergeführt wird, ist nicht mehr missionarischer Eifer am Werk, sondern eher das Trägheitsmoment.

Utopien verleihen den Sehnsüchten eine konkrete Form, die aus der Enttäuschung über gegenwärtige Zustände in Staat und Gesellschaft erwachsen. So war es die Verzweiflung angesichts von Chauvinismus und Gewalt, die den Wunsch nach immer größeren geeinten Räumen entstehen ließ – ob Nationalstaat, regionaler Zusammenschluss oder Weltregierung. Aber inzwischen verlieren diese Bestrebungen durch neue Enttäuschungen ihren Sinn: Man stellt plötzlich fest, dass die ganze Welt der Gleichmacherei zum Opfer fällt. Der traditionelle Zusammenhang von Verschiedenheit und Gewalt löst sich auf, die Unterschiede erscheinen mit einem Mal als etwas, das es zu bewahren und zu fördern gilt. Die Schreckensvision, dass der Mensch der Neuzeit weltweit nur noch auf seinesgleichen trifft, scheint eine Umwälzung der zeitgenössischen Vorstellungen einzuleiten. Statt raumorientierter Einheit wird nun wieder die ortsgebundene Vielfalt angestrebt.

Die Mannigfaltigkeit kann ja auch nur von den Orten ausgehen, denn nur dort verknüpfen die Menschen die Gegenwart mit ihrer Geschichte. Man entdeckt nun wieder die ›eingeborenen‹ Sprachen und die traditionellen Kenntnisse, die lokalen Wirtschaftsformen werden wieder geschätzt. Dass in diesem Zusammenhang stets das Adverb ›wieder‹ gebraucht wird, zeigt an, dass die heutige Neuentdeckung des Unkonventionellen als eine Art Renaissance verstanden wird. Die unerfreuliche Aussicht auf eine Welt, die bis in den letzten Winkel ausgeleuchtet ist vom kalten Licht der modernen Rationalität, hat offensichtlich ein neues Interesse an den dunklen Bereichen gestiftet, in denen das Besondere, das Fremde und Überraschende seinen Ort hat. Ein Welt ohne das Andere würde Stagnation bedeuten. Ob in der Natur oder in der Kultur – nur durch die Vielfalt ist Innovation möglich, kann es kreative, nichtlineare Lösungen geben. Die Zweifel mehren sich, es scheint sich eine Wende anzudeuten. Man stellt sich die Welt nicht mehr als homogenen Raum vor, in dem alle Gegensätze aufzuheben seien, sondern eher als diskontinuierlichen Raum, in dem sich die Verschiedenheit vielerorts entfalten kann.

Überdies war die Vision einer Welt im Zeichen von Vernunft und Wohlstand von einer Geschichtsauffassung getragen, die heute museumsreif wirkt. Das Zukunftsprojekt der ›Einheit der Menschheit‹ gründete sich auf die Erwartung, dass der Mensch den Gang der Geschichte zur beständigen Aufwärtsentwicklung machen würde: Der Fortschritt verbürgte die künftige Einheit. Im Licht dieses Fortschritts sollten die weltweiten Verschiedenheiten verblassen, angesichts dieser Verheißung erschienen sie, in der raumorientierten Sichtweise, bereits überholt zu sein. Doch heute, kurz vor dem Ende des zwanzigsten Jahrhunderts, kann man unser Lebensgefühl wohl auf die knappe Formel bringen, dass der Lauf der Zeit kein Ziel mehr zu haben scheint und der Fortschrittsglaube erschüttert ist. Die Zukunft ist nicht gerade viel versprechend, sie birgt mehr Furcht als Hoffnung.

Es kann also unter den gegebenen Umständen keinesfalls mehr darum gehen, den weltweiten Zusammenschluss zu schaffen, indem man einfach auf den alten Wegen weiter in die versprochene gemeinsame Zukunft marschiert. Stattdessen geht es darum, Formen der Koexistenz zu finden, die im Kontext der Gegenwart stehen. Über die Einheit unter den aktuellen Bedingungen nachzudenken, bedeutet für alle Beteiligten eine weit größere Herausforderung: Das Ziel einer Welt in Frieden ist damit auf die Tagesordnung gesetzt und kann nicht mehr in die ferne Zukunft verschoben werden.

Eine Politik, die der Verantwortung gerecht wird, Kohärenz in einer gleichwohl diversen Welt zu bewirken, könnte sich an drei Prinzipien orientieren: Regeneration, unilaterale Selbstbeschränkung und interkultureller Dialog. Regeneration wäre die angemessene Reaktion auf die Einsicht, dass es kein gemeinsames Fortschrittsideal mehr gibt und der Königsweg der Entwicklung kein Ziel mehr hat. Stattdessen kommt es darauf an, sich auf die je verschiedenen Vorstellungen vom idealen Gemeinwesen zu beziehen, die jede Kultur ausgeformt hat. Die unilaterale Selbstbeschränkung könnte das Ideal des Wachstums in wechselseitiger Abhängigkeit ablösen: Jedes Land sollte seine Angelegenheiten so regeln, dass keine wirtschaftlichen und ökologischen Probleme abgewälzt werden und andere Gemeinschaften daran hindern, ihren eigenen Weg zu gehen. Und schließlich ist auch ein Dialog zwischen den Kulturen gefordert. Eine friedliche und nachhaltige Koexistenz wird nur möglich sein, wenn in jeder Kultur die Bereitschaft zu kritischer Selbstbefragung vorhanden ist. Nur durch einen Prozess ständiger Auseinandersetzung und Übereinkunft kann Kohärenz entstehen, ohne dass Gleichförmigkeit herrscht.

Die utopische Kraft des Universalismus ist erschöpft, allerdings muss sich auch jeder neue Lokalismus an der Weltöffentlichkeit orientieren. Das Gegenteil der Unterwerfung unter universelle Regeln soll ja nicht Egoismus sein, sondern eine größere Fähigkeit zur Selbstbeobachtung. In der Regel leben die Menschen nicht in nur einer Vorstellungswelt, sie können ihre Ansichten ändern und besitzen die Fähigkeit, sich selbst mit fremden Augen zu sehen. Häufig sind sie mehreren Wertordnungen zugleich verpflichtet, sie fühlen sich an einem Ort verwurzelt, aber können doch Teil einer größeren Gemeinschaft sein. Ein Bewohner Kölns war im Mittelalter selbstverständlich auch Mitglied der Christenheit; ein Dorfbewohner in Radschastan war der Mutter Indien, Bharat, verpflichtet, und ein kroatischer Bauer war einst ebenso Teil des habsburgischen Reiches wie ein Bürger von Krakau.

So könnte man sich auch die ›eine Welt‹ vorstellen: als ›Meta-Nation‹ statt als die eine ›Super-Nation‹, als einen Rahmen, in dem die verschiedenen Orte in ihrer Dichte und Tiefe zur Geltung kommen können. So besehen, wäre die ›eine Welt‹ nicht ein Raum für globale Planung, sondern eine regulative Idee, welche die örtlichen Bestrebungen in einen Kontext setzt. Solch ein kosmopolitischer Lokalismus würde die Erfordernisse der vielgestaltigen Welt berücksichtigen und dennoch der Vielfalt eines jeden Ortes gerecht werden. Auch wenn alle Orte nur relative Bedeutung beanspruchen können, wird doch der einzelne Ort in seiner ganzen Besonderheit gewürdigt. Nur aus dem Zweifel an globalen wie lokalistischen Vorstellungen kann der neue kosmopolitische Lokalismus entstehen. Vielleicht war es das, was Tzvetan Todorov deutlich machen wollte, als er Hugo von St. Victor, einen Autor des 12. Jahrhunderts, zitierte:

»Von zartem Gemüt ist, wer seine Heimat süß findet, stark dagegen jener, dem jeder Boden Heimat ist, doch nur der ist vollkommen, dem die ganze Welt ein fremdes Land ist.« (1985, 294)

Literatur

Brunner, Otto/Conze, Werner 1975, *Geschichtliche Grundbegriffe: Historisches Lexikon zur politisch-sozialen Sprache in Deutschland. Bde. 2, 3*. Stuttgart: Klett-Cotta

Charta der Vereinten Nationen 1979, München: Beck

Cot, J./Pellet, A. 1985, *La Charte des Nations Unies*. Paris: Economica

»Das Überleben sichern«: Gemeinsame Interessen der Industrie- und Entwicklungsländer: Bericht der Nord-Süd-Kommission 1980, Köln: Kiepenheuer & Witsch, *»Der Pearson-Bericht«: Bestandsaufnahme und Vorschläge zur Entwicklungspolitik: Bericht der Kommission für internationale Entwicklung* 1969, Wien, München, Zürich: Molden

Finger, M. 1989, *Today's Trend: Global Is Beautiful*. Manuskript

Hauff, Volker (Hg.) 1987, *Unsere gemeinsame Zukunft: Der Brundtland-Bericht der Weltkommission für Umwelt und Entwicklung*. Greven: Eggenkamp

Hirschmann, Albert O. 1987, *Leidenschaften und Interessen: Politische Begründungen des Kapitalismus vor seinem Sieg*. Frankfurt a. M.: Suhrkamp

Lewis, C. S. 1960, *Studies in Words*. Cambridge: Cambridge University Press

Pörksen, U. 1988, *Plastikwörter: Die Sprache einer internationalen Diktatur*. Stuttgart: Klett-Cotta

Todorov, T. 1985, *Die Eroberung Amerikas: Das Problem der Anderen*. Frankfurt a. M.: Suhrkamp

Yuan, Y.-F. 1974, *Topophilia: A Study of Environmental Perception, Attitudes and Values*. Englewood Cliffs, N. J.: Prentice Hall

GRENZENLOS GLOBAL?

Wie zukunftsfähig ist Globalisierung?

Symbole sind umso mächtiger, je mehr Bedeutungen sie in sich aufnehmen können. Sie leben geradezu von Ambivalenz. Das Kreuz Christi zum Beispiel konnte sowohl als Triumphzeichen für Eroberer wie auch als Hoffnungzeichen für Unterworfene gelten. Es war seine Ambivalenz, die es über alle Parteien hinaushob; Eindeutigkeit in seiner Botschaft hätte es zum Spalter- und nicht zum Einheitssymbol gemacht. Ganz ähnlich das Bild vom Blauen Planeten. Es ist zum unbestrittenen Symbol unserers Zeitalters aufgestiegen: keiner ficht es an, weder die Linke noch die Rechte, weder Konservative noch Neoliberale. Was auch immer die Lager trennt, alle schmücken sich mit Vorliebe mit diesem Sinnbild unserer Epoche. Wer mit diesem Bild antritt, gibt kund, auf der Höhe der Zeit zu sein, weltläufig und zukunftsgerichtet, ganz Zeitgenosse, bereit zum Aufbruch im neuen Jahrhundert. Auch in diesem Bild verdichten sich die gegensätzlichen Ambitionen unserer Epoche, auch dieses Bild wird von Truppen aus sich feindlichen Lagern wie ein Banner gehisst – und verdankt genau dieser Vieldeutigkeit seine Prominenz. Das Foto vom Globus enthält die Widersprüche der Globalisierung. Deshalb konnte es zur Allerweltsikone werden.

Begrenzung versus Entgrenzung

Kaum war das Bild verfügbar, Ende der sechziger Jahre, schon hatte die internationale Umweltbewegung darin ihre Botschaft wiedererkannt. Denn nichts sticht auf dem Bild so deutlich hervor wie die kreisrunde Grenze, welche die leuchtende Erde vom dunklen All absetzt. Es schimmern im fahlen Licht die Wolken, die Meere und die Erdteile; wie eine heimelige Insel im lebensfeindlichen Universum erscheint die Erde dem Betrachter. Der Rand des Planeten wirkt wie eine physische Grenze, die alles Irdische in sich schließt, Kontinente, Ozeane und alle Lebewesen. Für die Umweltbewegung war die Botschaft klar: das Bild enthüllte die Erde in ihrer Endlichkeit. Das Kreisrund der Erde demonstriert augenfällig, dass die Umweltkosten des industriellen Fortschritts sich nicht auf ewig ins Nirgendwo verschieben lassen, sondern sich innerhalb eines geschlossenen Systems langsam zu einer Bedrohung für alle aufbauen. Offensichtlich ist die Externalisierung von Schadensfolgen letztendlich ein Ding der Unmöglichkeit. Für die Umweltschützer spricht das Bild von der ökologischen Begrenzung der Erde. Es enthält eine Art holistischer Botschaft: in einer endlichen Welt, wo alle von allem betroffen sind, ist wechselseitige Achtsamkeit, ist mehr Selbstreflexivität über die Folgen des eigenen Handelns gefordert. Und gewiss, die Botschaft war keinesfalls wirkungslos. Vom ahnungsvollen Appell einiger Minderheiten hat sich die Vorstellung vom Planeten als geschlossenem System bis zur völkerrechtlichen Anerkennung durch die Gemeinschaft der Staaten Geltung verschafft. Die internationalen Konventionen zu Ozon, Klima und Biodiversität belegen, dass die Wahrnehmung der bio-physischen Begrenzung des Planeten höchste politische Weihen erlangt hat.

Doch haben die Ökologen schon seit geraumer Zeit das Monopol auf ihr Bild verloren. Zum Beispiel waren auf einigen Flughäfen, in den endlosen Gängen zwischen Check-in und Ausgang, in den letzten Jahren Werbesäulen zu sehen, die ein anderes Verständnis von Globalisierung zum Ausdruck bringen. Sie zeigen den blauen Planeten, sich aus dem schwarz-blauen Hintergrund auf den Betrachter zuschiebend, und ein Schriftzug vermeldet lakonisch: »MasterCard. The World in Your Hands«. Dem eiligen Passagier soll sich eine Mitteilung einprägen: wo immer er hinfliegt, überall auf dem weiten Globus, kann er auf den Service seiner Kreditkarte zählen und sich in das erdumspannende Netz von Verbuchung und Abrechnung einklinken. Grenzenlos erstreckt sich das Reich der Kreditkarte, Kaufkraft an jedem Ort und Buchführung in Echtzeit; der Reisende, keine Sorge, wird überall vom Netz des elektronischen Geldtransfers sicher gehalten. So und in zahlreichen anderen Variationen ist das Bild vom Planeten seit den achtziger Jahren zum Emblem transnationaler Wirtschaftstätigkeit geworden, kaum ein Unternehmen etwa der Telekommunikations- oder Tourismusbranche scheint darauf verzichten zu können, von der Nachrichtenindustrie ganz zu schweigen.

Wie war das möglich? Weil das Bild noch eine ganz andere Botschaft enthält. Denn das Rund der Grenze erzeugt, die Erde vom schwarzen All abhebend, einen zusammenhängenden und einheitlichen Erdenraum. Vor dessen physischer Tatsächlichkeit verschwinden politische Grenzen zwischen Nationen und Gemeinwesen, die Erde erscheint also als durchgängiger, grenzenfreier Raum. Daraus ergibt sich eine visuelle Botschaft: was zählt ist allenfalls der Rand der Erde, politische Grenzen aber zählen nicht. Sichtbar sind nur Ozeane, Kontinente und Inseln, keine Spur von Nationen, Kulturen und Gemeinwesen. Das Bild vom Planeten zeigt eine Welt ohne trennende Grenzen.

Distanzen messen sich auf dem Erdenbild ausschließlich in geografischen Einheiten von Kilometern, nicht in sozialen Einheiten von Nähe und Fremdheit. Überhaupt schauen Satellitenfotos aus wie renaturalisierte Landkarten; sie scheinen die alte Annahme der Kartografie zu bestätigen, dass Orte nichts weiter sind als Schnittpunkte von zwei Linien, der Longitude und der Latitude. Ganz im Gegensatz zu den Globen des 19. Jahrhunderts, die fein säuberlich politische Grenzen markieren und Staatsgebiete manchmal durch Farben gegeneinander abheben, lassen diese Fotos jegliche soziale Realität hinter der Tatsächlichkeit der Erdmorphologie verschwinden. Die Welt wird da als durchgängig homogener Raum vorgestellt, der dem Transit keinerlei Widerstand bietet, allenfalls Widerstand geografischer Art, aber keinen, der von menschlichen Gemeinschaften, ihren Rechten, Gewohnheiten und Absichten, herrührt. Alle Punkte der dem Betrachter zugewandten Erdhälfte sind auf dem Bild gleichzeitig einsehbar; wo indes schon der Blick ubiquitär und simultan Zugang hat, da legt sich auch in der Realität der ungehinderte Zugang nach überallhin nahe. Das Planetenbild bietet die Welt als offenen Mobilitätsraum dar, es verspricht umfassende Zugänglichkeit in alle Richtungen und lädt ein, sich im Expansionsdrang durch nichts außer durch die Grenzen der Erde behindern zu lassen. Durchgängig, durchlässig und kontrollierbar, so entwirft das Foto die Welt. Im Bild steckt auch eine imperiale Botschaft.

So steht das Bild vom Blauen Planeten zugleich für die Begrenzung wie für die Entgrenzung wirtschaftlicher Aktivität. Wie bei einem Vexierbild hängt die Bedeutung davon ab, auf welche Gestalt das Auge des Betrachters sich konzentriert: während die Außengrenze die physische Endlichkeit der Erde hervorhebt, legt der zusammenhängende, durchgängige Binnenraum ihre politisch-soziale Entgrenzung nahe. Kein Wunder daher, dass das Bild sowohl Umweltverbänden wie transnationalen Unternehmen als Feldzeichen dienen kann. Es ist über alle weltanschaulichen Lager hinweg zum Symbol unserer Zeit aufgestiegen, weil es beide Seiten des Grundkonflikts, der unserer Epoche durchzieht wie kein zweiter anschaulich macht: während sich auf der einen Seite die ökologische Begrenzung der Erde abzeichnet, drängt auf der anderen Seite die Dynamik wirtschaftlicher Globalisierung auf die Entgrenzung aller politisch und kulturell gebundenen Räume (Altvater/Mahnkopf 1996). Beide Narrative der Globalisierung, das von der Begrenzung wie das von der Entgrenzung, haben sich in den letzten Jahrzehnten herusgebildet; beide stehen freilich sowohl im Denken wie in der Politik in widerspruchsvoller Spannung zueinander. Wie dieser Konflikt ausgespielt wird, das wird dem anbrechenden Jahrhundert seine Gestalt geben.

Aufstieg der transnationalen Ökonomie

Seit Mitte der siebziger Jahre – nachdem das Bretton Woods System der fixierten Wechselkurse zugunsten eines Systems beweglicher, vom Markt bestimmter Kurse abgelöst worden war – durchzieht die Weltwirschaft, erst langsam, dann schneller, eine Dynamik der Entgrenzung. Die Suche nach Rohstoff- und Absatzmärkten hatte kapitalistische Unternehmen schon seit Jahrhunderten über die Grenzen ihrer Länder hinausgetrieben, doch erst in den letzten Jahrzehnten wurde eine internationale Ordnung geschaffen, welche programmatisch auf die Formation einer grenzenlosen, einer transnationalen Ökonomie hinarbeitet. Während die insgesamt acht GATT-Runden nach dem Krieg, im Sinne des herkömmlichen Freihandelsideals, die Zollgrenzen für Güteraustausch mehr und mehr abbauten, legten die letzte, die Uruguayrunde, und die neu errichtete Welthandelsorganisation die rechtlichen Fundamente für die politisch unregulierten Mobilität von Gütern, Dienstleistungen, Geldkapital und Investitionen quer über die Welt. Der Kreis der frei handelbaren Waren wurde in der Uruguayrunde, abgeschlossen 1993, weitergeschlagen und bezieht nun auch »Software-Produkte« wie Planungskontrakte, Urheberrechte, Patente, Versicherungen und weitere Dienstleistungen in die Deregulierung mit ein. Geldkapital indes fließt leichter über Grenzen, seit Kapitalverkehrskontrollen über die letzten zwanzig Jahre zuerst in USA und Deutschland, Mitte der achtziger Jahre von Japan und schließlich auch in südlichen Ländern abgebaut wurden. Und was Auslandsinvestitionen anlangt, so drängt die WTO (und die OECD mit dem vorläufig gescheiterten multilateralen Investitionsabkommen) auf die Verpflichtung eines jeden Staates, einheimische keinesfalls gegenüber ausländischen Investoren zu begünstigen – während umgekehrt allerdings die Begünstigung ausländischer gegenüber einheimischen Investoren mehr als erwünscht ist.

Es ist kaum zu übersehen, wie in all diesen Initiativen eine utopische Energie am Werk ist. Sie lässt sich an der immer wieder proklamierten

Absicht festmachen, ein »level playing field« schaffen zu wollen. Gleiche Spielstandards überall sollen eine globale Arena für wirtschaftlichen Wettbewerb herstellen, in der nur noch die Effizienz der Anbieter zählt, unbehindert und unverzerrt durch die jeweilige und besondere Tradition und Gestalt eines Gemeinwesens vor Ort. Jeder wirtschaftliche Akteur soll das Recht besitzen, an jedem Ort, zu jeder Zeit, was immer er will, anzubieten, herzustellen oder zu erwerben. Dem stehen bislang allerdings die verwirrend unterschiedlichen Sozial- und Rechtsordnungen auf der Welt entgegen, welche aus der Geschichte und aus der Sozialstruktur der jeweiligen Gesellschaft erwachsen. Sie sind in dieser Optik nichts weiter als Hindernisse für das reibungsfreie Funktionieren des Marktes; daher gilt es, grenzüberschreitende Wirtschaftsaktivitäten aus ihrer Einbettung in lokale/nationale Sozialverhältnisse herauszuheben und, wenn überhaupt, weltweit gleichen Regeln zu unterwerfen. Denn die Kräfte des Marktes dürfen nicht blockiert, verwässert oder umgelenkt werden, weil sonst Effizienzverluste entstehen und Wohlstand sich nicht optimal entfalten würde.

Auch im utopischen Weltmodell der wirtschaftlichen Globalisierung erscheint die Erde als ein homogener Raum, durchgängig und durchlässig, wo Güter und Kapitale unbehindert zirkulieren können. Nur Angebot und Nachfrage, keinesfalls aber politische Prioritäten, sollen diese Flüsse beschleunigen, verlangsamen und in der Richtung bestimmen. Man stellt sich die Welt als einen enormen Marktplatz vor, wo Produktionsfaktoren dort gekauft werden, wo sie am billigsten sind (»global sourcing«), und Waren dort abgesetzt werden, wo sie den günstigsten Preis erzielen (»global marketing«). Ganz wie im Planetenbild spielen Gemeinwesen und ihre Eigenrechte keine Rolle; Lebensorte werden zu bloßen Standorten wirtschaftlicher Tätigkeit verkürzt. Doch zum andauernden Verdruss der neo-liberalen Himmelsstürmer erweisen sich Gesellschaften allenthalben als träge und widerständig; die Kärrnerarbeit der Globalisierer besteht darin, die schnöde Wirklichkeit dem idealen Modell anzupassen. Sie sehen es als ihre Mission, unermüdlich Barrieren für den freien Fluss der Waren zu beseitigen und so die umfassende Zugänglichkeit der Welt herzustellen. Genau darin liegt das Programm des multilateralen Wirtschaftsregimes der WTO.

Für eine blitzartige und ungehinderte Zirkukation ist in der Tat in den letzten Jahrzehnten auch eine Infrastruktur installiert worden, welche erst die materielle Basis für transnationale Integration bietet. Ohne das weltumspannende Netzwerk von Telefonlinien, Glasfaserkabeln, Mikrowellenkanälen, Relaisstationen und Kommunikationssatelliten gäbe es keine grenzenlose Welt, jedenfalls nicht als selbstverständliche Erfahrung im Alltag. Denn elektronische Datenflüsse, die sich in Kommandos und Nachrichten, Töne und Bilder umwandeln lassen, machen geografische Distanz belanglos; Kilometer schrumpfen im Cyberspace zum Tastendruck oder zum Mausklick. Der Widerstand der Entfernung ist gebrochen, und seit auch die Kosten für Fernübertragung und Datenverarbeitung steil nach unten gefallen sind, ist weltweite Interaktion zum täglichen Brot für die global orientierte Mittelklasse geworden. So setzen die elektronischen Impulse um, was der Fernblick auf den Planeten Erde nahe legt: die Einheit des Raumes und der Zeit für jede Handlung auf der Welt. Im Prinzip können nunmehr alle Ereignisse miteinander in Echtzeit und für alle Orte in Verbindung gebracht werden. Während das Planetenbild die Entgrenzung der Welt als visuelle Erfahrung vermittelt, verwandelt die elektronische Vernetzung die Entgrenzung der Welt in eine Kommunikationserfahrung (und natürlich der Flugverkehr in eine Reiseerfahrung). Im beständigen, hoch-volumigen und lichtgeschwinden Fluss von Informationsbits rund um die Erde realisieren sich die Vernichtung der Entfernung und die Angleichung der Zeiten; der elektronische Raum produziert einen raum-zeitlich kompakten Globus (Altvater/Mahnkopf 1996).

Die Informationsbahnen können mit den Eisenbahnen verglichen werden. Denn das digitale Netz spielt für den Aufstieg der globalen Ökonomie im 20. Jahrhundert eine ähnliche Rolle wie das Eisenbahnnetz im 19. Jahrhundert für den Aufstieg der nationalen Ökonomie (Lash/Urry 1994). Ganz wie die Infrastruktur der Eisenbahn einst zum Rückgrat der nationalen Ökonomie wurde, weil sinkende Transportkosten die Fusion regionaler Märkte zu einem nationalen Markt erlaubten, so ist die digitale Infrastruktur das Rückgrat der globalen Ökonomie, weil sinkende Transmissionskosten die Fusion nationaler Märkte zu einem globalen Markt erlauben. Freilich verkürzen Entfernungen sich nicht gleichermaßen über die ganze Erde, sondern vornehmlich zwischen den Orten, die mit Flug- und Transmissionslinien verbunden sind. Daraus ergibt sich eine neue Hierarchisierung des Raumes: an der Spitze der Pyramide sind die »global cities« zu finden, welche über Ländergrenzen hinweg durch high-speed Luft- oder Bodenverbindungen sowie Glasfaserkabeln in engem Austausch stehen, während an ihrem Fuße ganze Kontinente, wie etwa

Afrika oder Zentralasien, anzutreffen sind, »schwarze Löcher« im Universum der Information (Castells 1997), die weder an Transmissionsnoch an Transportlinien in nennenswertem Maße angeschlossen sind.

Genau betrachtet nehmen also die Netzwerke transnationaler Interaktion selten Konfigurationen an, die sich über den gesamten Globus erstrecken; sie sind nicht global, sondern vielmehr transnational, weil sie immer nur Ausschnitte der Erde in wechselnder Geografie zusammenschließen. Sie sind eher deterritorialisiert statt globalisiert. Das ist insbesondere für jene Formen der ökonomischen Entgrenzung der Fall, welche – im Gegensatz zu früheren Formen der Internationalisierung – typisch für das Globalisierungszeitalter sind: die geografisch gestreuten Wertschöpfungsketten und die globalisierten Finanzmärkte. Gestützt auf eine Infrastruktur elektronischen und physischen Verkehrs sind Firmen in der Lage, ihre Wertschöpfungskette aufzugliedern und einzelne Etappen dort auf der Welt anzusiedeln, wo die jeweils günstigste Lohn-, Qualifikationsoder Marktumgebung vorliegt. So mag für ein beliebiges Erzeugnis die Vorproduktion in Russland, die Weiterverarbeitung in Malaysia, das Marketing in Hongkong, die Forschung in der Schweiz und die Planung in England angesiedelt sein. Es verschwindet die hergebrachte Fabrik, wo noch weitgehend ein Erzeugnis von Anfang bis Ende hergestellt worden war, zugunsten eines Netzwerks von Teilstandorten, an denen dann jeweils vorher unbekannte Effizienzgewinne eingefahren werden können. Am reinsten hat sich allerdings die Entgrenzung der Wirtschaftsaktivität auf den Finanzmärkten realisiert. Aktien, Anleihen und Währungsbestände sind längst nicht mehr »Papiere«, sondern digitalisiert; sie lassen sich auf Tastendruck von einem Käufer zu anderen transferieren, ganz ungeachtet aller Grenzen und Distanzen. Nicht zufällig ist jener Markt am weitestgehenden globalisiert, der mit der körperlosesten aller Waren zu tun hat: dem Geld. Nur dem elektronischen Impuls gehorchend, kann es sich – den Engeln gleich – in Echtzeit überallhin bewegen, in einem homogenen Raum, ganz frei von Hindernissen. Es scheint, als ob das Narrativ von der Entgrenzung am besten dann in der Wirklichkeit eingelöst werden kann, wenn es sich in der Körperlosigkeit des Cyberspace vollzieht.

Wie wirtschaftliche Globalisierung den Ressourcen-verbrauch vermindert

Nichts ist den Protagonisten der wirtschaftlichen Globalisierung so sehr ein Dorn im Auge wie geschlossene Wirtschaftsräume. Einfuhrbeschränkungen und Ausfuhrregeln, nationale Produktnormen und Sozialgesetze, Investitionssteuerung und Beteiligungsrechte, kurzum politische Vorgaben aller Art, welche die Wirtschaftsverfassung eines Staates von der eines anderen abheben, werden von ihnen als Hindernisse für die freie Mobilität der Produktionsfaktoren wahrgenommen. Ihr Bestreben geht darauf hin, die territorialstaatlich definierten »Behälter«, in denen bisher nationale Märkte eingelassen waren, zu durchlöchern und nach und nach einzureißen. Stattdessen soll eine transnationale Arena entstehen, wo die Wirtschaftsakteure nicht mehr mit Sonderrechten konfrontiert sind, die es ihnen verwehren, die Dynamik des Wettbewerbs voll auszuspielen. Deshalb laufen die multilateralen Wirtschaftsregime, sei es auf kontinentaler Ebene wie unter ASEAN, NAFTA und der Europäischen Union, oder sei es auf globaler Ebene wie unter GATT und der WTO, darauf hinaus, quer zu den Staaten homogene Wettbewerbsräume herzustellen.

Offene Märkte und der Effizienzeffekt

Am Horizont dieser Anstrengungen steht das Versprechen, in einer Welt zu leben, die aus ihren begrenzten Mitteln das Maximum herausholt. Immer mehr Menschen mit immer mehr Ansprüchen sind auf der Erde zufrieden zu stellen; aus dieser Herausforderung leiten die Globalisierungsfreunde ihren Auftrag, ja ihre Mission ab, die Wirtschaftsapparate der Welt einer Effizienzkur zu unterziehen. Denn darum geht es bei der Liberalisierung der Märkte: über die Selektionskraft des Wettbewerbs allerorten den effizienten Einsatz von Kapital, Arbeit, Intelligenz und auch Naturressourcen sicherzustellen (und neue Machtoptionen zu eröffnen). Nur eine solche, fortlaufend erneuerte Effizienzkur kann, so das Selbstverständnis der Globalisierer, die Basis für den Wohlstand der Nationen legen. Gewiss: Unternehmen handeln nicht aus hehren Motiven, sondern nützen Gewinn- und Siegeschancen, aber dennoch, von der »unsichtbaren Hand« des Marktes wird erwartet, auch im Weltmaßstab letztendlich für mehr Wohlstand sorgen. Daher gilt es, eine Dynamik in Gang zu setzen, welche jede Schutzzone der Unterproduktivität dem scharfen Wind des internationalen Wettbewerbs aussetzt. Ins Visier einer solchen Perspektive geraten vor allem die staatswirtschaftlichen Komplexe im ehemaligen Herrschaftsbereich der Sowjetunion sowie in vielen südlichen Ländern. In der Tat, Protektionismus nach außen und Sklerotisierung der Strukturen nach innen gehen häufig zusammen. Gerade in Ländern, wo sich die Machteliten über die Besetzung des Staates die Reichtümer eines Landes aneignen, bilden sich leicht parasitäre Strukturen. Abgeschottet gegen Wettbewerb – sei es von innen oder von außen – kann es sich die Machtelite leisten, Kapital und sonstige Ressourcen so einzusetzen, dass sie bei geringer Dienstleistung in kurzer Frist ein Maximum an Surplus erzielen – das dann zu nicht geringen Teilen auf ausländischen Bankkonten in Sicherheit gebracht wird. Neben der Monopolisierung unternehmerischer Tätigkeit durch den Staat, dem Druck auf die Arbeiter und der Unterversorgung der Konsumenten ist es besonders die zügellose Ausbeutung der natürlichen Ressourcen, welche schnellen Gewinn abwirft. Wachstum wird gleichbedeutend mit erweiterter Extraktion von Natur: etwa von Öl in der Sowjetunion, in Nigeria oder in Mexiko, von Kohle in Indien und China, von Holz in Elfenbeinküste und Indonesien oder von Mineralien in der Demokratischen Republik Kongo. Natürlich war es kein Zufall, dass der Ressourcenverbrauch in den ehemals kommunistischen Ländern weit höher als im Westen lag. Naturschätze wurden dort als kostenloser, weil staatseigener Brennstoff für industriellen Aufschwung verfeuert, und das umso mehr, als Wachstum durch Extensivierung und nicht durch Intensivierung der Produktion erzielt wurde. Daher kommt es auch der Ressourceneffizienz zugute, wenn staatsbürokratisch erstarrte Volkswirtschaften für den Wettbewerb geöffnet werden. Kaum fällt der Wall der Restriktionen und Subventionen, treten von außen neue Anbieter auf den Plan, welche solcherart Verschwendungswirtschaft zum Einsturz bringen. Globalisierung schleift Hochburgen der Misswirtschaft und vermindert in solchen Fällen Ressourcenverbrauch, indem sie wenigstens die konventionelle ökonomische Vernunft zur Geltung bringt.

Dieser Effizienzeffekt wirtschaftlicher Globalisierung kommt nicht nur über einen erweiterten Markteintritt zum Tragen. Auch öffnen grenzüberschreitende Handels- und Investitionsflüsse den Zugang zu Technologien, die im Vergleich zu einheimisch gebräuchlichen Technologien oftmals beträchtliche Effizienzvorteile mitbringen. Das gilt insbesondere für Sektoren wie Bergbau, Energie, Transport und Industrie. Beispiele reichen von der Einführung sparsamerer Autos aus Japan in den USA über den Einsatz neuer Kraftwerkstechnik in Pakistan bis hin zur Einführung material- und energieeffizienterer Hochöfen für die Stahlgewinnung in Brasilien. Es gibt starke Anzeichen dafür, dass offenere Volkswirtschaften frühzeitiger ressourceneffiziente Technologien zur Anwendung bringen, einfach weil sie besseren Zugang zur jeweils modernsten – und das heißt normalerweise: relativ effizienteren – Anlagentechnik haben. Auch multinationale Unternehmen neigen eher dazu, Technologien über verschiedenen Länder hinweg auf fortgeschrittenerem Niveau zu standardisieren als sich vielerlei Abstimmungskosten einzuhandeln. Der Zusammenhang ist gewiss nicht zwingend, aber doch wahrscheinlich; daher lässt sich sagen, dass freizügigere Investitionsregeln im allgemeinen zum Einstieg in einen überlegeneren Technologiepfad ermuntern (Johnstone 1997). Der Effizienzeffekt offener Märkte ist indes nicht nur beim Technologietransfer sichtbar; er macht sich neben der Angebotsseite auch auf der Nachfrageseite bemerkbar. Denn Warenexporte, die von Schwellenländern in die post-industriellen Ländern des Nordens gehen, müssen sich an den dortigen Konsumpräferenzen messen. Da auf manchen Märkten im Norden eine umweltbewusstere Nachfrage herrscht, kann es geschehen, dass Produktionsstrukturen im Ausfuhrland sich an diesen Standards orientieren. So hat eine solche Nachfrage bewirkt, dass aus den Südländern abgasärmere Motoren, weniger giftiges Plastikspielzeug oder weniger Holz aus Kahlschlag exportiert wird.

Wirtschaftliche Globalisierung, darin liegt ihre Rechtfertigung, ist darauf angelegt, ein Weltreich ökonomischer Effizienz zu errichten. Solche Effizienz ist mikro-ökonomisch verstanden; sie strebt darauf hin, allenthalben die Produktionsfaktoren optimal einzusetzen. Darin ist häufig der Einsatz von Energien und Stoffen enthalten. Auf diesen Effizienzeffekt können sich die Protagonisten der Globalisierung berufen, wenn sie Marktliberalisierung auch als Strategie gegen Ressourcenverbrauch und Umweltverschmutzung anpreisen (OECD 1998). Freilich müssen sie dazu den Schwachpunkt einer solchen Strategie herunterspielen, denn der Zuwachs an mikro-ökonomischer Rationalität kann durchaus mit einem Verfall der makro-sozialen Rationalität einhergehen, und zwar in den politisch-sozialen Verhältnissen wie auch im Umweltbereich. Denn Marktliberalisierung mag zwar den spezifischen Ressourcenverbrauch senken, d.h. Ressourceneinsatz pro Einheit an Output, doch wird der gesamte Ressourcenverbrauch gleichzeitig wachsen, wenn das Volumen an Wirtschaftstätigkeit expandiert. Wachstumseffekte können allzu leicht Effizienzeffekte aufzehren. In der Tat wurden bislang Effizienzgewinne in der Geschichte der Industriegesellschaft in schöner Beständigkeit in neue Expansionschancen umgewandelt. Darin liegt – ökologisch gesehen – die Achillesferse der Globalisierung.

Wie wirtschaftliche Globalisierung den Ressourcenverbrauch ausweitet und beschleunigt

Obwohl in den letzten Jahren, oftmals mit Pauken und Tropeten, die Globalisierung der Märkte als eine neue Ära für die Menschheit gefeiert wurde, ist ihr Ziel doch überraschend konventionell. Sie dient erklärtermaßen dazu, der Welt einen Sprung an wirtschaftlichem Wachstum zu bescheren. Indes bedienen sich Unternehmen auch im Zeitalter der Weltmärkte den hergebrachten Wachstumsstrategien wie Rationalisierung oder Expansion. Da ist auf der einen Seite die bewegliche Verteilung der Wertschöpfungskette über weit auseinanderliegende Orte, welche es den Unternehmen erlaubt – für den jeweiligen Produktionsschritt den günstigsten Standort wählend – Rationalisierungpotenziale auszuschöpfen, die vormals einfach nicht zur Verfügung standen. Auch die gleichzeitig voranschreitende Digitalisierung der Wirtschaftsprozesse öffnete Produktivitätsspielräume, etwa in der Fertigung durch flexible Automatisierung, in der Forschung durch Simulation oder in Kooperationsnetzwerken durch zeitgenaue Logistik. So wurde es mit der entsprechenden Restrukturierung großer Teile der Weltökonomie möglich, über einen langgezogenen Produktivitätswettbewerb den Ende der siebziger Jahren weitgehend saturierten OECD-Märkten weiteres Wachstum abzuringen. Auf der anderen Seite lief Wachstum über Expansion, vor allem über die Suche neuer Märkte im Ausland. Viele Unternehmen, die möglicherweise auf den einheimischen Märkten keine großen Sprünge mehr machen konnten, erschlossen Nachfrage in den OECD- und in den Schwellenländern. Es kann als das vereinte Ergebnis beider Strategien gesehen werden, dass die Weltwirtschaft auf dem besten Wege ist, sich bis zum Jahre 2000 im Vergleich zum Jahr 1975 zu verdoppeln. Auch wenn sich nicht jedes Wachstum des GNP gleich in ein Wachstum des Ressourcenflusses umsetzt, steht außer Frage, dass damit die Biosphäre immer weiter von der Anthroposphäre unter Druck gesetzt wird.

Auslandsdirektinvestitionen und der Expansionseffekt

Der utopische Horizont der Globalisierung liegt darin, für die Mobilität von Kapital und Gütern eine durchgängige, grenzen-lose Welt zu schaffen. Während im Gefolge der GATT-Abkommen der Güteraustausch sich schon seit Jahrzehnten vertieft und ausgeweitet hatte, ließ in den letzten fünfzehn Jahren die Entgrenzung der Welt insbesondere die Beweglichkeit privaten Kapitals hochschnellen. Weltweit legte der grenzüberschreitende Güteraustausch zwischen 1980 und 1996 jährlich im Schnitt um 4,7 % zu, aber die Auslandsinvestitionen sind um 8,8 %, internationale Bankkredite um 10 % und der Währungs- und Aktienhandel um 25 % im Jahr gewachsen (»The Economist« 1997a). Blickt man auf die geografische Verteilung dieser Kapitalströme, so springt eine Neuheit ins Auge: wenngleich der Löwenanteil des Kapitalverkehrs sich nach wie vor innerhalb der Triade USA-Europa-Japan abspielt, ist der private Kapitaltransfer, vornehmlich in die zehn »emerging markets« Ostasiens und Südamerikas, fast explodiert. Er stieg von jährlich 44 Milliarden Dollar Anfang der 90er Jahre auf 244 Milliarden Dollar im Jahre 1996, um sich dann nach der Finanzkrise 1997 in Asien sich auf etwa 170 Milliarden einzupendeln (French 1998, 7). Eine wichtige Subkategorie sind dabei die Auslandsinvestitionen, die eingesetzt werden, um Firmen aufzukaufen oder zu errichten; sie fließen etwa zur Hälfte in die verarbeitende Industrie, zu mehr als einem Drittel in Dienstleistungen und zu 20 % in den primären Sektor (French 1998, 14). Auf der Seite der investierenden Firmen geht es entweder darum, sich in der weiteren Erschließung von Naturressourcen zu engagieren, eine Plattform innerhalb einer transnationalen Produktionskette zu errichten oder Zugang zu Absatzmärkten zu finden. Auf der Seite der aufnehmenden Staaten hingegen steht das Streben nach Investitionskapital und Know-How sowie ganz allgemein der brennende Wunsch, in einen Wachstumspfad einzutreten und irgendwann mit den reichen Ländern gleichzuziehen.

Im Auge der Migration von Investitionskapital aus den OECD-Ländern verbreitet sich freilich das fossile Entwicklungsmodell in die Schwellenländer und weit darüber hinaus. Autofabriken in China, Chemiewerke in Mexiko oder industrielle Landwirtschaft in den Philippinen, die Südländer steigen allenthalben in die fossile, ressourcen-intensive Phase wirtschaftlicher Entwicklung ein. Jener verhängnisvolle Wirtschaftsstil, der sich in Europa gegen Ende des 19. Jahrhunderts konsolidiert hatte und in beträchtlichem Maße auf der Transformation unbezahlter Naturwerte in Warenwerte beruht, expandiert im Gefolge der Auslandsinvestitionen in weitere Zonen der Welt. Gewiss, ein guter Teil dieser Entwicklung wird auch von einheimisch akkumuliertem Kapital vorangetrieben, doch der rasante Zufluss von Auslandsinvestitionen vertieft und beschleunigt den Einstieg in ökologische Raubökonomien. Es regiert schließlich allenthalben ein industriegesellschaftlicher Mimetismus, der Produktions- und Konsumweisen nachahmt, die angesichts der Naturkrise bereits als historisch überholt gelten können. Denn auf dem konventionellen Entwicklungspfad geht monetäres Wachstum immer mit materiellem Wachstum zusammen, eine gewisse Entkopplung findet erst beim Übergang in eine post-industrielle Ökonomie statt. So treiben gerade die bevorzugten Investitionsziele wie Grundstoffindustrien oder Energie- und Verkehrsinfrastrukturen samt und sonders den Stoffverbrauch in die Höhe. Und selbst wenn der spezifische Ressourceneinsatz niedriger liegt als in der entsprechenden Entwicklungsphase der reichen Länder, so steigert sich doch das absolute Volumen des Ressourcenflusses gewaltig.

Die Entgrenzung der Investitionstätigkeit steht daher in zunehmender Spannung mit der Begrenzung der bio-physischen Kapazitäten der Erde. So verzeichneten die Schwellenländer einen steilen Anstieg ihrer CO_2-Emissionen (zwischen 20 und 40 % im Zeitraum 1990-95), während die der Industrieländer – allerdings auf hohem Niveau – nur leicht stiegen (Brown et al.1998, 58). Alles in allem wird sich in China und Ostasien der fossile Energieverbrauch in den Jahren 1990-2005 verdoppeln und dabei nach Volumen fast mit den USA gleichziehen (WRI 1998, 121). Als Symbol kann das Automobil gelten. In Südkorea (vor der Krise) expandierte der Autobesitz jährlich um 20 % (Cayley-Spapens 1998, 35). Auf den Straßen Indiens waren 1980 im wesentlichen nur die altehrwürdigen Ambassador-Limousinen zu sehen, benzin-fressende Gefährten zwar, von denen aber eine geringe Zahl weit weniger Gase ausstößt als die große Zahl an effizienteren Autos, die von den neun mittlerweile dort operierenden Automobilkonzernen auf die Straße geschickt werden. So wird in Ländern, deren Verkehr sich bislang auf Fahrräder und öffentlichen Transport stützte, eine mögliche Weiterentwicklung dieser eher umweltfreundlichen Verkehrsstrukturen abgeblockt und stattdessen ein System struktureller Abhängigkeit von hohem Ressourceneinsatz installiert. Da liegt es ganz in der Logik der fossilen Expansion, dass die Weltbank, trotz zahlreicher Lippenbekenntnisse zu *Sustainable Develop-*

ment, zwei Drittel ihrer Ausgaben im Energiesektor für Projekte zur Mobilisierung fossiler Energieträger aufwendet (Wysham 1997).

Ein anderes Symbol eines weithin für modern gehaltenen Lebensstils, der »Big Mac«, kann den zunehmenden Druck auf die biologischen Ressourcen illustrieren. In nur fünf Jahren zwischen 1990 und1996 hat sich die Zahl der McDonald's-Restaurants in Asien und Lateinamerika vervierfacht (UNDP 1998, 56), wie allgemein der Fleischkonsum in diesen Gebieten in den letzten 25 Jahren um das Dreifache gestiegen ist. Solche Verschiebungen im Nahrungskonsum erfordern steigenden Wasser-, Getreide- und Flächenverbrauch für Rinderzucht, was oft zu Lasten von Wäldern geht. Kaum erstaunlich daher, dass etwa die Länder Südost- und Südasiens während der achtziger Jahren in einer einzigen Dekade zwischen zehn und 30 % ihrer Wälder verloren haben (Brown et al. 1998, 97). Die Waldfeuer in Indonesien, welche 1997/98 halb Südostasien mit ihrem Qualm erstickten, gehen auf massive Rodungen durch Abfackeln zurück; die Rauchfahnen sind weithin als Menetekel an der Wand für die Zerstörungskraft des asiatischen Wirtschaftswunders gelesen worden.

Deregulierung und der Wettbewerbseffekt

Eine globale Wettbewerbsarena zu schaffen erfordert nicht nur Anstrengungen quantitativer Expansion, sondern auch Anstrengungen qualitativer Neuordnung. Neben der geografischen Ausweitung der transnationalen Wirtschaft kommt auch der Umbau ihrer inneren Verfassung auf die Tagesordnung. Denn neue Spielregeln für den wirtschaftlichen Wettbewerb sind unverzichtbar, um einen durchgängigen Wettbewerbsraum zu schaffen, der nicht mehr durch nationale Wirtschaftsstile zerklüftet wird. Wer einen geeinten Weltmarkt durchsetzen möchte, hat kaum eine andere Wahl als die nationalen Regelwerke abzubauen, in die bislang die wirtschaftliche Tätigkeit eingelassen war. Diese Regelwerke spiegeln im allgemeinen geschichtliche Erfahrungen, soziale Interessenlagen, politische Ideale eines Landes wider; sie verbinden, in brüchigen Kompromissen oder in langfristig geschmiedeten Institutionen, die ökonomische Logik mit anderen gesellschaftlichen Prioritäten. In einer weiteren Stufe jenes säkularen Prozesses, den Karl Polanyi das »dis-embedding« des Marktes aus der Gesellschaft nannte, richtet sich die Dynamik der wirtschaftlichen Globalisierung darauf, Marktbeziehungen aus dem Geflecht nationalspezifischer Normen herauszulösen und weltweit dem Eigengesetz des Wettbewerbs zu unterstellen. Gleichgültig ob es sich um Normen des Arbeitsrecht, der Raumplanung oder der Umweltpolitik handelt, sie sind nicht falsch oder richtig, sondern schlichtweg hinderlich für den Aufbruch in die globale Wettbewerbsarena. Normen wären in dieser Perspektive allenfalls auf globaler Ebene akzeptabel – eine Frage allerdings, die sich in Abwesenheit einer politischen Autorität bislang nicht wirklich stellt. Deregulierung ist daher ein Sammelbegriff für Versuche, die Bindungen von Wirtschaftsakteuren an einen bestimmten Ort und an ein bestimmtes Gemeinwesen zugunsten des globalen Wettbewerbsraums aufzulösen.

Wie jede Regelung wirtschaftlicher Tätigkeiten im Namen des öffentlichen Interesses, so geraten auch Regelungen zum Schutz der Umwelt in vielen Ländern unter Druck. Mit der zunehmenden Zahl an Wettbewerbern auf dem globalen Markt verschärft sich die Konkurrenz; deshalb neigen allenthalben Regierungen dazu, der Wettbewerbskraft einen höheren Stellenwert einzuräumen als dem Umwelt- und Ressourcenschutz. Umweltpolitische Normen, von einer demokratischen Öffentlichkeit oftmals nach jahrelangen Auseinandersetzungen für den Schutz von Natur und Menschen durchgesetzt, werden unter den gewandelten Bedingungen von den Unternehmen verstärkt als Wettbewerbsfesseln wahrgenommen und oft genug bekämpft. Die Konkurrenzinteressen gewinnen Vorherrschaft über die Schutzinteressen; von daher wird es vielfach schwieriger, etwa Waldgebiete in Kanada vor Abholzung zu schützen, die Aufschließung von Mineralvorkommen auf den Philippinen zu verhindern, den Straßenbau in Deutschland zurückzufahren, Ökosteuern in Europa einzuführen oder ökologische Produktnormen in Schweden aufrechtzuerhalten. Obwohl Staaten es häufig genug darauf anlegen, ihr Land zu einem attraktiven Standort für das mobile Kapital umzubauen, ist es indessen wohl doch übertrieben, in Sachen Umweltstandards allgemein von einem »race to the bottom« zu sprechen (Esty-Gerardin 1998). Zu stark sind manchmal die Interessen, welche sich zum Schutz der Umwelt formieren, und zu wenig zählen insgesamt Umweltmotive bei Standortentscheidungen. Vielmehr hat der gesteigerte Wettbewerb dazu geführt, dass umweltpolitische Regulierung allenthalben steckengeblieben ist (Zarsky 1997). Zwar lässt sich mit der fortschreitenden Weltmarktintegration auch auch eine gewisse Konvergenz nationaler Regelungen beobachten, aber das geschieht zu langsam und auf zu niedrigem Niveau. Insgesamt betrachtet, hat auf jeden Fall der wirtschaftliche Globalisierungsprozess in vielen Ländern echte Fortschritte in der nationalen Umweltpolitik blockiert.

Es ist nicht erstaunlich, dass die Ambition auf weltweit gleiche Wettbewerbsbedingungen besonders beim grenzüberschreitenden Handel mit dem Recht eines Gemeinwesens auf Gestaltung der Wirtschaftsprozesse kollidiert. Dürfen, nachdem die Zollbarrieren für Industrieprodukte im Zuge der GATT-Runden weitgehend abgeschafft wurden, nunmehr Importe aus Umweltgründen benachteiligt werden? Diese Frage hat seit der Uruguayrunde des GATT ein Terrain der Auseinandersetzung eröffnet, wo sich bis heute innerhalb der WTO und der OECD Deregulierungs- und Schutzinteressen wechselnde Kontroversen liefern. Unter den geltenden Handelsregeln sind Staaten berechtigt, Umwelt- und Gesundheitsstandards zu setzen, solange gleichartige Güter, unabhängig davon, ob es sich importierte oder einheimische Güter handelt, auch den gleichen Regeln unterworfen sind. Freilich bezieht sich dieses Recht nur auf die Beschaffenheit eines Produkts.

Zum Beispiel könnte ein Staat entscheiden, alle Autos jenseits einer bestimmten Leistung mit einer Steuer zu belegen. Hier bricht also noch das Prinzip der nationalen Souveränität das Prinzip der unregulierten Zirkulation von Gütern. Hingegen ist es untersagt, im grenzüberschreitenden Verkehr Güter zu diskriminieren, deren Herstellungsprozess nicht bestimmten Umweltstandards gehorchen. Mit welchen Chemikalien Kleidungsstücke hergestellt werden, ob Holzprodukte aus Kahlschlaggebieten stammen, ob gentechnische Methoden zur Pflanzenproduktion eingesetzt wurden, zu alldem dürfen unter den WTO-Regeln die Staaten keine kollektive Präferenz ausdrücken. So konnte im berühmten Thunfisch-Fall unter NAFTA nicht das Verbot des Beifangs von Delphinen aufrechterhalten werden, wie auch im aktuellen Hormonbeef-Streit zwischen USA und der EU den Staaten das Recht bestritten wird, hormonintensives Rindfleisch von ihren Märkten fernzuhalten. Weil aber auch Standards für einheimische Produktionsmethoden unter Druck kommen, wenn Importeure in der Lage sind, Wettbewerbsvorteile durch die Externalisierung von Umweltkosten zu erzielen, verfällt damit die Kompetenz von Gemeinwesen, Produktionsprozesse umweltverträglich zu gestalten. Das Deregulierungsinteresse annulliert so das Schutzinteresse. Unter dem Wettbewerbseffekt des Freihandels kommt auch vorsichtiges Umsteuern auf eine nachhaltige Wirtschaft schnell zum Erliegen.

Alle Anstrengungen zur Deregulierung dienen ferner der Absicht, die Wirtschaftsprozesse von »sachfremden« Einflüssen zu reinigen, um eine optimale Effizienz im Einsatz der Produktionsfaktoren sicherzustellen. Davon sollen in erster Linie die Konsumenten profitieren; denn deregulierte Operationen erlauben ein breiteres Angebot durch leichteren Markteintritt und billigere Preise durch schärfere Konkurrenz. Allerdings kann ein reibungsloses Effizienzregime in umweltrelevanten Sektoren zu insgesamt höherem Ressourcenverbrauch führen. Wenn die Preise für Heizöl, Benzin, Holz oder Wasser fallen, dann steigt normalerweise die Nachfrage nach diesen Stoffen, wie es sich obendrein auch weniger lohnt, ressourcenschonende Techniken zur Anwendung zu bringen. So hat die Deregulierung des Strommarkts in den OECD-Ländern zwar den Markteintritt für Betreiber energieefizienter Kraftwerke begünstigt, aber auch gezeigt, dass geringere Preise den Wechsel zu sauberen Energieträgern wie Erdgas behindern können und vor allem mehr Stromkonsum stimulieren (Jones-Youngman 1997). Überhaupt ist es ziemlich einsichtig, dass sinkende Preise in einem Preissystem, das nicht angemessen Umweltkosten reflektiert, den Ressourcenabbau beschleunigen. Solange die Preise nicht die ökologische Wahrheit sprechen, bringt Deregulierung den Markt nur weiter auf die ökologisch schiefe Bahn. Es ist eben schwerlich rational, noch effizienter in die falsche Richtung zu laufen. Doch je reiner der Wettbewerb dank Deregulierung vonstatten geht, desto weniger kann ökologische Rationalität gegenüber ökonomischer Rationalität ausrichten. Unter dem gegebenem Preissystem vertieft daher globalisierter Wettbewerb die Naturkrise (Daly 1996).

Währungskrisen und der Ausverkaufseffekt

Nirgendwo ist der entgrenzte, globalisierte Wettbewerbsraum so vollständig realisiert wie auf den Finanzmärkten. Güter müssen langwierig von einem Ort zum anderen geschafft werden, Auslandsinvestitionen verlangen den Umbau oder Aufbau von Fabriken, selbst Dienstleistungen wie etwa Versicherungen kommen im Auslandsgeschäft nicht ohne ein Netzwerk an Filialen und Vertretern aus. Nur Finanztransfers im Handel mit Aktien, Anleihen und Währungen sind kaum mehr den Hindernissen von Raum und Zeit unterworfen; auf Tastendruck am Bildschirm wechseln im virtuellen Raum täglich Milliarden von Dollar in Echtzeit und unabhängig von Entfernungen den Besitzer. Erst auf den elektronisierten Finanzmärkten findet der Kapitalismus zu seinem heimlichen Ideal: den vollendet reibungslosen Marktbewegungen. Weitgehend gelöst haben sich die Geldmärkte nicht nur von Trägheit zeitlicher Dauer und geografischer Entfernung, sondern auch von der Trägheit der Güterwirtschaft; weniger als zwei Prozent des Devisenhandels sind durch entsprechende

Warenströme gedeckt (Zukunftskommission 1998, 73). Technisch wurde diese virtuelle Ökonomie ermöglicht durch die elektronische Vernetzung, politisch durch die Deregulierung des grenzüberschreitenden Kapitalverkehrs in den Industriestaaten in den siebziger und achtziger Jahren sowie in wichtigen Schwellenländern in den neunziger Jahren.

Den Anstoß zu dieser Entwicklung gab 1971 die Aufgabe des Systems fester Wechselkurse, das seit den Vereinbarungen von Bretton Woods die Grundlage der internationalen Finanzarchitektur dargestellt hatte. Damit konnten Währungen zu Waren werden, deren Preis sich nach den Gesetzen von Angebot und Nachfrage auf den Kapitalmärkten einspielt. Der Wert einer Währung allerdings ist für jedes Land von schicksalhafter Bedeutung; er entscheidet über die Kaufkraft einer Volkswirtschaft gegenüber den anderen Volkswirtschaften auf der Welt. In der Tat drücken sich im Auf und Ab frei handelbarer Devisenwerte die Erwartungen über Wachstum und künftige Wettbewerbsstärke aus, welche die Investoren gegenüber einer Volkswirtschaft hegen. In gewisser Weise wird somit die gesamte Ökonomie eines Landes zur Ware, deren relativer Wert sich über die Ertragserwartungen der Investitionsfondsmanager herausbildet. Das gibt den Finanzmärkten eine enorme Macht gerade gegenüber wirtschaftlich labilen Ländern, können doch Wechselkursänderungen über das Wohl und Wehe ganzer Nationen entscheiden. Regierungen, demokratische und autoritäre gleichermaßen, sehen sich daher oft gezwungen, ihre Wirtschafts-, Sozial- und Steuerpolitik nach den Interessen der Investoren auszurichten; die Interessen der Bevölkerung an sozialer und wirtschaftlicher Sicherheit freilich bleiben dabei leicht auf der Strecke. Es ist, als ob Investoren täglich an die Wahlurne gingen, indem sie große Geldmengen in Lichtgeschwindigkeit von einem Land zum anderen transferieren (Sassen 1996); das globale Wahlvolk der Investoren tritt sozusagen gegen das einheimische Wahlvolk eines Landes an, nicht selten mit der Folge, dass Regierungen in Allianz mit den Investoren sich gegen das eigene Wahlvolk wenden. Doch Investoren sind – wie etwa die Währungsstürze in Mexiko Ende 1994, in einer Reihe ostasiatischer Staaten 1997 und in Russland sowie in Brasilien 1998 vor Augen führten – wie ein Rudel nervöser Wildpferde, die je nach Drohsignalen erst in die eine und dann in die andere Richtung galoppieren. Der kollektive Optimismus, mit dem Investoren im Aufschwung Risiken vergessen, wird nur von der kollektiven Panik übertroffen, mit der sie im Abschwung aus Krediten und Währungen fliehen. Anlagesuchendes Kapital stürmt in Länder hinein und wieder heraus. Wenn es hereinkommt, lässt es falsche Träume entstehen; wenn es davonstürzt, lässt es menschliche Existenzen und Ökosysteme ruiniert zurück (Cavanagh 1998).

Währungskrisen stellen leicht eine Bedrohung für den Naturbestand in den betroffenen Ländern dar. Länder, die reich an exportierbaren Naturressourcen sind, sehen sich unter Druck, deren kommerzielle Ausbeutung zu erweitern und zu beschleunigen. Müssen sie doch mit verfallender Währung größere Volumen auf den Weltmarkt werfen, um das Einkommen an Auslandsdevisen nicht ins Bodenlose stürzen zu lassen. Eine Währungskrise verschärft den sowieso schon chronischen Hunger verschuldeter Staaten nach ausländischen Devisen, um Kredite zurückzahlen zu können und wenigstens ein Minimum an Nahrungsmitteln, Güter und Kapital ins Land zu bringen. Da bleibt oft nichts anderes übrig, als die unentgeltlich verfügbare Natur als Devisenbringer einzusetzen; der gegenwärtige Boom in der Ausfuhr von Öl, Gas, Metallen, Holz, Futtermitteln und Agrarprodukten wird zu einem guten Teil von der sich vertiefenden Finanzkrise in südlichen Ländern angetrieben. So verkauft Senegal Fischereirechte an Fangflotten aus Asien, Kanada und Europa, Chile Fällrechte an Holzunternehmen aus den USA oder Nigeria Förderkonzessionen an Ölgesellschaften (French 1998, 23). In Zeiten der Not sehen sich verzweifelte Länder gezwungen, sogar ihr »Familiensilber« zu verscherbeln. Insbesondere wertvolle Waldbestände verschwinden Zug um Zug im Gefolge der Schuldenlast. Zum Beispiel hat Mexiko nach dem Crash des Peso 1994 die Gesetze zum Schutz der einheimischen Wälder – und der indigenen Bevölkerung – zurückgenommen, um zu verstärkten Export zu ermutigen. Oder Brasilien legte einen Aktionsplan auf, um über massive Infrastrukturinvestionen im Amazonas die Ausfuhr von Holz, Mineralien und Energie kostengünstiger zu gestalten. Oder Indonesien wurde nach dem Währungseinbruch in den Verhandlungen mit dem Internationalen Währungsfonds gezwungen, das Bodenrecht zu ändern, um ausländischen Zellstoff- und Papierunternehmen den Erwerb von Waldgebieten zu ermöglichen (alle Beispiele aus Menotti 1998). Man könnte geradezu – so spitzt Menotti zu – von einer kausalen Beziehung zwischen fallenden Währungen und fallenden Bäumen sprechen.

Auch die Sanierungsmaßnahmen, welche nach einer Währungs- und Schuldenkrise unter der oftmals erpresserischen Fürsorge des IWF eingeleitet werden, führen im Normalfall zu einem forcierten Verkauf der Naturbestände auf dem Weltmarkt. Zielen doch die zahlreichen Strukturanpassungsprogramme in südlichen und östlichen Ländern darauf ab, über gesteigerte Exporte die Zahlungsbilanz wieder ins Lot zu bringen, auch um durch eine stabilisierte Währung das Land wieder für Investoren zurückzugewinnen. Doch ein Blick in die Geschichte von Strukturanpassungsprogrammen lehrt, dass – neben den sozial schwächeren Bürgern – gerade die Umwelt als Geisel für Exportaufschwung herhalten muss. Gewiss, der Abbau umweltschädlicher Subventionen und die fällige Marktliberalisierung fördern im allgemeinen die Effizienz in der Ressourcennutzung. Doch mit der Mobilisierung von Rohstoffen und Agrarprodukten für den Export intensiviert sich leicht die Ausbeutungsrate, es steigt der Flächenbedarf wie auch der Pestizideinsatz für *cash crops* und es wachsen Tourismus und Transport (Reed 1996). Ferner kollidieren die neuen Rechte der Exporteure an den Naturressourcen mit den angestammten Rechten gerade der ärmen Bevölkerungsgruppen zur Nutzung von Wäldern, Wasser und Land; die Armen werden an den Rand gedrückt und gezwungen, auch wegen der steigenden Preise, marginale Ökosysteme für ihr Überleben zu plündern. Vor diesem Hintergrund kommt daher eine Serie von Studien zu dem Ergebnis, dass im Gefolge von Strukturanpassungsprogrammen die negativen Umweltauswirkungen bei weitem die positiven übersteigen (Kessler-Van Dorp 1998).

Allerdings macht das Gesetz von Angebot und Nachfrage nicht selten die Früchte der Exportförderung zunichte. Mit steigendem Angebot auf den Rohstoffmärkten fällt häufig der Preis, und der geringere Verdienst muss wiederum mit der Ausfuhr größerer Mengen kompensiert werden. Falls eine Finanzkrise auch Abnehmerländer umfasst, dann fällt obendrein auch die Nachfrage und die Rohstoffpreise geraten noch weiter unter Druck. Genau dies ist nach der Finanzkrise in Asien 1997 geschehen. Die Rohstoffpreise auf dem Weltmarkt rutschten und rutschten, innerhalb eines Jahres um 25 % (Die Zeit, 24.9.98). Weil mit der Krise auch die Nachfrage in Ländern wie Japan, Korea und Malaysia zurückging, bekam die Abwärtsbewegung der Preise einen weiteren Schub – mit der Folge, dass vom Rohstoffexport abhängige Länder nunmehr die Ausbeute beschleunigen. Geldflüsse dominieren so die Stoffflüsse, ganz besonders im wirtschaftlichen Niedergang.

Entfernungsschwund und der Transporteffekt

Die plötzliche Einsicht, in einer kleiner werdenden Welt zu leben, kann gut und gerne als die Grunderfahrung der Menschen in Zeiten der Globalisierung gelten. Der Satellitenblick auf den blauen Planeten gibt im Visuellen vor, worauf die Dinge im Wirklichen hinstreben: alle Orte ereignen sich zur selben Zeit. Während Entfernungen zwischen den Orten belanglos werden, kommt überall dieselbe Zeit zur Vorherrschaft. So verschwindet der Raum und die Zeit vereinheitlicht sich. Für Devisenhändler wie Nachrichtenredakteure, für Firmenaufkäufer wie Touristen, für Konzernlenker wie für Wissenschaftler bedeuten Entfernungen immer weniger, Zeit freilich immer mehr. Wo etwas auf dem Erdball geschieht, zählt kaum mehr, wichtig ist vielmehr, wann etwas geschieht – rechtzeitig, zu spät, oder gar nicht. Globalisierung, in all ihren Facetten, beruht auf der schnellen Überwindung des Raumes und bringt folglich überall unverzögert die Gegenwart zur Geltung. Computer zählen zwar die Sekunden, aber nicht die Kilometer. Das Schrumpfen der Erde und die Übermacht der Zeit, wie nah alles ist und wie schnell alles geht, in diesen Erfahrungen macht sich die wachsende raum-zeitliche Kompaktheit des Globus bemerkbar.

Raumüberwindung erfordert Transport, sei es auf physischem oder auf elektronischem Wege. Für den Prozess der Globalisierung ist zunächst die elektronische Vernetzung konstitutiv; ohne die Übertragung von Daten in Echtzeit gäbe es nicht jenes Nervensystem der Signalübermittlung, welches raumlos und reaktionsschnell Ereignisse auf dem Globus zusammenschließt. Hält man sich indes vor Augen, dass 1995 in der Welt auf 1.000 Personen 43,6 Computer und 4,8 Nutzer des Internet (UNDP 1998, 167) kamen, vier Fünftel davon in den Industrieländern, dann ist überdeutlich, dass von Globalisierung nur im geografischen, beileibe aber nicht im sozialen Sinne gesprochen werden kann: nicht mehr als 1 bis 4 % der Weltbevölkerung sind elektronisch verbunden, ja selbst in einem Flugzeug haben statistisch nicht mehr als 5 % gesessen. Vom ökologischen Standpunkt aus ist elektronischer Datenverkehr gewiß weniger ressourcenaufwendig als physischer Transport. Doch sollte der zusätzliche Druck, welcher vom Aufbau und Erhalt der digitalen Infrastruktur auf die Ressourcen der Erde ausgeht, nicht unterschätzt werden. Hochwertige Materialien in Hardware und Peripheriegeräten werden zum Beispiel durch zahlreiche abraum- und giftintensive Verfeinerungsprozesse gewonnen, Kabel und Leitungen sind materialaufwendig, und auch Satelliten und Relaisstationen sind nicht gerade ohne Umweltverbrauch zu haben. Überdies dürfte die elektronische Vernetzung – entgegen den frohgemuten Erwartungen mancher Propheten des Informationszeitalters – auf lange Sicht alles in allem eher neuen physischen Verkehr erzeugen als ersetzen. Wer auf elektronischem Wege enge Kontakte zu weit entfernten Orten aufgebaut hat, wird über kurz oder lang manche dieser Kontakte auch *face to face* einlösen wollen; gerade die Fernreisen könnten durch die Globalvernetzung einen ziemlichen Auftrieb erfahren. Jedenfalls besteht zwischen elektronischem und physischem Verkehrssystem vornehmlich eine positive Rückkopplung; auch von daher heißt Globalisierung Transport und nochmal Transport.

Alle Formen der wirtschaftlichen Globalisierung, außer den internationalen Finanzmärkten, sind auf physischen Transport angewiesen. Allenthalben spreizen sich die Entfernungen auf, sowohl auf den Konsum- wie auf den Faktormärkten verlängern und vervielfältigen sich die Entfernungen; T-Shirts kommen aus China nach Deutschland, Tomaten aus Ekuador nach den USA, Maschinenexporte aus Europa stauen sich im Hafen von Shanghai, und die globale Klasse der »Symbolanalytiker« (Castells 1996) läuft sich auf den Flughäfen der OECD-Länder in die Hände. Immerhin ist der Welthandel vom Wert her mit über 6 % jährlich etwa zwei Mal so schnell wie die Weltökonomie gewachsen. Erzeugnisse aus dem Ausland, von Fleisch zu Feinmechanik, spielen in vielen Ländern eine prominentere Rolle, wie umgekehrt sogar kleinere Firmen ihr Glück auf ausländischen Märkten suchen. Allerdings erweckt das Wort »internationaler Handel« falsche Assoziationen. Es handelt sich nicht mehr darum, dass Nationen Güter tauschen, die sie wechselseitig nicht selbst herstellen – wie etwa beim klassischen Tausch von Rohstoffen gegen Industrieerzeugnisse –, sondern gerade beim dominierenden Handel innerhalb der OECD treten ausländische Anbieter zusätzlich zu den einheimischen auf. Sie gleichen nicht mehr die Lücken im einheimischen Angebot aus, sondern versuchen das einheimische Angebot entweder über niedrigere Preise oder über symbolische Ausdifferenzierung aus dem Feld zu schlagen (Pastowski 1997). Koreanische Autos für das Autoland Amerika, mexikanisches Bier für die Biernation Deutschland, etwa die Hälfte des Welthandels findet innerhalb von Industriebranchen statt, d.h. dieselben Waren werden gleichzeitig importiert wie exportiert (Daly 1996, 5). Internationaler Warentransport dient daher weniger dem Austausch zwischen

Volkswirtschaften mit unterschiedlichem Spezialisierungsprofil, sondern der wettbewerblichen Präsenz vieler Anbieter an möglichst allen Orten.

Entfernungsschwund und Schnelligkeit für den Transport hochwertiger Güter/Personen garantiert vor allem das System des internationalen Luftverkehrs. In der Tat nimmt der Personenverkehr in der Luft gegenwärtig um 5 % im Jahr zu, was auf eine Verdoppelung der Passagierzahlen alle 15 Jahre hinauslaufen würde. Obwohl mittlerweile etwa die Hälfte des Luftverkehrs zu Freizeitzwecken unternommen wird, spiegelt sich doch in der Zunahme der Reiseströme die Geografie wirtschaftlicher Globalisierung wider: zwischen 1985 und 1996 haben sich die Einkünfte der Fluggesellschaften auf Linien innerhalb Chinas versiebenfacht, innerhalb Südostasiens, zwischen Europa und Nordostasien, sowie zwischen Nordamerika und Nordostasien verdreifacht, während auf anderen Linien höchstens von einer Verdoppelung, wenn nicht gar nur von einer Stagnation, wie im Falle Afrikas, die Rede sein kann (Boeing 1998). Noch stärker wächst der Luftfrachtverkehr. Nach Zuwachsraten zwischen 7 % und 12 % Mitte der neunziger Jahre geht man (Boeing 1998) langfristig von einer Wachstumsrate von 6,6 % jährlich aus, was bis 2015 eine Verdreifachung des Frachtaufkommens bedeuten würde. Übertroffen werden solche Ziffern freilich noch von der erwarteten Wachstumsrate des internationalen Expressverkehrs: DHL und andere Luftexpressfirmen rechnen sich einen jährlichen Zuwachs von 18 % aus.

Ohne zügig sinkende Frachtkosten wäre der Aufschwung globalisierter Märkte nicht möglich gewesen. Denn Frachtkosten dürfen in solchen Märkten keine ausschlaggebende Rolle spielen, sonst kann sich die Dynamik von Angebot und Nachfrage nicht unabhängig von der Geografie der Standorte entfalten. Je mehr Transportkosten ins Gewicht fallen, desto weniger lohnt es sich, gegenüber weit entfernten Konkurrenten Vorteile über den Kosten- oder Innovationswettbewerb herauszuholen; geringere Grenzkosten in der Produktion wären schnell durch die Kosten für den Transport aufgezehrt. Nur wenn die Kosten der Raumüberwindung tendenziell belanglos werden, können allein betriebswirtschaftliche Strategien die Standortwahl bestimmen. Nun lassen sich eine Reihe von Gründen anführen, welche die Frachtkosten relativ verbilligt haben. Zunächst fällt gerade auf globalisierten Märkten immer weniger Transportvolumen für einen gegebenen Handelswert an. In der Tat handeln jene Branchen, die den höchsten Anteil an *global sourcing* aufweisen, oft nicht mit großen Gewichtsvolumen: Computer, Motorfahrzeuge, Verbraucherelektronik,

Textilien (Sprenger 1997, 344). Gemessen am Wert, kann es beispielweise einem Computerhersteller in Texas ziemlich gleichgültig sein, ob er seine Festplatten aus Singapur oder aus Kalifornien bezieht; Entfernungen verlieren umso mehr an Bedeutung, je weniger der Wert eines Transportgutes mit seiner Größe oder seinem Gewicht zu tun hat. Weiter hat die Transporteffizienz durch größere Laderäume, *containerization* und glatterem Übergang zwischen Transportarten zugenommen (»The Economist« 1997b). Doch insbesondere schwindet der Entfernungwiderstand, weil der Ölpreis bekanntlich weit davon entfernt ist, die vollen ökologischen Kosten zu repräsentieren und zudem noch seit 1980 drastisch fällt – und Erdöl ist das Antriebsmittel für fast alle Transporte. Trotz aller Effizienzfortschritte war so der Transport in den OECD-Ländern der einzige Sektor, in dem die CO_2 Emissionen in den letzten Jahren noch zugenommen haben. Darüber hinaus verlangt Transport mehr als Antriebsstoffe: Fahrzeuge, Straßen, Häfen und Airports, die gesamte Infrastruktur der Transportindustrie beansprucht ein beträchtliches Maß an Stoffen und an Flächen. Doch solche Kosten werden im allgemeinen auf die Gesellschaft verschoben; sie tauchen in keinem Frachtpreis auf. Da bleibt dann leicht unsichtbar, wie sehr die Überwindung von geografischer Entfernung und zeitlicher Dauer mit der Abschaffung der Natur bezahlt wird.

Wie wirtschaftliche Globalisierung einer neuen Naturkolonisierung Vorschub leistet

Die Ergebnisse der Uruguayrunde des GATT, die 1993 mit einem Paket von Handelsvereinbarungen und der Gründung der WTO abgeschlossen wurde, enthielten auch ein Abkommen über geistige Eigentumsrechte. Im Kontrast zur Haupttendenz der Vereinbarungen, die darauf abzielte, nationalstaatliche Regeln für den grenzüberschreitenden Handel abzutragen, ging es da um die Einführung einer neuen Regulierungsebene. Aber beide Strategien, die Deregulierung wie auch die Neuregulierung, wurden im Namen des Freihandels beschlossen. Der Widerspruch löst sich auf, wenn man in Betracht zieht, dass in beiden Fällen die Pointe darin liegt, einheitliche Rechtsvoraussetzungen für den globalen Wirtschaftsraum herzustellen. Während auf der einen Seite die Vielzahl nationaler Hürden, welche sich der Zirkulation der Güter und Kapitale entgegenstellen, abzubauen sind, gilt es auf der anderen Seite, ein internationales Rechtsgehäuse zu schaffen, welches dieser Zirkulation überhaupt erst ein Geleise gibt. Faktormobilität kann sowohl durch eine Vielzahl von Gesetzen behindert werden wie auch durch die Abwesenheit von Gesetzen ins Leere fallen. Besonders relevant wurde der letzte Fall für Eigentumsrechte an Waren, die sich auf gentechnische Forschung gründen. Denn hier klaffte bis dato in den meisten Ländern der Welt eine Lücke in der Rechtssicherheit. Sie zu schließen, ist die Absicht der Vereinbarung über *trade-related intellectual property rights* (TRIPS). Ohne eine solches Abkommen wäre besonders die Ausbeute neu verfügbarer Rohstoffreserven, das genetische Material von Lebewesen, kommerziell ohne große Zukunft.

Unter TRIPS sind alle Länder gehalten, für Patente auf Erfindungen, sei es von Produkten oder von Verfahren, in sämtlichen Feldern der Technik Rechtsschutz zu garantieren. Schon seit langem sichern Patente im industriellen Bereich ihrem Inhaber für eine gewisse Zeit exklusive Einkünfte auf die Nutzung von Erfindungen, während für biologische Produkte und Verfahren ein solches System erst langsam im Entstehen begriffen ist. Für die Kommerzialisierung forschungs-intensiver Erzeugnisse ist Patentschutz aber unerlässlich. Denn erst der Eigentumstitel konstituiert eine Ware; ohne einen solchen wären nützliche Objekte frei zugänglich und Teil der *commons* eines Gemeinwesens. Aus diesem Grunde ist ja eine garantierte Eigentumsordnung das rechtlich-soziale Korsett einer Marktwirtschaft, wie eben auch die – mehr oder weniger gewaltsame – Einhegung der ländlichen *commons* (Äcker, Weiden, Wälder, Fischgründe) historisch die Voraussetzung für die Aufschwung des Agrarkapitalismus war. Handelt es sich bei den forschungs-intensiven Erzeugnissen um Organismen wie Saatgut oder Pflanzen, dann kommt überdies eine weitere Schwierigkeit hinzu: Lebewesen haben die wenig verkaufsfördernde Eigenschaft, sich selbst zu reproduzieren (Flitner 1998). Saatgut etwa bringt Pflanzen hervor, die ihrerseits wieder Saatgut für die nächste Aussaat in sich tragen. Daher hält der Warencharakter eines Lebenwesens nicht lange vor, in der zweiten Generation schon muss es nicht mehr gekauft werden. Dieser Sachverhalt ist für jeden Investor eine schlechte Nachricht: wenn Waren sich selbst reproduzieren können, dann steht die Reproduktion des Kapitals auf wackeligen Füßen. Da bleiben nur zwei Möglichkeiten: entweder die Reproduzierbarkeit zu unterbinden – ein Versuch, der mit dem Einbau eines sogenannnten »Terminator-Gens« in Saatgut läuft – oder über durch Patente gesicherte Lizenzgebühren an der Nutzung eines technisch modifizierten Lebensprozesses zu verdienen.

Patente auf gentechnische Innovationen sichern die ökonomische Kontrolle von *life-industries* über modifizierte Organismen und deren Nachkommen. Erst durch die Definition von Eigentumsrechten an Zellen, Mikroorganismen und Organismen wird das genetische Material der lebendigen Welt als ein kommerzialisierbares Rohstofflager zugänglich. Patente ermächtigen Firmen, Teile der natürlichen *commons* mit Besitztitel einzuhegen, in eine ökonomische Ressource zu verwandeln und möglichst so zu monopolisieren, dass andere als zahlende Nutzer und andere als die vorgesehenen Verwendungen eines Organismus ausgeschlossen bleiben. Patente auf Leben spielen damit für die *life-industries* dieselbe Rolle, die Landtitel für den aufsteigenden Agrarkapitalismus gespielt hatten. Sie umgrenzen Eigentum, halten andere Nutzer fern und legen fest, wem die Vorteile einer Nutzung zufließen. Einstmals den *commons* zugehörige Tätigkeiten wie Pflanzenanbau, Tieraufzucht oder Heilbehandlung kommen damit zunehmend unter die Kontrolle von Unternehmen. Während Kolonialisten sich früher mineralische oder agrarische Ressourcen durch die physische Kontrolle eines Territoriums aneigneten, sichern Gentech-Firmen die Ausbeute genetischer Ressourcen durch weltweit anerkannte Patente auf DNA-Sequenzen.

Die Folgen für die Artenvielfalt von Pflanzen dürften vergleichbar sein. Dabei muss man gar nicht die zahlreichen Gefährdungen ins Auge fassen, die aus einer unkontrollierbaren Verbreitung transgenischer Arten herrühren. Schon ein unfallfreier Einzug der Gentechnik in die Landwirtschaft des Südens würde eine Vielzahl von Pflanzensorten aus der Evolution verschwinden lassen. Während der Agrarkapitalismus an vielen Orten Monokulturen natürlicher Pflanzen hervorbrachte, könnten die *lifeindustries*, wie ähnlich schon in der »Green Revolution« geschehen, die Spezialisierung auf wenige, genetisch optimierte, Nutzpflanzen vorantreiben (Lappé-Bailey 1998). Zu erwarten wäre ein Verdrängungswettbewerb, bei dem nicht-industrielle sowie lokale Sorten auf der Strecke blieben. Dies untergräbt die Nahrungssicherheit gerade für die Ärmeren, die nicht über Geld zum Kauf der Industriepflanzen verfügen. Und es treibt den Verlust all jener Pflanzen voran, die nicht zu den selektierten, großanbaufähigen Sorten zählen. Ein globales Patentrechtswesen für gentechnische Erfindungen, das Teile des biologischen Erbes der Menschheit zu Zwecken der Kommerzialisierung einhegt und unwiderruflich umgestaltet, droht in nichts weniger als einer Simplifizierung der Biosphäre zu enden.

Wie wirtschaftliche Globalisierung die Geografie der Umweltbelastung verändert

Seit einigen Jahren findet sich auf deutschen Speisekarten immer mehr Angebote an Lachs, frisch, geräuchert oder gegrillt, fast so, als ob es sich um einen Fisch aus einheimischen Gewässern handeln würde. Mittlerweile verzehrt der deutsche Verbraucher im Jahr immerhin 70 Millionen Kilo des beliebten Fisches, der aus Zuchtfarmen in Norwegen oder Schottland in die Regale der Einkaufsmärkte kommt (Oppel 1999). Doch wie in jeder Massentierhaltung müssen zur Aufzucht der Tiere ziemliche Mengen an Futtermittel angeliefert werden. Fünf Kilo Wildfisch müssen zu einem Kilo Fischmehl verarbeitet werden, um wiederum ein Kilo Lachs zu produzieren. Gefangen wird das Rohmaterial an Fisch freilich zum großen Teil vor der südamerikanischen Pazifikküste, wo die Fangquoten wegen Überfischung zurückgehen, und zu Fischmehl wird es verarbeitet in peruanischen Hafenstädten, die deshalb in Abgasen, Müll und Abwässer zu ersticken drohen. Während also der deutsche Verbraucher sich an frischem, kalorienarmen, ehemals teurem Fisch laben kann, bleiben die Peruaner mit ausgeplünderten Meeren und verdreckten Städten zurück.

Das Beispiel lässt erkennen, wie sich mit der Verlängerung der Zulieferketten die ökologische Arbeitsteilung zwischen den nördlichen und den südlichen (einschließlich der östlichen) Länder verschiebt. Denn Globalisierung der Ökonomie heißt nicht, dass nunmehr auch Kosten und Nutzen des Wirtschaftens globalisiert würden. Wahrscheinlicher ist vielmehr das Gegenteil: die Verlängerung der Wertschöpfungsketten und ihre Aufgliederung auf unterschiedliche Standorte in der Welt führen zu einer Neuverteilung von Nutzen und Nachteil entlang dieser Ketten. Indem ein Herstellungsprozess auf Orte in verschiedenen Ländern aufgeteilt wird, setzt sich leicht die Tendenz durch, Kosten und Nutzen zu entzerren und nach oben und unten hin in der Kette neu zu verteilen. Es wäre sowieso ein Missverständnis zu glauben, dass mit der weltweiten Vernetzung von Büros, Fabriken, Farmen und Banken auch eine Dezentralisierung aller Funktionen, von der Herstellung über die Planung zur Finanzierung, einhergeht – von einer Dezentralisierung der Einkünfte ganz zu schweigen (Sassen 1996). Trotz vieler Versuche, die Autonomie von Untereinheiten zu erhöhen, ist insgesamt eher das Gegenteil der Fall: es kommt mit der Ausfächerung wirtschaftlicher Aktivitäten eher zu einer Konzentration von Kontrolle und Profit in den privilegierten Knoten der Netzwerk-Ökonomie (Castells 1996). Der Abfluss von Investitionen in ferne Länder wird mit einem Rückfluß an Macht und Gewinn in die Heimatländer, oder genauer: in die »global cities« des Nordens, kompensiert. Während sich in Bangladesch, Ägypten oder Mexiko die speziellen Exportzonen verbreiten, wo billige Arbeitskraft, Steuerfreiheit und lasche Umweltnormen Produktionskosten beträchtlich reduzieren helfen, wachsen in Hongkong, Frankfurt oder London die Hochhaustürme von Banken und Konzernzentralen gen Himmel.

Mit der wirtschaftlichen Machtverteilung ändert sich auch die Verteilung der Umweltbelastungen im geografischen Raum. Definiert man Macht im ökologischen Sinne als die Fähigkeit, auf der einen Seite Umweltvorteile zu internalisieren und auf der anderen Seite Umweltkosten zu externalisieren, dann lässt sich vermuten, dass mit der Verlängerung der Wirtschaftsketten ein Prozess einsetzt, der die Vorteile an deren oberen Enden und die Nachteile an deren unteren Ende konzentriert. In anderen Worten: die Umweltkosten, welche innerhalb der transnationalen Wertschöpfungsketten anfallen, werden besonders in den Ländern des Südens und Ostens zunehmen, während die post-industriellen Ökonomien immer umweltfreundlicher werden. Oder um – an das Beispiel des Lachses denkend – eine Analogie zu benutzen: die reichen Länder nehmen in der Nahrungskette, wo Stufe für Stufe geringerwertige Vorleistungen in höherwertige Nahrung umgewandelt werden, zunehmend die höheren Positionen ein, während die Schwellen- und ärmeren Länder eher die mittleren und unteren Positionen besetzen. In der Tat stützen, neben zahlreichen Einzelbeispielen, auch eine Reihe hochaggregierter Daten über internationale Stofflüsse diese Interpretation. So beträgt der im Ausland anfallende Anteil des gesamten Ressourcenverbrauchs für Länder wie Deutschland 35 %, Japan 50 % und die Niederlande 70 % (Adriaanse et al. 1997, 13). Je kleiner die Fläche eines Industrielandes, desto größer ist wahrscheinlich die geografische Trennung zwischen den Orten, wo die Umweltbelastungen, und den Orten, wo die Konsumvorteile anfallen. In all diesen Länder gibt es im Zuge der letzten 15 Jahre die Tendenz, dass bei den Importen – weniger bei den Rohmaterialien als bei den Halbfertigprodukten – ein wachsender Anteil des Umweltverbrauchs im Ausland verbleibt.

Im landwirtschaftlichen Bereich liefern südliche Teile der Welt nicht mehr nur agrarische Massengüter wie seit den Zeiten des Kolonialismus, sondern Erzeugnisse mit einem hohen Dollarwert je Gewichtseinheit für kaufkräftige Konsumenten im Norden. Leicht verderbliche Frischware wie Tomaten, Salat, Früchte, Gemüse, Blumen kommen per Luftfracht für Europa aus dem Senegal oder aus Marokko, für Japan aus den Philippinen, wie für die USA aus Kolumbien oder Costa Rica (Thrupp 1995). Ähnlich wie beim Lachs, erfreuen sich gesundheitsbewusste Käufer mit mittlerem und höherem Einkommen an dem saison-unabhängigen Angebot, während die Plantagen und Glashäuser in den Herkunftsgebieten Bewässerung, Pestizide und die Verdrängung von Bauern fordern. Nicht viel anders bei der Shrimps- und bei der Fleischproduktion. Die Shrimpsaufzucht für den japanischen und europäischen Markt in Thailand oder Indien bringt Fischer durch die Giftrückstände um ihren Fang und hat außerdem schon manchen Mangrovenwald gekostet. Veredelung des Konsums im Norden auf Kosten der Umwelt und der Subsistenz im Süden, dieses Muster hat sich ferner seit den siebziger Jahren über den Markt an Futtermitteln weiter vertieft; für die Rinder- und Schweinezucht bezieht Europa Maniok oder Soja neben den USA aus Ländern wie Brasilien, Paraguay, Argentinien und Indonesien, Malaysia und Thailand. Das alte Gesetz, dass der Markt nicht den Bedürfnissen der Menschen, sondern der Kaufkraft folgt, schlägt in einer entgrenzten Weltwirtschaft eben noch besser durch.

Doch war es die Expansion des fossilen Entwicklungsmodells in die ein bis zwei Dutzend aufstrebenden Volkswirtschaften in Süd und Ost, was die Geografie der Umweltbelastungen am meisten verändert hat. Mit dem Einstieg der Schwellenländer in das mit fossilen Ressourcen befeuerte Zeitalter bot es sich an, die industriellen Herstellungsketten über die OECD-Länder hinaus zu verlängern. In der Grundstoffindustrie, der Metallverarbeitung und der chemischen Industrie wächst der Anteil der Südländer, während jener der OECD-Länder langsam zurückgeht (Sprenger 1997, 337; Mason 1997). So erhöhte sich der Anteil der Südländer an der Weltproduktion von Industriechemikalien von 17 % im Jahre 1990 zu 25 % im Jahre 1996 (French 1998, 27). Dabei handelt es sich weniger um eine Migration aus Umweltgründen als um eine Neuverteilung der Funktionen innerhalb der Weltwirtschaft. Die umweltbelastenden Stufen in einer internationalen Produktionskette sind eher in wirtschaftlich weniger entwickelten Regionen angesiedelt, die sauberen und immateriellen Stufen vorrangig in den G7 Staaten. In der Aluminiumindustrie etwa findet sich der Bauxitabbau neben Australien vor allem in Guyana, Brasilien,

Jamaica, Guinea. Für die nächste Stufe sind in den achtziger Jahren die Aluminiumschmelzen mehr und mehr vom Norden in Länder wie Brasilien, Venezuela, Indonesien oder Bahrein gewandert. Und die Stufe der Material- und Anwendungsforschung ist eher in den OECD-Ländern lokalisiert (Heerings-Zeldenrust 1995, 33). Insgesamt nahm die Aluminiumerzeugung trotz höheren Verbrauchs in Japan stark und in Europa leicht ab; Importe aus dem Süden füllten die Lücke (Mason 1997).

Ferner zeigt ein Blick auf die Computerbranche, wie gerade die High-Tech-Industrie von der neuen ökologischen Arbeitsteilung lebt: bei den 22 Computerfirmen in den Industrieländern ist mehr als die Hälfte der zumeist toxischen Chipherstellung in Entwicklungsländern angesiedelt (French 1998, 28). Zeichnet sich da nicht in Umrissen die künftige Restrukturierung der Weltwirtschaft ab? Die Software-Ökonomien des Nordens planen und brüsten sich ihrer sauberen Umwelt, die Industrieökonomien der Schwellenländer fertigen die Produkte und haben mit klassischer Verschmutzung von Wasser, Luft und Boden zu kämpfen, während die Rohstoffökonomien der armen Länder extrahieren und die Lebensbasis jenes Drittels der Menschheit unterminieren, das direkt von der Natur lebt.

Welche Globalisierung und wessen?

Globalisierung ist kein Monopol der Neoliberalen. Denn in die Transnationalisierung der sozialen Beziehungen sind die unterschiedlichsten Akteure mit den unterschiedlichsten Philosophien verwickelt. Und die Umweltschutzbewegung gehört zu den wichtigsten Agenten des globalen Denkens. Dementsprechend vermittelt auch jenes Symbol der Globalisierung, das Bild vom Blauen Planeten, mehr als nur eine Botschaft. Der imperialen Botschaft von der Entgrenzung stand immer schon die holistische Botschaft von der Endlichkeit und Einheit des Planeten gegenüber. Angefangen vom Earth Day 1970, der von manchen Betrachtern als der Beginn der amerikanischen Umweltbewegung angesehen wird, bis hin zur Klimakonferenz der Vereinten Nationen 1997 in Kyoto zieht sich eine klare Linie. Damals, auf den Plätzen bei den Versammlungen zum ersten Earth Day, untermauerten Redner und Demonstranten ihre Forderung nach umfassenden Umweltschutz, indem sie auf Fotos von der Erde zeigten, wie sie ein knappes Jahr zuvor vom Mond aus geschossen worden waren. Und fast dreißig Jahre später prangt das Emblem des Planeten auf der Stirnwand jenes Konferenzsaales, wo die Regierungen der Welt zum ersten Mal rechtlich bindende Verpflichtungen zur Begrenzung klimaschädlicher Emissionen eingegangen sind. Darüber hinaus erscheint in dem Bild die Erde als ein einheitlicher Naturkörper, der die Menschen und sonstige Lebewesen zu einem gemeinsamen Schicksal bestimmt. So globalisiert das Bild die Wahrnehmung der Natur wie auch die Wahrnehmung der menschlichen Geschichte; erst mit dem Bild wurde es möglich, im tatsächlichen Sinne von der »einen Erde« und der »einen Welt« zu sprechen. In der Tat, ohne das Foto von der Erde würde sowohl der Name des Umweltverbandes »Friends of *the* Earth« wie auch der Titel des Brundtland-Reports, dem wichtigsten UN-Dokument zur Umwelt, *Our Common Future*, keinen rechten Sinn machen.

Aber die Wirkung des »Blauen Planeten« und seiner Botschaft von der Begrenzung geht noch tiefer: sie erzeugt eine Wahrnehmung, welche lokales Handeln in einen globalen Rahmen stellt. Denn das Bild zeigt die Grenze des äußersten Lebensraums eines jeden Betrachters. Weiß nicht jeder, dass er selbst, bei genügend großer Auflösung, auf dem Bild zu finden wäre? Denn das Subjekt des Betrachters läßt sich beim Blick auf die schwebende Erde nicht vom Objekt der Betrachtung trennen; bei kaum einem anderen Bild ist Selbstreferenz so unvermeidlich eingebaut. Diese visuelle Überblendung von globaler und individueller Existenz hat die kognitiven und moralischen Koordinaten der Eigenwahrnehmung verschoben: die Folgen einer Handlung, so legt das Bild nahe, können bis an die Grenzen der Erde reichen, und alle sind dafür verantwortlich. Mit einem Male sind etwa Autofahren oder Fleischkaufen mit dem Treibhauseffekt verbunden und auch die Spraydose oder die Flugreise stehen im Geruch globaler Grenzüberschreitung. »Global denken, lokal handeln«, dieser Wahlspruch der Umweltbewegung, hat seinen Teil dazu beigetragen, den »global citizen« zu schaffen, und zwar einen solchen, der die planetarische Grenze dort draußen in seinem Denken und Handeln verinnerlicht. Indem es so Planet und Subjekt in ein gemeinsames Drama spannt, gewinnt das Narrativ von der Begrenzung seine moralische Macht. So repräsentiert die ökologische Erfahrung ohne Zweifel eine Dimension der Globalisierungserfahrung, weil sie bei den Menschen die überkommene Vorstellung umstößt, in geschlossenen und gegeneinander abgrenzbaren Räumen von Nationalstaaten und -gesellschaften zu leben und zu handeln (Beck 1997, 44).

Indes muss die Umweltbewegung sich heute eingestehen, dass – wie vorläufig auch immer – die imperiale Botschaft gewonnen hat. Dass sich mittlerweile multinationale Konzerne, landauf, landab, fast vollständig des Bildes vom Blauen Planeten bemächtigt haben, ist dafür nur ein Indiz. Das entgrenzende Denken, jene Wahrnehmung, welche die Welt als einen homogenen Raum begreift, der auf dem ganzen Erdenrund einsehbar und zugänglich zu sein hat, ist allenthalben zur Hegemonie gelangt. Imperial ist dieser Blick, weil er beansprucht, die Welt ungehindert zu durchmessen und nach Gutdünken in Beschlag zu nehmen, ganz als ob es keine Orte, keine Gemeinwesen und keine Nationen gäbe. Die Regelwerke des GATT, des NAFTA, und der WTO wurden aus dem Geiste der Entgrenzung geboren. Sie kodifizieren die Welt als frei zugängliche Wirtschaftsarena, in der die ökonomische Logik das Recht auf Vorfahrt genießt. Die neu etablierten Regeln zielen darauf ab, im globalen Raum die transnationalen Wirtschaftsunternehmen als souveräne Subjekte auszurufen, losgelöst von Verpflichtungen gegenüber Regionen und Gemeinwesen. Daher wird jeglicher Protektionismus zugunsten von Staaten eliminiert – nur um ihn allerdings durch einen Protektionismus zugunsten von Konzernen zu ersetzen. Transnationale Zweckverbände könnnen in diesem Sinne vielerlei Freiheits- und Schutzrechte beanspruchen, territoriale Gemeinwesen – von Bürgern oder Bürgerverbänden ganz zu schweigen – haben dahinter zurückzutreten.

Man wird im Rückblick auf das letzte Jahrzehnt dieses Jahrhunderts den Schluss nicht vermeiden können, dass Rio de Janeiro wohl für die Rhethorik taugte, Marrakesch hingegen in vollem Ernst implementiert wurde. Dabei steht Rio de Janeiro 1992 mit der Umweltkonferenz der Vereinten Nationen für die lange Reihe internationaler Abkommen, besonders herausragend die internationalen Konventionen zu Klima und zu Biodiversität, mit denen Umweltregime geschaffen wurden, welche die Dynamik der Weltwirtschaft in ökologisch weniger schädliche Bahnen lenken solten. Und Marrakesch steht für die Gründung der Welthandelsorganisation, nach dem Ende der Uruguay-Runde des GATT, und der wachsenden Bedeutung des Internationalen Währungsfonds als Schattenregierung für zahlreiche Länder. Damit wurden die Fundamente für ein Wirtschaftsregime gelegt, in dem transnationale Wirtschaftsakteure zur unregulierten Investitionstätigkeit auf dem Erdball ermächtigt werden. Beide transnationalen Regime, das Umweltregime und das Wirtschaftsregime, sind Versuche, der transnationalen Wirtschaftsgesellschaft eine politisch-rechtliche Verfassung zu geben; doch beide Regime stehen in beachtlichem Gegensatz zueinander. Dem Umweltregime geht es um den Schutz des Naturerbes, dem Wirtschaftsregime um das allgemeine Recht auf Aneignung dieses Erbes; während die Umweltabkommen auf dem Respekt vor Naturgrenzen aufbauen, suchen die Wirtschaftsabkommen das Recht auf freie wirtschaftliche Expansion zum Erfolg zu bringen. Paradoxerweise setzen beide Regimefamilien obendrein auf unterschiedliche Systeme der Verantwortung und Rechenschaftslegung. Auf der einen Seite appellieren die Umweltabkommen an souveräne Staaten als verantwortliche Einheiten, welche das Gemeinwohl innerhalb ihres Territoriums zur Geltung bringen sollen. Auf der anderen Seite gehen die Wirtschaftsabkommen von souveränen, transnational operierenden Unternehmen aus, die keinem Territorium zugehörig und damit auch keinem Staat gegenüber verantwortlich sind. Immerhin, schon heute sind unter den 100 größten Ökonomien in der Welt nur 49 Länder, jedoch 51 Unternehmen (Anderson-Cavanagh 1997, 37).

So bleibt ganz offen, wie die widerstreitenden Botschaften, welche das Bild vom Blauen Planeten mitteilt, je versöhnt werden können. Auch der transnationalen Zivilgesellschaft ist es schließlich nur punktweise gelungen, die Unternehmen erfolgreich mit ihrer Verantwortung für die Natur und für die übergroße Mehrheit der Weltbürger zu konfrontieren. Wenn die holistische Botschaft für »Nachhaltigkeit« und die imperiale Botschaft für »wirtschaftliche Globalisierung« steht, dann muss man eher vermuten, trotz mancher Synergien auf Mikro-Ebene, dass sich die Kluft weiter vertieft. Aber vielleicht liegt darin die Größe eines Symbols: dass es auch auseinandertreibende Wahrheiten in einer visuellen Form zusammenhalten kann.

Literatur

Adriaanse, A. et al. 1997, *Resource Flows: The Material Basis of Industrial Economies.* Washington: World Resources Institute

Altvater, E./Mahnkopf, B. 1996, *Grenzen der Globalisierung.* Münster: Westfälisches Dampfboot

Anderson, S. and Cavanagh, J. 1997, »The Rise of Global Corporate Power«. In: *Third World Resurgence,* 1/97, 37-39

Beck, U. 1997, *Was ist Globalisierung?* Frankfurt a. M.: Suhrkamp

Boeing (The Boeing Company) 1998, ‹www.boeing.com/commercial›

Brown, L. et al. 1998, *Vital Signs 1998.* Washington: Norton

Castells, M. 1996, *The Rise of the Network Society.* The Information Age: Economy, Society and Culture, vol. I. Oxford: Blackwell

Cavanagh, J. 1998, *Background to the Global Financial Crisis.* Manuscript. San Francisco: International Forum on Globalization

Daly, H. 1996, *Free Trade, Capital Mobility and Growth versus Environment and Community.* Public Lecture on 26 September 1996. The Hague: Institute of Social Studies

Esty, D. C. and Gerardin, D. 1998, »Environmental Protection and International Competitiveness. A Conceptual Framework«. In: *Journal of World Trade,* vol. 32, 3, 5-46

Flitner, M. 1998, »Biodiversity: Of Local Commons and Global Commodities«. In: M. Goldman (ed.), *Privatizing Nature. Political Struggles for the Global Commons.* London: Pluto Press, 144-166

French, H. 1998, *Investing in the Future: Harnessing Private Capital Flows for Environmentally Sustainable Development.* Worldwatch Paper 139, Washington: Worldwatch Institute

Garrod, B. 1998, »Are Economic Globalization and Sustainable Development Compatible? Business Startegy and the Role of the Multinational Enterprise«. In: *International Journal of Sustainable Development,* vol. 1, 43-62

Heerings, H. and Zeldenrust, I. 1995, *Elusive Saviours. Transnational Corporations and Sustainable Development.* Utrecht: International Books

Johnstone, N. 1997, »Globalisation, Technology, and Environment«. In: OECD Proceedings, *Globalisation and Environment,* Paris: OECD, 227-267

Jones, T. and Youngman, R. 1997, »Globalisation and Environment: Sectoral Perspectives«. In: OECD Proceedings, *Globalisation and Environment.* Paris: OECD, 199-221

Kessler, J. J. and Van Dorp, M. 1998, »Structural Adjustment and the Environment: the Need for an Analytical Methodology«, In: *Ecological Economics,* 27, 267-281

Lappé, M. and Bailey, B. 1998, *Against the Grain: The Genetic Transformation of Global Agriculture.* London: Earthscan

Lash, S./Urry, J. 1994, *Economies of Signs and Space.* London: Sage

Mason, M. 1997, »A Look Behind Trend Data in Industrialization. The Role of Transnational Corporations and Environmental Impacts«. In: *Global Environmental Change,* vol. 7, 113-127

McCormack, G. 1996, *The Emptiness of Japanese Affluence.* St. Leonards: Allen & Unwin

Menotti, V. 1998, *The Environmental Impacts of Economic Globalization.* San Francisco: International Forum on Globalization, Draft

Menotti, V. 1998, »Globalization and the Acceleration of Forest Destruction since Rio«. In: *The Ecologist,* vol. 28, 354-362

OECD 1998, *Kein Wohlstand ohne offene Märkte. Vorteile der Liberalisierung von Handel und Investitionen.* Paris

Oppel, N.v. 1999, »Aus fünf Kilo Fisch wird ein Kilo Zuchtlachs«. In: *Greenpeace Magazin,* 1/99, 40-41

Pastowski, A. 1997, *Decoupling Economic Development and Freight for Reducing ist Negative Impacts.* Wuppertal Paper 79. Wuppertal: Wuppertal Institute for Climate, Environment, Energy

Reed, D. (ed.) 1996, *Structural Adjustment, the Environment and Sustainable Development.* London: Earthscan

Sassen, S. 1996, *Losing Control?* New York: Columbia University Press

Sprenger, R. U. 1997, »Globalisation, Employment, and Environment«. In: OECD Proceedings, *Globalisation and Environment.* Paris: OECD, 315-366

The Economist 1997a, *Schools Brief: One World?.* 18 October, 103-104

The Economist 1997b, *Schools Brief: Delivering the Goods.* 15 November, 89-90

Thrupp, L.A. 1995, *Bittersweat Harvests for Global Supermarkets: Challenges in Latin America's Agricultural Export Boom.* Washington: World Resources Institute

United Nations Development Programme (UNDP) 1998, *Human Development Report 1998,* New York: Oxford University Press

Wysham, D. 1997, *The World Bank and G-7: Changing the Climate for Business.* Washington: Institute for Policy Studies

Zarsky, L. 1997, »Stuck in the Mud? Nation-States, Globalisation, and the Environment«. In: OECD Proceedings, *Globalisation and Environment.* Paris: OECD, 27-51

Zukunftskommission der Friedrich-Ebert-Stiftung (1998), *Wirtschaftliche Leistungsfähigkeit, sozialer Zusammenhalt, ökologische Nachhaltigkeit. Drei Ziele – ein Weg.* Bonn: Dietz

Die Macht der Grenzen
Eine Erkundung zu neuen Wohlstandsmodellen

Im Laufe der europäischen Geschichte finden sich viele Umbrüche, welche der Dynamik wirtschaftlicher Expansion einen Schub gegeben haben. Vor dem Hintergrund des ökologischen Verhängnisses ist die Trennlinie zwischen dem Zeitalter der Bio-Energie und dem Zeitalter fossiler Energie von besonderer Bedeutung. Erst seit die tief unter der Erdoberfläche liegenden Reserven fossiler Rohstoffe angezapft wurden, haben sich die Tore zur vermeintlichen Unerschöpfbarkeit geöffnet. Dies ist auch der Grund dafür, dass mit dem Anfang vom Ende des fossilen Zeitalters, wie es in den letzten Jahrzehnten des 20. Jahrhunderts sichtbar wurde, die Frage von Grenzen wieder in der öffentlichen Debatte auftauchte. Sogar die ganze Idee eines unbegrenzten ökonomischen Wachstums hatte nur Fuß fassen können, nachdem die Dampfmaschine in die Fantasie der Wirtschaftswissenschaftler Eingang gefunden hatte. Denn für alle Beobachter vor 1800 war die ökonomische Produktion in den regenerativen Kreislauf des Anbaus von Mais, Baumwolle, Holz und Tieren eingebunden und machte somit ein unbegrenztes Wachstum des Outputs undenkbar. Erst die großflächige Einführung von Kohle, Eisen und Öl trieb die Befreiung der Wirtschaft von einer ganzen Reihe von Beschränkungen voran. Je mehr der ökonomische Kreislauf mit Treib- und Mineralstoffen angetrieben wurde, umso leichter wurde es, Grenzen des Wachstums zu durchbrechen. Die Beseitigung von Wachstumswiderständen – physikalischen, sozialen und kulturellen – war die wichtigste Folge der neu entdeckten Fähigkeit, die in der Erdkruste eingelagerten Inseln niedriger Entropie anzuzapfen.

Heute, am Ende des Zeitalters fossiler Ergiebigkeit, muss jedes Nachdenken über Suffizienz jene Institutionen und Weltanschauungen auf den Prüfstand stellen, welche mit dem Aufstieg der fossil-intensiven Gesellschaft zur Blüte gekommen waren. Die Umwandlung von Stoffen von geologisch hohem Organisationsgrad und niedriger Entropie wie Kohle, Öl, Eisen, Magnesium etc., erlaubte der Wirtschaft, Grenzen in vielen Dimensionen zu überwinden, wie jene der menschlichen Kraft, der Bewegung in Raum und Zeit, des Umfangs wirtschaftlicher Tätigkeit und des Konsumvolumens. In jeder dieser Dimensionen haben sich im 19. Jahrhundert spezifische Technologien und kulturelle Formen herausgebildet. Sie haben sich später zu Selbstverständlichkeiten des modernen Lebens entwickelt – und sind heute ökologische Schulden geworden. Oft jedoch sind daraus nicht nur ökologische Verbindlichkeiten entstanden, sondern auch weitere Nachteile. Manche dieser Selbstverständlichkeiten, so hat sich gezeigt, bringen zusätzlich kontra-produktive soziale und kulturelle Wirkungen hervor. Aus dieser Mischung von ökologischen, sozialen und kulturellen Enttäuschungen geht die Entdeckung hervor, dass die bio-physischen Grenzen auch produktiv sein können.

Öko-intelligente Güter und Dienstleistungen

Moderne Produktionssysteme basieren immer noch auf der heimlichen Annahme, dass die Natur nicht klein zu kriegen sei. Diese Annahme ist ein Erbe des frühen 19. Jahrhunderts, als die wirtschaftliche Aktivität noch in Bezug auf den jährlich wiederkehrenden Reichtum der Natur ziemlich unbeträchtlich war. Solche Überzeugungen, gemeinsam mit den lang etablierten Ansichten von der unendlichen Großzügigkeit der Natur, ließen die wirtschaftlichen Denker die Rolle der Natur bei der Wertschöpfung vergessen. In dem sie die Natur als unerschöpflich annahmen, stellten sie Theorien auf, in denen sie die Wertschöpfung der steigenden Produktivität der Arbeit zuordneten, ließen aber die damit verbundenen Kosten für die Natur außer acht. Diese Denkweise – zusammen mit dem Interesse des Kapitals, die Arbeit zu kontrollieren – war größtenteils verantwortlich für die Richtung, in die sich der technologische Fortschritt entwickelt hat. Mit einer Innovationswelle nach der anderen wurden Maschinen und Verfahren ersonnen, um den Input von Arbeit pro Output-Einheit zu verringern. Dies machte den Weg frei für eine massive Umschichtung von Arbeit innerhalb der Wirtschaftssektoren. Technologie, angetrieben von natürlichen Ressourcen, hat zu einem großen Teil den Faktor Arbeit verdrängt und die Arbeitsproduktivität auf Kosten der Ressourcenproduktivität erhöht. Während sich der Fortschritt jedoch darauf konzentriert, wie mehr Output mit weniger Leuten produziert werden kann, kommt ein Widerspruch zum Vorschein, der heute wieder einmal erkennbar wird: Das Ziel, Dinge mit immer weniger Leuten zu tun, mag auf der Unternehmensebene attraktiv klingen, auf der Gesellschaftsebene aber ist es zum Scheitern verurteilt.

Nach anderthalb Jahrhunderten industriellen Fortschritts ist die heimliche Annahme von der nie endenden Großzügigkeit der Natur zusammengebrochen. Die Umweltkrise hat die Knappheit der Natur aufgedeckt. Angesichts des gigantischen Volumens globaler Wirtschaftsaktivität ist die Natur zerbrechlich geworden. Vor diesem Hintergrund veränderter historischer Bedingungen muss sich die Richtung des wirtschaftlichen Fortschritts ändern. Als Antwort auf die Verletzbarkeit der Natur – und konsequenterweise der Verletzbarkeit des Wirtschaftssystems – muss der Fortschritt in Richtung Ressourcen- und nicht Arbeitsproduktivität gesteuert werden. Da der Welt von Morgen eher die Natur als die Menschen ausgehen, müssen sich die Prioritäten ändern: Es ist viel intelligenter, unproduktive Kilowattstunden, Ölfässer, Tonnen von Material, Holz von alt gewachsenen Wäldern und Bewässerungsanlagen stillzulegen, als mehr und mehr Leute zu entlassen (Weizsäcker et al. 1997). Der Spielraum, dies zu tun ist enorm, betrachtet man nicht nur das Endprodukt sondern den gesamten Lebenszyklus von der Wiege bis zur Bahre. Letztendlich werden 94 % der Materialien, die zur Herstellung von Gebrauchsgütern extrahiert werden, zu Abfall noch bevor das Produkt fertig ist – Resthitze, die aus Kraftwerken entweicht, Abraum durch Abbautätigkeiten, verdampftes Kühlwasser oder weggeworfene Biomasse. So muss eine post-fossile Wirtschaft »light« sein im Sinne der Ressourcennutzung; ihre historische Aufgabc wird sein, Wohlstand bereitzustellen durch eine immer geringer werdende Menge natürlicher Ressourcen. Als Konsequenz werden sich neue Standards für die Exzellenz von Managern und Ingenieuren bilden, welche durch ihre Fähigkeit gemessen wird, Produktionssysteme zu entwerfen, die Wertschöpfung vom Gebrauch natürlicher Ressourcen unabhängiger machen.

Der naheliegendste Ansatzpunkt, um die Konturen einer ressourcenleichten Produktion zu umreißen, ist das Product-Design. Jedes Produkt begründet einen Anspruch an Ressourcen. Produkte werden in einer ressourcen-leichten Wirtschaft deshalb so entworfen, dass der Rohstoffanteil minimiert, abbaubare Materialien benutzt und die Haltbarkeit verlängert wird. Waschmittel von Procter & Gamble geben ein gutes Beispiel für den ersten Ansatz. Vor einigen Jahren verringerte eine öko-effiziente Innovation (Fussler 1997) die Menge an Waschmittel, welche für eine bestimmte Waschleistung benötigt wird. Während früher die Kunden sperrige Fässer mit Waschmittel nach Hause trugen, haben sie jetzt die gleiche Waschkraft, verpackt in kleinere Pakete. Der zweite Ansatz kann am Beispiel einer Kreditkarte illustriert werden, eingeführt von Greenpeace und produziert aus Pflanzenstärke und Pflanzenzucker. Millionen von Karten werden jetzt ohne Rückstände kompostiert anstatt verbrannt und dabei karzinogene Substanzen in die Luft zu entlassen. Der dritte Ansatz zielt schließlich darauf ab, die Langlebigkeit eines Produktes zu verbessern, indem man schnell abnutzende oder der Mode unterliegende Teile austauschbar macht. Modulare Bürostühle zum Beispiel bestehen aus strukturellen Elementen, wie dem Sitzmechanismus und sichtbaren Elementen wie Kissen und Stoff (Stahel und Gominger 1993). Die ersten Elemente sollen die Haltbarkeit, die zweiten die Recyclingfähigkeit maximieren. Beide Arten der Komponenten sind so gestaltet, um den vollen Nutzen aus einem sinkenden Energie- und Materialfluss zu ziehen.

Natürlich zielt Produktdesign nur auf die letzte Stufe des kompletten Lebenszyklus eines Produktes ab. Andere Ansätze versuchen die Produktionsprozesse zu modernisieren. Der kritische Schritt dieser Bemühung ist es, vom Konzept des linearen Durchflusswachstums des 19. Jahrhunderts, in welchem der Materialfluss durch die Wirtschaft wie durch ein gerades Rohr fließt, zu einer geschlossenen Kreislaufwirtschaft zu kommen, in der so viele Materialien wie möglich in den gleichen oder in andere Produktionszyklen zurückgeführt werden. Ein Weg, den Kreislauf zu schließen ist, Gebrauch vom gesamten Durchfluss zu machen und so wenig Abfall wie möglich zu erlauben. Beispiele existieren im Überfluss. Saftproduzenten können Zitronenschalen für Parfums verwenden anstatt sie wegzuwerfen, Chipproduzenten können Abwässer und Behandlungschemikalien wieder verwenden, Kraftwerke können Elektrizität gemeinsam mit Hitze für industrielle Zwecke oder Wohnungen herstellen. Und natürlich folgt die ökologische Landwirtschaft ähnlichen Prinzipien. Diese Logik wird sogar noch ambitionierter weiterentwickelt, indem Versuche gemacht werden, industrielle Cluster am Beispiel ökologischer Nahrungsnetze zu bilden. So wie in einem ökologischen Nahrungsnetz der Abfall einer Art als Nahrung für eine andere Art dient, so wird in einem Industriecluster der Abfall eines Unternehmens zum Rohstoff für ein anderes Unternehmen. Solch eine Anordnung wird oft als »industrielle Ökologie« bezeichnet (Tibbs 1998). Indem es in letzter Instanz auf Null-Abfall-Emission (zero emissions) abzielt (Pauli 1998) repräsentiert es den Idealtyp eines industriellen Produktionssystems in einem Zeitalter der Grenzen.

Darüber hinaus generiert die Entwicklung zu einer höheren Ressourcenproduktivität ein neues Verständnis darüber, in welche Art von Unternehmen Unternehmen verwickelt sind, wenn sie Nutzen und Werte erzeugen. Nach konventioneller Weisheit dient Wirtschaft dazu, die Nachfrage der Konsumenten zu befriedigen, indem sie ein Eigentum an Gütern verschafft. Der Fokus auf Eigentum verhindert jedoch die systemweite Verantwortlichkeit seitens des Unternehmens für den gesamten Lebenszyklus eines Produktes. So wird nur der Durchfluss von Stoffen gefördert und nicht eine optimale Nutzung der bestehenden Bestände. In dem Moment, wo sich die unternehmerische Aufmerksamkeit vom Verkauf der Hardware auf den direkten Verkauf der Dienstleistung selbst verlagert – etwa über Leasing oder Vermietung –, wird die Vollnutzung der Güter profitabel, Wartung und Recycling eingeschlossen. Rank Xerox hat zum Beispiel vom Güterverkauf auf den Verkauf von Dienstleistungen gewechselt. Fotokopierer werden nicht verkauft, sondern zum Leasen angeboten, und der Kunde zahlt für die verbrauchte Menge an Kopien. Solch ein Verfahren verändert das strategische Interesse des Unternehmens. Es profitiert nun davon, sein Vermögen umsichtig, etwa durch Reparaturservice, Upgrading oder Wiederverwertung, zu managen. Ein ähnlicher Wechsel der unternehmerischen Strategie ist der Übergang von bloßer Energieproduktion zum Angebot von Energie-Dienstleistungen (Hennikke und Seifried 1996). Energiefirmen wechseln ins Management der Nachfrage, verkaufen Beratung und Verwaltungsmanagement für Energiesparmaßnahmen, statt sich nur auf die Expansion der Energieversorgung zu konzentrieren. Allgemein gesprochen fließt Geld in einer ökologischen Service- bzw. Dienstleistungswirtschaft nicht, um so viele Güter wie möglich abzusetzen, sondern den Kunden mit speziellen Dienstleistungen durch die temporäre Nutzung eines Gutes zu versorgen. Sobald *Produzenten* zu *Providern* und *Ver-braucher* zu *Ge-brauchern* werden, sind daher öko-effizientes Design, Management und Entsorgung von Materialbeständen, Teil der ökonomische Logik.

In all diesen Fällen verliert das klassische Konzept der Produktion, nämlich die Umwandlung von Rohstoffen in nützliche Gegenstände, an Boden. Stattdessen zeichnet sich eine wahrhaft post-industrielle Vision wirtschaftlicher Tätigkeit ab, wo Intelligenz, soziale Innovation und eine Haltung der Achtsamkeit zu einem guten Teil den Gebrauch von Hardware ersetzen. So eine Entwicklung kommt jedenfalls voran, wenn die goldene Regel einer öko-intelligenten Ökonomie an Anerkennung gewinnt: Erwarte nicht von der Natur, mehr zu produzieren. Erwarte von den Menschen, mehr mit dem anzufangen, was die Natur produziert (Pauli 1998, 20).

Langsamkeit und die Pluralität von Zeiten

Schneller und Weiter können – neben dem Prinzip des Mehr – als die Leitmotive des fossil befeuerten Fortschritts gelten. Es war gegen Mitte des 19. Jahrhunderts, dass die ersten Eisenbahnen die Beziehung des Menschen zu Zeit und Raum revolutionierten. Zeitgenossen waren alarmiert und begeistert beim Anblick eines Zuges, der geschwind ganze Täler und Berge durchquerte, ohne ein Zeichen von Schweiß oder Müdigkeit zu zeigen. Während Pferd und Mensch als organische Wesen nur so schnell sein können wie ihre Körper es zulassen, durchbrach die Eisenbahn die Grenzen der Natur und raste unermüdlich dahin, ohne Erschöpfung oder Schwäche zu fürchten. Im Zeitalter der Maschinen legen weder der Körper noch die Topografie eine natürliche Grenze für Geschwindigkeit fest. Als eine Konsequenz hat sich in der allgemeinen Vorstellung die Auffassung festgesetzt, dass die menschliche Fortbewegung sich auf einem nie endenden Pfad wachsender Beschleunigung befindet. Kurz gesagt, der Rausch nach höherer Geschwindigkeit ist eine Folgeerscheinung der Dampfmaschine.

Seit dem Auftauchen der Lokomotive haben unsere Gesellschaften enorme Mengen an Energie dafür aufgebracht, die Bewegung von Leuten und Gütern (und neuerdings auch Informationen) zu beschleunigen. Ingenieure haben unentwegt neue Modelle von Lokomotiven, Automobilen und Flugzeugen geliefert, während die Planer das Gesicht der Landschaft mit Gleisen, Straßen und Flughäfen verändert haben. In der Tat hat sich die Annahme bis heute gehalten, schnellere Geschwindigkeiten seien auf jeden Fall besser als langsamere (Kern 1983; Sachs 1992). Indessen konnte die Utopie der Beschleunigung als Signal für eine schöne neue Welt nur vor dem Hintergrund einer langsamen und sesshaften Gesellschaft in Erscheinung treten. Wo Beweglichkeit ermüdend und erschöpfend ist, scheint mechanisierter Transport das Versprechen zum Paradies zu sein. Aber im Rahmen der heutigen ruhelosen High-Speed-Gesellschaft wird solch eine Utopie schnell entkräftet und schal. Neue Bedingungen führen zwangsläufig zu neuen Bedürfnissen. Gewissermaßen schafft die übermotorisierte Gesellschaft die Bedingungen, die zur Entzauberung des Autos führen. Wo pausenlose Bewegung zur stressenden Last wird, ist es wahrscheinlich, dass der Wunsch nach Ruhe und Muße wächst. Die Tatsache, dass neue Wünsche in steigendem Maße im Kontrast zur High-Speed-Gesellschaft artikuliert werden, macht es zunehmend möglich, öffentlich über Langsamkeit und kürzere Entfernungen zu sprechen.

Abgesehen von der Umweltproblematik ist die Freude an der Mobilität heutzutage verstärkt mit dem Gefühl der Frustration vermischt. Der größte Rückschlag für die Motorisierung ist – ihr Erfolg. Solange noch wenige über Motoren verfügten, konnte der einzelne Automobilfahrer die größte Befriedigung einstreichen, aber seit die meisten motorisiert sind, schrumpft nicht nur sein Vorteil, schneller zu sein als andere, sondern auch sein Vorteil, weiter als andere fahren zu können. Der Vorsprung an Tempo und Strecke, den noch die wenigen Autobesitzer auskosten konnten, ist mit der Massenmotorisierung zusammengeschmolzen. Je mehr Autos, desto weniger Spaß. Mehr noch: was einstmals ein Vorsprung war, ist nun zur generellen Münze geworden, aus deren Geltungsbereich es nur schwer ein Entrinnen gibt. Denn sobald es zur allgemeinen Erwartung gehört, dass einer über Geschwindigkeit verfügt, dann macht der Gewinn an Zeit keine rechte Freude mehr, weil er gleich wieder als Verpflichtung abkassiert wird. Weil so die durch Transportmittel verliehene Macht über Raum und Zeit im Zuge der Massenmobilisierung von einem Privileg zu einer Pflicht zu werden tendiert, deshalb ist die Faszination der Utopie mit ihrem Erfolg verblasst. Seither vermischt sich im Seelenhaushalt der Beschleunigungsgesellschaft Vergnügen immer mehr mit Verdruss.

Zudem wissen Transportexperten, dass die Therapien gegen Verkehrsstillstand oft nur zur Verschlimmerung der Krankheit führen. Sie wissen seit Jahren, dass die Politik, Engpässe zu erweitern und das Angebot an Straßen zu vergrößern – dominierend in den Jahrzehnten nach dem Zweiten Weltkrieg – nur noch weiteres Verkehrsaufkommen provoziert. Jede Ausweitung der Kapazitäten führt in einen Teufelskreis: mehr Straßen und schnellere Autos lassen die Leute weitere Entfernungen fahren, was wiederum, nachdem die Straßen voll sind, den Druck nach mehr Straßen und schnelleren Autos erhöht. Kein Rezept nach dem Muster »Mehr davon« hilft gegen systemische Überentwicklung. Computergestützte Verkehrsüberwachung, Planungssysteme für eine effiziente Transportmittelwahl oder ähnliche Projekte des Verkehrsmanagements versuchen nichts anderes als die Optimierung der Nicht-Nachhaltigkeit. Es ist viel wahrscheinlicher, dass nur eine intelligente Selbstbegrenzung Erleichterung bringt. Über Grenzen für weiteres Wachstum nachzudenken ist also eine rationale Strategie gegen systemische Überentwicklung, weil Schranken die Expansionsdynamik verlangsamen, zusätzliche finanzielle und soziale Belastungen vermeiden und Raum für Planungsalternativen schaffen. Sich nicht für weitere Beschleunigung und Verflechtung zu entscheiden würde eine Reihe von Möglichkeiten eröffnen, um ein sozial angepasstes Transportsystem für das 21. Jahrhundert zu schaffen.

Die Geschwindigkeitsutopie des 20. Jahrhunderts regiert immer noch die Entwicklung der Automobiltechnologie. Ingenieure könnten sich damit begnügen, Autos zu entwerfen, die robust und geräumig oder wirtschaftlich und haltbar sind, aber ihr Hauptanliegen ist es, komfortable und hochmotorisierte Limousinen zu bauen (Canzler 1996). Die Konsequenz daraus ist, dass die Durchschnittsleistung der Motoren in deutschen Autos zwischen 1960 und 1993 von 34 auf 85 PS stieg. Es wird ein solches Beschleunigungsvermögen und eine solche Spitzengeschwindigkeit bereitgestellt, als ob die Autos täglich Langstrecken-Rennen zu bestehen hätten. Allerdings verbringt das Auto durchschnittlich 80 % der Zeit im Stadtverkehr und das bei einer Durchschnittsgeschwindigkeit von weniger als 25 km/h. Im tatsächlichen Gebrauch sind Autos eher ein Mittel für Kurz- als für Langstrecken und könnten mit gemütlichen Reisegeschwindigkeiten auskommen. Die heute üblichen Tempowagen auf die Straße zu schicken ist daher ebenso rational wie Butter mit der Kreissäge zu schneiden. Die heutige Autoflotte ist in grotesker Weise übermotorisiert, mit aller sich daraus ergebender Verschwendung von Energie, Materialverbrauch und dem Verlust von Sicherheit. Bereits die Regeln der Optimierung würden verlangen, Autos viel effizienter an ihre wirkliche Bestimmung anzupassen – ein gewisser Grad an Selbstbegrenzung im Bereich Motorleistung wäre nicht nur befreiend, sondern schlicht vernünftig.

Es ist auf jeden Fall klar, dass der Sieg über die Entfernung und die Zeitdauer auch schwere Umweltkosten mit sich trägt. Der leichte Zugang zu Schnelligkeit kommt nicht ohne ein Preisschild daher. Die Mobilisierung von Raum und Zeit erfordert die Mobilisierung von Natur. Treibstoffe und Fahrzeuge, Straßen und Rollbahnen, Elektrizität und elektronische Ausrüstung, Satelliten und Relaisstationen verlangen nach einem gigantischen Fluss von Energie und Materialien sowie einem massiven Landverbrauch. Insbesondere sind hohe Geschwindigkeiten treibstoffintensiv. Der Zuwachs des Energiedurchflusses (inklusive der Emissionen) eines Fahrzeuges ist nicht einfach linear; er steigt überproportional durch den Luftwiderstand und die Reibung. Ein Durchschnittsauto, das fünf Liter bei 80 km/h verbraucht, verbraucht bei 160 km/h keine zehn sondern 20 Liter. Ähnliche Gesetze gelten für die Eisenbahn. Der Energieverbrauch verdoppelt sich nahezu, wird die Geschwindigkeit von 160 auf 250 km/h erhöht und verdoppelt sich wiederum bei einer Beschleunigung von 200 auf 300 km/h (Zängl 1993). Somit sollte jeder, der sich mit der langfristigen Reduktion des Energiedurchflusses um den Faktor zehn beschäftigt, über eine Senkung der technisch möglichen Geschwindigkeitslevels nachdenken, bevor er nach effizienteren Motoren, neuen Materialien oder einer vernünftigen Wahl der Transportmittel strebt.

Aus diesem und anderen Gründen gibt es Anzeichen, dass sich unter dem offiziellen Zwang der Beschleunigung ein vorsichtiges Interesse an größerer Langsamkeit zu regen beginnt – nicht als Programm, nicht als Strategie, sondern eher als subversive Nachfrage, welche die Glorifizierung von Geschwindigkeit für altmodisch und nicht mehr zeitgemäß hält. Sollten sich diese Erfahrungen häufen, dann ist es denkbar, dass sich der vertraute Trend umkehrt und Überfluss mit Verlangsamung assoziiert wird. Aus der Enttäuschung über den Verkehr könnte eine soziale Ästhetik entstehen, in der moderate Geschwindigkeiten und mittlere Entfernungen als gelungen betrachtet werden.

Die Gesellschaft des 19. Jahrhunderts wurde von ihrer Furcht vor der Rückständigkeit in die Gehetztheit getrieben; eine selbstbewusste Gesellschaft des 21. Jahrhunderts könnte sich Langsamkeit wieder leisten. Für die Suche nach Nachhaltigkeit ist der Leistungsgrad von Technologien ein politisches Kernthema. Mäßigkeit, welche lange als Richtschnur für persönliche Tugend galt, wird da eine Norm für öffentliche Politik. Zum herannahenden Ende des Zeitalters fossiler Treibstoffe muss die politische Begrenzung von Kraft und Leistung die Rolle übernehmen, welche die natürlichen Grenzen in der vorindustriellen Zeit spielten. Geschwindigkeitsobergrenzen etwa als Designkriterium für Autos und Züge eröffnen ein beträchtliches Einsparpotenzial an Energie, Material und indirekt auch Fläche. Gleichzeitig würde eine solche Maßnahme jeden – ausgenommen Geschwindigkeitssüchtige – besser stellen, Lärm und Verschmutzung verringern, den ausgedehnten Verkehrsdruck erleichtern, die Städteausdehnung verlangsamen und Verkehrsunfälle reduzieren (Plowden und Hillman 1996; Sachs et al. 1998). Voraussetzung für die Schaffung einer ressourcen-leichten Wirtschaft ist ein Nachdenken über eine angemessen motorisierte Autoflotte, in der kein Auto vom Konstruktionsdesign her schneller als, sagen wir, 120 km/h fährt. Für solche, in Leistung und Höchstgeschwindigkeit beschränkten Autos, würden die Standards für Sicherheit und Aerodynamik nur noch eine geringe Rolle spielen. In der Tat könnten solche Autos mittlerer Leistung eine leichte, Material sparende Konstruktion haben, komfortabel in Höhe und Größe sein und einen innovativen Motor besitzen. Öko-Technologie ist in diesem Sinne eine schlanke Technologie; sie kombiniert Suffizienz im Leistungsniveau mit Effizienz in allen Komponenten. Das gilt ebenso für die Eisenbahnen. Schnellzüge, entworfen für Geschwindigkeiten von nicht mehr als 200 km/h, bieten eine angemessene Geschwindigkeit, ohne die überproportional wachsenden Nachteile wie Energieverbrauch, Lärm und Sicherheitsbedenken. Reduzierte Geschwindigkeiten für Transporte sind eine Sache der ökologischen und sozialen Umsicht; sie zeigen einen technologischen Fortschritt der Zurückhaltung mit Kultiviertheit kombiniert. Angemessen motorisierte Autos zu entwerfen gibt der Utopie des 21. Jahrhunderts, zu lernen, elegant innerhalb von Grenzen zu leben, einen technischen Ausdruck.

Kürzere Entfernungen und die Pluralität von Räumen

In der Evolution der modernen Gesellschaft ist die großflächige geografische Interdependenz parallel zur Beschleunigung gewachsen. Weil ja Entfernung die Kehrseite von Geschwindigkeit darstellt, hat die Verfügbarkeit fossiler Brennstoffe für den Transport und elektrischer Impulse zur Datenübertragung die geografische Reichweite vieler Aktivitäten immens erhöht. Da Entfernungen nur deshalb eine Einschränkung sind, weil sie Zeit zur Überbrückung benötigen, hat die mechanisierte Beschleunigung Entfernungen schrumpfen lassen: vormals weit entfernte Bestimmungsorte sind in greifbare Nähe gerückt. Geschwindigkeit verkürzt Entfernungen und elektronische Geschwindigkeit hebt den Raum als Konstante letztendlich auf. Entlang dieser Logik entwickelten sich Eisenbahnen, Autos und Flugzeuge, gemeinsam mit dem Telegrafen, dem Telefon und dem Computer und haben so ein großflächiges geografisches Verbundsystem von Personen-, Güter- und Nachrichtenflüssen hervorgebracht. Aufgrund dieser Technologien der Verflechtung wuchs im Laufe der Zeit die Hoffnung, dass Wachstum und Wohlstand am besten durch wachsende gegenseitige Verbindungen über immer größere Entfernungen erreicht werden könnten. Der Aufstieg nationaler und supra-nationaler Märkte und die eventuelle Aussicht auf eine planetare Ökonomie basieren allesamt auf diesen raumvernichtenden Technologien. Wie auch immer, wirtschaftliche Integration zieht Transport und noch mehr Transport nach sich. Die Entfernungen zwischen Produzent und Verbraucher, Lieferant und Hersteller spreizen sich auf – Blumen aus Kenia und Schuhe aus Taiwan sind nur zwei Beispiele. Dem Trend des »Global Sourcing« folgend kaufen Hersteller Zwischenprodukte überall auf der Welt, wie auch der Trend zur Verschlankung der Produktion die Lieferkette verlängert und damit auch die zurückgelegten Entfernungen. *lean production* führt deshalb zu nichts anderem als zu *fat transportation*. Sogar die einzelnen Teile eines simplen deutschen Joghurtbechers haben aufsummiert eine Reise von fast 9.000 km hinter sich (Böge 1993). Produktion und Lebensstil, die auf einem hohen Volumen von Transporten über weite Entfernungen basieren, tragen eine nicht nachhaltige Menge an Energie und Rohstoffen mit sich. Die Expansion ökonomischer Netzwerke, unter Umständen bis in die letzten Winkel der Welt, wird zu einem großen Teil aus dem Naturkapital der Menschheit bezahlt.

Für jede erfolgreiche Faktor Zehn-Politik ist es deshalb wichtig, geografische Größe als ökologisches Thema zu erkennen. Angesichts biophysischer Grenzen gilt es, die Wirtschaft als ein Geschehen zu erfassen, das sich in einer Pluralität von Räumen vollzieht – regional, kontinental, international – wobei diese Räume nur teilweise miteinander verbunden sind. Die Erforschung einer ökologisch optimalen geografischen Größe für verschiedene Wirtschaftätigkeiten hat jedoch gerade erst begonnen. Es ist freilich offensichtlich, dass eine ökologische Politik hauptsächlich auf eine Absenkung des Transportniveaus abzielen muss. Eine solche Politik muss sich von der trauten Gewohnheit verabschieden, Hindernisse für Mobilität wo immer möglich auszuschalten. Stattdessen wird sie versuchen, die Kosten für Zeit und Aufwand zur Erreichung entfernter Bestimmungsorte zu halten oder zu erhöhen. Langsamere Fahrzeuge, weniger ausgebaute Straßen und höhere monetäre Kosten führen zu selteneren Reisen und kürzeren Distanzen – und damit zu weniger Verkehr. Wer auf eine transportsparende Wirtschaftsstruktur hinaus will, muss regionaler Verdichtung den Vorzug vor Langstreckenverbindungen geben, indem er den Transport über kurze Entfernung fördert. Offensichtlich würden höhere Transportkosten Langstreckentransporte unattraktiv machen, aber dies ist nur ein Aspekt. In einem größeren Rahmen geht es um eine neue Wahrnehmung wirtschaftlicher Stärke.

Für Jahrzehnte versuchte man, Städte und Regionen wirtschaftlich wieder zu beleben, indem man wettbewerbsfähige Industrien ansiedelte und sie in den Kreislauf der nationalen und internationalen Märkte einband. Demgegenüber kommt es dem Leitbild von der örtlich gewachsenen Wirtschaft darauf an, sowohl Material- als auch Geldkreisläufe zu einem guten Teil auf regionaler Ebene wieder zu schließen (Douthwaite

1996). Durch eine stärkere Vernetzung der regionalen Wirtschaft können lokal verdichtete Ökonomien entstehen, was auch aus Gründen der wirtschaftlichen Sicherheit und der erweiterten politischen Autonomie der dort ansässigen Bürger wünschenswert ist. Für das Wohl von Ökologie und Gemeinschaft sind regionale Versorgung und regionale Vermarktung wohl besonders wichtig, insbesondere für Nahrung, Möbel, Bauwesen, Reparatur und Wartung sowie für Dienstleistungen. Es gibt sogar Anzeichen, dass eine ganze Reihe von Problemen am besten in kleinen oder mittleren Strukturen gelöst werden. In Hinsicht auf Arbeitsplätze, Servicequalität und regionale Wirtschaftsverbindungen sind kleinere und mittlere Einheiten in Wirtschaft und Verwaltung den zentralisierten Institutionen oft überlegen (Morris 1996).

Zusätzlich scheint eine regionalisierte Wirtschaft die angemessene Größenordnung zu sein, um Kernsektoren einer nachhaltigen Wirtschaft zu entwickeln. Recycling und Reparatur sind beides wichtige Sektoren für eine Wirtschaft mit niedrigem Materialdurchfluss. Sie benötigen die Nähe zum Kunden und erweisen sich daher mit kleineren-mittleren Einheiten besonders effizient (Blau und Weiß 1997). Darüber hinaus lässt sich Sonnenenergie, welche von der verbreiteten aber gering verdichteten Ressource Sonnenlicht abhängt, am besten nutzen, wenn viele Betreiber kleine Mengen von Energie sammeln, transformieren und auf kurze Distanz konsumieren. Eine ähnliche Logik gilt für Biomasse-Technologien: Pflanzensubstanz ist weitläufig vorhanden und schwer im Gewicht, weshalb sie am besten in einer dezentralen Weise zu beschaffen und zu verarbeiten ist. In den meisten dieser Fälle sind kurze Entfernungen zwischen dem Ort der Produktion und des Verbrauchs am geeignetsten. Eine zukunftsfähige Wirtschaft wird so in Teilen eine regionalisierte Wirtschaft sein müssen.

Von diesem Standpunkt her, muss die hergebrachte Gewissheit, dass Fortschritt bedeutet, den Widerstand von Dauer und Entfernung zu reduzieren, allmählich hinterfragt werden. Zahllose Brücken, Tunnel, Autobahnen, Flughäfen, Kabel und Antennen sind das Erbe eines konventionellen Glaubens an den Fortschritt. Stattdessen rührt sich der Verdacht, dass Fortschritt ebenfalls darin liegen kann, den Widerstand von Zeit und Raum absichtlich unverändert zu lassen und vielleicht sogar zu erhöhen. Jedenfalls würde damit der Kampf um jeden Preis gegen die Hindernisse von Zeit und Raum enden. Solch ein Wechsel würde zeigen, dass die Gesellschaft dem Zwang entwachsen ist, die Wunschwelt des 19. Jahrhunderts in das 21. Jahrhundert zu tragen.

Zeitwohlstand statt Güterwohlstand

Worauf gründet sich Wohlstand? Immer schon seit Adam Smith die menschliche Arbeitskraft (für die Herstellung marktfähiger Güter) zur Quelle nationalen Wohlstands erklärt hatte, haben die Wirtschaftswissenschaftler die Sphäre der dem Markt vor- und nachgelagerten nichtkommerziellen Aktivitäten vernachlässigt. Die Augen fest auf das BSP gerichtet, haben sie Schwierigkeiten, Wertschöpfung anzuerkennen, die außerhalb der formalen Wirtschaft erbracht wird. Dazu zählen Haushaltsarbeit, Kindererziehung, persönliche Aktivitäten, Freundschaft, Vereinsleben und Bürgergruppen. Benutzt man eine wirtschaftliche Ausdrucksweise, haben sie nicht nur den Blick auf das natürliche, sondern auch auf das soziale Kapital verloren. Sie übersehen das soziale Kapital, weil sie sich von den sich auftürmenden Outputs der formalen Wirtschaft beeindrucken lassen, die, angefeuert von fossilen Treibstoffen, einen langen Schatten auf andere Quellen des Wohlstands werfen. Der Glaube, dass alle Wertschöpfung von absatzfähigen Gütern produziert wird, hat seine Ergänzung in dem Glauben gefunden, dass Erfüllung von eben diesen auf dem Markt erhältlichen Gütern und Dienstleistungen kommt, also der Kaufkraft. Wiederum sind persönliche Projekte, wechselseitige Netzwerke und öffentliche Vereinigungen aus der Wahrnehmung des Wohlstands verschwunden und lassen lediglich die Konsumaktivitäten im Rampenlicht.

Wie auch immer: Dass dem Markt solch ein Ausmaß gegeben wurde, führte zu wohlhabenden Gesellschaften in einem ökologischen – aber bei weitem nicht nur ökologischen – Teufelskreis. Nachdem die Maximierung des Konsums als Weg zur Erfüllung gesehen wird, erscheint die Maximierung des Verdienstes als die einzig rationale Verhaltensweise. Einkommen wurde generell wichtiger als Freizeit angesehen und Konsum allemal besser als Muße. Folglich wurde ein überwiegender Teil des wirtschaftlichen Produktivitätsgewinns in höhere Löhne und erweiterte Produktion umgesetzt und damit auch in einen erhöhten Ressourcenverbrauch. Dies ließ freilich nur einen kleinen Teil dafür übrig, in reduzierte Arbeitszeit umgewandelt zu werden. In den meisten Gesellschaften hat die Starrheit der Arbeitszeitordnungen und die daran angeschlossenen Einkommenshöhen dieses Muster verstärkt. Normale Arbeit bedeutete lange Zeit einen Acht-Stunden-Tag, fünf Tage die Woche und einen lebenslangen Arbeitsplatz (Sanne 1992). Trotz aller Konsumfreiheit waren die Bürger selten berechtigt, eine wichtige Wahl zu treffen, nämlich jene, wie lange sie arbeiten möchten und wie viel sie dementsprechend verdienen wollen. Bis zum heutigen Tag geht es bestenfalls um die Wahl zwischen Vollanstellung oder gar keiner. Übergangsformen wie kürzere Arbeitswochen oder längerer Jahresurlaub sind selten. Ist aber die Einkommenshöhe festgelegt, dann bestimmt die Kaufkraft den Konsum. Es setzt eine »Arbeiten und Konsumieren«-Spirale ein, mit der gleichbleibende Einkommen keine andere Wahl lassen als neben Sparen, den Konsum zu erhöhen (Schor 1995). Einfach gesagt, hören die Leute auf zu fragen, wie viel Geld sie für ihre Bedürfnisse verdienen müssten und gewöhnen sich stattdessen daran zu überlegen, welche Bedürfnisse sie sich mit dem verdienten Einkommen leisten können. Aus diesem Blickwinkel sieht man, wie der Mangel an Wahlfreiheit bei der Gestaltung der Arbeitszeit einen machtvollen Anreiz für die Expansion des Konsums darstellt.

Es ist jedoch nicht unwahrscheinlich, dass eine ganze Reihe von Leuten, hätten sie die Wahl, es vorziehen würden, für weniger Lohn weniger zu arbeiten. In der Tat ist für viele – speziell Wohlhabende – nicht Geld, sondern Zeit ein knappes Gut (Hörning et al. 1990). Geld und Zeit werden inzwischen als zwei in Wettbewerb stehende Quellen für Wohlstand gesehen. Jenseits einer bestimmten Einkommenshöhe ist der Grenznutzen von mehr verfügbarer Zeit höher als der von mehr verfügbarem Einkommen. Auf der Suche nach mehr Freiheit für die eigenen Interessen sind einige Leute bereit, auf einen Teil ihres Einkommens zu verzichten und willentlich das Abenteuer zu wagen, ihr Leben so zu arrangieren, dass sie mit weniger auskommen. Mit Blick auf den persönlichen Wohlstand kann ein Gewinn an Freizeit den Verlust von Einkommen kompensieren und so Raum schaffen, Bedürfnisse außerhalb des Marktes zu befriedigen. Solch ein Lebensstil könnte durch das Prinzip der Zeitsouveränität angeregt werden – dem viel umfassenderen Recht, die Länge der eigenen Arbeitszeit zu wählen. Solch ein Grundsatz wäre nicht nur auf sozialer Ebene zur Bekämpfung der Beschäftigungskrise willkommen, sondern auch auf ökologischer, um Kaufkraft abzubauen.

Ein solcher Ansatz würde auch einen Einstieg eröffnen, um einen Ausgleich zwischen der monetären und der nicht-monetären Sphäre der Gesellschaft herzustellen. In der Perspektive eines zukunftsfähigen Gemeinwesens jedenfalls haben die *economic underachievers* (die sich bewusst weniger leisten), also jene, die wohlüberlegt unter ihren wirtschaftlichen Möglichkeiten leben, ihre Zeit vor sich. *Underachievers* können einen Sektor von Wechselseitigkeit und zivilem Engagement hervorbringen, ohne den das Ende des wirtschaftlichen Wachstum ein dramatischer Schlag für die Lebensqualität sein würde. Denn die Grundfrage für eine nachhaltige Wirtschaft lautet doch so: Wie sind soziale Sicherheit und ein gutes Leben ohne eine ständig wachsende Wirtschaft möglich? Eine denkbare Antwort liegt darin, Wege zu finden und zu prüfen, wie die Ressourcen an Recht, Land, Infrastruktur und Geld so eingesetzt werden können, dass Menschen in die Lage versetzt werden, nützliche Dinge aus eigener Kraft zu tun. Solch ein Wandel wird unterstützt, wenn Ortsteile und Nachbarschaften Netzwerke und Institutionen entwickeln, in denen nicht-kommerzielle Aktivitäten aufblühen können, die den Beteiligten sowie anderen nutzen. Tauschringe zum Beispiel, sind Netzwerke moderner Gegenseitigkeit, deren Mitglieder (über örtliche Büros verbunden) alle Arten von Dienstleistung anbieten oder nachfragen können, indem sie ein Konto benutzen, das auf einer lokalen Währung basiert (Douthwaite 1996). Diese Experimente sind nichts anderes als die Suche nach der Antwort nach kreativen Möglichkeiten, die den Menschen erlauben, ein angenehmes Leben mit weniger Geld und geringerer Kaufkraft zu führen. Sie deuten auf eine Zukunft, in der die Leistungsfähigkeit einer Gesellschaft daran gemessen werden wird, dass sie Wohlstand ohne permanentes Wirtschaftswachstum garantieren kann.

Gut leben statt viel haben

Mit dem Aufstieg der Konsumgesellschaft im England des 19. Jahrhunderts wurde der Sinn menschlicher Zufriedenheit in einer Weise uminterpretiert, die sich heute sowohl umweltschädlich als auch sozial nicht tragfähig erweist. Eine wachsende Gütermenge für Tausende von Bedürfnissen macht nur im Kontext einer Weltsicht Sinn, die Zufriedenheit im Gleichschritt mit Gütermengen wachsen sieht. Immer neue Generationen von Waren kommen mit dem Versprechen daher, dass ihr Besitz wiederum die Zufriedenheit steigern wird. Es ist offensichtlich, dass dieses Nichtsättigungs-Prinzip den kulturellen Boden ausmacht, auf dem die Welt des Hoch-Durchfluss-Konsums wächst. Seine Wurzeln reichen zurück bis zur Periode der Aufklärung, als sich das Konzept der menschlichen Bedürfnisse wandelte und sie als unendlich begriffen und noch dazu utilitaristisch interpretiert wurden. Damit hatte die Aufklärung einen polemischen Gegensatz zur klassischen Konzeption des Menschen hergestellt, welcher es auf die Einbettung der Bedürfnisse an eine Gestalt des guten Lebens angekommen war; und ebenso zur klassischen Konzeption des Glücks, welche auf die Realisierung eines immateriellen Ideals gesetzt hatte. Genau die Revision dieser klassischen Anschauungen hatte den Aufstieg der Konsumkultur möglich gemacht.

Warum, so fragt man sich, gibt es denn nie genug, nicht einmal in reichen Gesellschaften? Warum hängen sie immer noch dem Prinzip der Nichtsättigung an? Einige Jahrzehnte schon schleppt sich diese Frage dahin. John Maynard Keynes, einer der Meisterdenker der Wirtschaftswissenschaft des 20. Jahrhunderts, fragte sich, ob nicht eine außerordentlich erfolgreiche Wirtschaft irgendwann einen Sättigungspunkt erreichen müsse. In seinen »Essays in Persuasion« spekulierte er, dass der Imperativ der Produktivität, seine Bedeutung verlieren würde, da unter der Bedingung des Überflusses die optimale Allokation von Produktionsfaktoren zunehmend weniger wichtiger würde. Doch er hat die kulturelle Bedeutung der Waren in der Überflussgesellschaft unterschätzt. In einer solchen Gesellschaft ist die symbolische Macht von Gütern und Dienstleistungen wichtig: Sie sind weniger denn je nur Träger eines instrumentellen Nutzens, sondern haben eine expressive Funktion. Es zählt, was Waren sagen, nicht was sie bewirken. Für Ethnologen, wenn sie nichtneuzeitliche Gesellschaften studieren, ist es seit jeher eine Selbstverständlichkeit, materielle Besitztümer auch als Symbol für soziale Zugehörigkeit und kulturellen Sinn zu lesen (Douglas und Isherwood 1978). Auch in modernen Gesellschaften sind Güter Kommunikationsmittel. Waren sind mit Bedeutung aufgeladen; sie stellen ein System von Zeichen dar, mit denen ein Käufer eine Aussage über sich selbst, seine Familie und seine Freunde macht. Während aber in den frühen Tagen der Konsumgesellschaft Güter hauptsächlich etwas über den sozialen Status aussagten, signalisieren sie heute die Zugehörigkeit zu einem bestimmten Lebensstil und laden die Menschen dazu ein, sich voneinander zu differenzieren.

Viele Produkte sind perfektioniert und können nicht weiterentwickelt werden. Neue Käufer können nur gefunden werden, wenn das Gut mehr symbolisches Kapital bietet. Autos die nicht schneller und komfortabler werden können, stylt man auf technologischen Genuss. Armbanduhren, welche nicht noch genauer gehen können, bekommen sportliches Flair verpasst wenn sie zu Taucheruhren werden. Fernseher, deren Bild nicht schärfer werden kann, bekommen einen Kino-Effekt durch größere Bildschirme. Kurz gesagt: Produkte dienen nicht mehr dem Kampf ums Überleben, sondern dem Ringen ums Erleben (Schulze 1993). Designer und Werbeleute bieten dem Konsumenten kontinuierlich neue Nervenkitzel und neue Identitäten an, wobei die Nützlichkeit des Produkts einfach vorausgesetzt wird. In solch einem Kontext ist die Beziehung zwischen Konsumenten und Produkt hauptsächlich durch die Vorstellungskraft geprägt, welche aber unendlich formbar ist. Gefühle und Bedeutungen sind alles andere als stabil. Ihre Formbarkeit wie auch ihr schnelles Veralten kann von Designern in einer unendlichen Reihe von Möglichkeiten ausgenutzt werden. Die Phantasie ist in der Tat ein unerschöpflicher Treibstoff, um ein wachsendes Angebot von Gütern und Dienstleistungen aufrechtzuerhalten. Aus diesem Grund ist die Erwartung, reiche Gesellschaften würden eines Tages einen Punkt der Sättigung erreichen, nicht eingetroffen: Wenn Produkte zu kulturellen Symbolen werden, gibt es für die wirtschaftliche Expansion kein Ende.

Allerdings ist das Versprechen von wachsender Zufriedenheit mit wachsendem Konsum voller Unwägbarkeiten. Es gibt gegenwärtig keine empirischen Beweise, dass – ab einer bestimmten Schwelle – die angenommene Korrelation zwischen gestiegenem Konsum und Wohlstand hält. Forschungen über die Psychologie der Zufriedenheit können weder innerhalb noch zwischen Gesellschaften Beweise dafür finden, dass der Grad der Zufriedenheit signifikant mit dem Grad des Wohlstands steigt (Argyle 1987). Ab einem gewissen Minimum sind die weniger Wohlhabenden nicht unglücklicher als die Reichen. Dies beruht in erster Linie auf der Tatsache, dass Menschen ihre Zufriedenheit vor allem durch Vergleiche mit anderen bewerten. Die wahrgenommene Distanz zu anderen kann dieselbe sein, unabhängig vom allgemeinen Grad an Wohlstand.

Es könnte aber auch einen tieferen Grund für diese Ergebnisse geben: die eingebundene Endlichkeit der Zeit. Denn gerade die Wohlhabenden stecken in einer Zeitfalle. Güter werden, ab einer bestimmten Menge, zu Zeitdieben. Güter, große wie kleine, wollen ausgewählt, eingekauft, aufgebaut, benutzt, erlebt, gewartet, geputzt, abgestaubt, repariert, gelagert und entsorgt werden. Auch die allerschönsten und wertvollsten Gegenstände nagen unvermeidlich an der beschränktesten aller Ressourcen: der Zeit. Weil in Wohlstandsgesellschaften die Zahl der Möglichkeiten – Güter, Dienstleistungen, Events – explodiert, doch der Tag in seiner konservativen Art weiterhin nur 24 Stunden hat, sind Hektik und Stress zur Signatur des Alltags geworden. Zeitknappheit ist die Nemesis, die Rachegöttin des Überflusses geworden.

Tatsächlich leidet die multi-optionale Gesellschaft nicht an einem

Mangel sondern an einem Überschuss an Möglichkeiten. Während im ersten Fall das Leben deshalb nicht zu gelingen droht, weil die Mittel dafür fehlen, ist es im zweiten Fall deshalb bedroht, weil Verwirrung über die Ziele herrscht. Die Wucherung von Optionen macht es zunehmend schwerer zu wissen, was man überhaupt will, zu entscheiden was man nicht möchte und wertzuschätzen, was man hat. Viele Menschen fühlen sich überlastet und ständig unter Druck. Im Mahlstrom des modernen Lebens zerrinnen ihnen Zielstrebigkeit und Entscheidungswillen. Abgesehen davon, dass eine solche Situation zu vielerlei persönlichen Probleme führt, unterminiert sie eben auch den Wohlstand in postindustriellen Gesellschaften.

Näher betrachtet kann man sagen, dass Wohlstand zwei Dimensionen besitzt: die materielle und die nicht-materielle (Scherhorn 1995). Wer allerlei Lebensmittel einkauft und ein mehrgängiges Menü zubereitet, hat den materiellen Nutzen darin, dass er satt wird, aber den immateriellen darin, dass ihm das Kochen, vielleicht sogar mit anderen, Freude macht, das Essen gut gelungen ist, und ihm eine gesellige Tafel Genugtuung bereitet. Diese alltägliche Erfahrung kann verallgemeinert werden: die meisten Güter entfalten erst ihren vollen Wert, wenn sie in Tätigkeit umgesetzt, erlebt, mit Anteilnahme begleitet und ausgekostet werden. Diese innere Befriedigung jedoch verlangt Weile, erfordert Aufmerksamkeit, braucht Zeit. Und da tut sich das Dilemma auf: Je zahlreicher die Güter, desto gefährdeter, ab einem gewissen Niveau, die gelebte Befriedigung. Die Schlussfolgerung liegt auf der Hand: materielle und immaterielle Befriedigung können nicht gleichzeitig maximiert werden, es gibt eine Grenze der Güterausstattung, jenseits derer die Zufriedenheit nicht mehr mitwächst. Mit anderen Worten: Viel-Haben tritt in Widerspruch zum Gut-Leben. Eine gewisse Dosis an Suffizienz gehört deshalb zu den Zutaten für ein gelungenes Leben.

Es scheint fast so, als ob die Wohlstandsgesellschaft nach ihrem atemlosen Erfolg, wieder Erfahrungen hervortreibt, die eine deutliche Resonanz mit den klassischen Lehren zur guten Lebensführung haben. Weisheitslehrer in Ost und West mögen zwar unterschiedlicher Auffassung über die Natur des Universums oder das Geschick der Geschichte gewesen sein, doch empfahlen sie ziemlich alle, in der Lebensführung auf das Prinzip der Einfachheit zu achten. Das kann kein Zufall sein. Die Erfahrungen von Generationen zusammengenommen, landen sie bei der Schlussfolgerung, dass der Weg zu einem gelungenen Leben schwerlich über die Ansammlung von Gütern führt. Weit von Selbstquälerei entfernt, bestehen sie darauf, dass Einfachheit als ein Teil der Lebenskunst zu betrachten sei. Denn das Gegenteil zu einem einfachen Lebensstil ist in dieser Tradition keineswegs das luxuriöse, sondern das zerfaserte Leben. Eine Überzahl von Dingen verstopft den Alltag, zerstreut die Aufmerksamkeit, verzettelt die Energien, und schwächt die Kraft, eine klare Linie zu finden. Leerlauf und Schrott sind die Feinde des Glücks. Nur bei einem vorsichtigen Umgang mit den Dingen, bleiben genügend Ressourcen an Zeit und an Achtsamkeit, um dem eigenen Lebensprojekt richtige Gestalt zu geben. Das Plädoyer für Einfachheit hat also mehr mit der Ästhetik der Lebensführung zu tun als mit Moral; die Zersplitterung des Geistes ist die Gefahr, die im Überfluss steckt. Wie bei der Kunst alles auf den maßgenauen, den beherrschten Umgang mit Farben oder Tönen ankommt, so verlangt auch die Lebenskunst einen wohldosierten Umgang mit den materiellen Reichtümern. Es gibt, mit anderen Worten, so etwas wie eine untergründige Verwandtschaft zwischen Genügsamkeit und Genuss.

Freilich scheinen Haltungen dieser Art zwischen den Selbstbedienungsregalen der Konsumgesellschaft hindurchfallen. Doch liegt die Stärke eines Lebensstils, der nach Einfachheit strebt, nicht nur darin, einigermaßen krisenfest zu sein, sondern obendrein der unausrottbaren Sehnsucht nach einem richtig geführten Leben etwas zu sagen zu haben. Wer den Kopf über der Warenschwemme halten will, dem bleibt sowieso nichts anderes als selektiver Konsum, und wer der Herr seiner Wünsche bleiben will, der wird das Vergnügen entdecken, Kaufoptionen systematisch nicht wahrzunehmen. Bewusst ein Desinteresse für zuviel Konsum zu pflegen ist eine recht zukunftsfähige Haltung, für einen selbst und zufällig auch für die Welt. Henry David Thoreau muss das schon gewusst haben, als er am Walden Pond in sein Tagebuch kritzelte: »Ein Mensch ist reich in Proportion zu den Dingen, die sein zu lassen er sich leisten kann.«

Literatur

Argyle, M. 1987, *That Psychology of Hapiness*. London
Blau, E./Weiß, M. 1997, *Die Reparaturgesellschaft.* Wien: Österreichischer Gewerkschaftsbund

Böge, S. 1993, Erfassung und Bewertung von Transportvorgängen: Die produktbezogene Transportkettenanalyse. In: Läpple, D. (Hg.) *Güterverkehr, Logistik und Umwelt*. Berlin: Edition Sigma

Canzler, W. 1996, *Das Zauberlehrlings-Syndrom. Entstehung und Stabilität des Automobil-Leitbildes*. Berlin: Sigma

Douglas, M./Isherwood, B. 1978, *The World of Goods. Towards an Anthropology of Consumption*. New York: Penguin

Douthwaite, R. 1996, *Short Circuit – Strengthening Local Economies for Security in an Unstable World*. Totnes: Green Books

Fussler, C. 1996, *Driving Eco-Innovation*. London: Pitman

Hennicke, P./Seifried, D. 1996, *Das Einsparkraftwerk*. Basel: Birkhäuser

Hörning, K.H. et al. 1990, *Zeitpioniere. Flexible Arbeitszeiten – neuer Lebensstil*. Frankfurt: Suhrkamp

Kern, S. 1983, *The Culture of Time and Space 1880-1918*. Cambridge: Harvard University Press

Morris, D. 1996, »Communities: Building Authority, Responsibility and Capacity«. In*: The case against the global Economy and for a turn toward the local*. San Francisco: Sierra Club Books, 434

Pauli, G. 1998, »No Waste Economy«. *Resurgence,* no. 182, 20-23

Plowden, S./M. Hillman 1996, *Speed Control and Transport Policy* . London: Policy Studies Institute

Sachs, W. 1992, *For Love of the Automobile. Looking back into the History of our Desires*. Berkeley: University of California Press

Sachs, W./Loske, R./Linz, M. (eds.) 1998, *Greening the North. A Postindustrial Blueprint,for Ecology and Equity*. London: Zed Books

Sanne, C. 1992, »How Much Work?«. In: *Futures*, Jan./Feb. 1992, 23-26

Scherhorn, G. 1995, »Zeitwohlstand versus Güterwohlstand – Über die Unvereinbarkeit des materiellen und immateriellen Produktivitätsbegriffs«. In: Bievert, B./Held., M. (eds.), *Zeit in der Ökonomik*. Frankfurt a.M.: Campus, 147-168

Schor, J. 1995, Can the North Stop Consumption Growth? Escaping the Cycle of Work and Spend. In: Bhaskar, V./Glyn, A. (eds.), *The North, the South, and the Environment*. London, 68-84

Schulze, G. 1993, »Soziologie des Wohlstands«. In: Huster, E.U., *Reichtum in Deutschland*. Frankfurt: Campus, 182-209

Stahl, W.R./Gomringer E. 1993, *Gemeinsam nutzen statt einzeln verbrauchen, Internationales Designforum*. Frankfurt am Main: Anabas

Tibbs, H. 1992, »Industrial Ecology. An Environmental Agenda for Industry«. *Whole Earth Review,* no. 77, 4-10

Weizsäcker, E.U./Lovins, A./Lovins, H. 1997, *Factor Four. Doubling Wealth – Halving Resource Use*. London: Earthscan

Zängl, W. 1993, *ICE – Die Geisterbahn*. München: Raben

216